리더의
명화 수업

스스로의 길을 개척하고
타인의 삶을 이끄는 사람이 되는 법

리더의
명화 수업

이주헌 지음

아트북스

일러두기

- 이 책은 네이버캐스트에 '캔버스 위의 리더십'이라는 제목으로 연재되었던 글을 다듬어 묶은 것입니다.
- 단행본·잡지·신문 명은 『 』, 전시회 명은 〈 〉, 미술품·기사·논문·시 제목은 「 」로 묶어 표기했습니다.
- 인명과 지명 등의 외래어 표기는 국립국어연구원에서 규정한 외래어 표기법을 따랐습니다.
- 본문에 인용된 성경 구절은 대한성서공회에서 발행한 『개역개정판 성경전서』에서 발췌, 인용했습니다.
- 출전이 표기되지 않은 인용문들은 대부분 국외에서 발행된 서적이나 자료에서 따온 것입니다.
- 이 서적 내에 사용된 일부 작품은 SACK를 통해 VEGAP 과 저작권 계약을 맺은 것입니다. 저작권법에 의하여 한국 내에서 보호를 받는 저작물이므로 무단 전재 및 복제를 금합니다.

　그림에는 삶이 담겨 있다. 그림 보는 즐거움의 하나는, 여행자가 풍경을 조망하듯 우리의 삶을 하나의 생생한 풍경으로 대관大觀할 수 있다는 것이다. 일상에 매몰되어 있을 때 잘 보이지 않던 삶의 풍경이 화포 위에서는 선명한 이미지로 살아오른다. 화가는 삶을 관조해 획득한 이미지를 표현하는 사람이고, 관객은 일상에서 잠시 벗어나 그 삶의 이미지를 진득하게 조망하는 사람이다. 미술감상은 이처럼 삶의 풍경을 통찰자의 시점에서 여유롭게 개관하고 들여다보는 행위여서 매력이 있다.

　이런 감상의 대상들 가운데는 역사를 이끈 리더에 관한 것들도 있다. 역사화를 주요 장르로 발달시켜온 서양미술은 대대로 주요 위인들의 삶과 투쟁을 표현해왔다. 이 주제의 그림들은 삶이 매우 웅장하고 다채로운 드라마가 될 수 있다는 사실을 새삼 상기하게 만든다. 더불어 어떻게 살아가는 삶이 바람직한지, 또 이를 위해 치러야 할 도전과 투쟁, 희생에는 어떤 것들이 있는지 다양한 시점에서 들여다보게 한다. 삶에 대한 영감과 아이디어를 풍성히 제공해주는 그림들인 것이다.

물론 이들 미술작품이 아니더라도 우리에게는 위인들의 삶과 리더십에 대한 정보를 제공해주는 서적 등 다양한 텍스트물이 있다. 있는 정도가 아니라 엄청나게 많다. 이런 것들만 읽어봐도 삶의 방향타를 잡는 데큰 도움을 얻을 수 있다. 그럼에도 불구하고 우리가 리더들의 삶과 경험을 미술작품을 통해 만나는 것은 앞에서도 언급했듯 생생한 삶의 풍경으로 마주할 수 있고 그만큼 정서적인 호소력이 크기 때문이다. 물론 텍스트 정보도 그 문학성에 따라 정서적인 호소력이 큰 경우가 많다. 그러나 미술작품이 우리에게 주는 감화와는 그 맛과 향기가 다르다.

시각적인 상은 무엇보다 관자에게 마치 현장에서 그 상황을 목격한 듯한 느낌을 준다. 그래서 매우 강한 환기력을 갖는다. 누구나 경험하듯 인상적인 이미지는 오래 기억되고, 그 이미지를 통해 느낀 정서 또한 오래간다. 게다가 그림으로 그려진 이미지는 실제의 상이 아니라 상상으로 만들어진 상이다. 그만큼 우리의 상상력을 자극한다. 하나의 상이 우리의 마음속에서 또 다른 상을 창조하는 연상의 매칭이 쉽게 일어난다. 이런 상상의 활성화는 대상에 대한 관심과 이해를 크게 높여준다. 활자로 읽는 것과는 또 다른 통찰과 깨달음의 기회를 제공하는 것이다. 이는 오로지 미술작품을 통해서만 얻을 수 있는 이득이다.

리더십 전문가가 아닌 사람으로서 리더십에 대해 이야기하는 책을 쓰게 된 것은, 이 독특한 감화력과 환기력, 상상력에 의지해 감상할 수 있는 리더십 주제의 그림들을 미술사, 특히 서양미술사에서 많이 찾아볼 수 있기 때문이다. 이런 그림들을 개별적인 영웅이나 정치가, 군인, 지식인, 예술가의 일화로 감상할 수도 있지만, 오랜 세월 사람들이 품어왔던 리더와 리더십에 관한 중요한 관념들을 깊이 통찰해보는 계기로 삼을 수도 있다. 바로 그 통찰의 기회를 얻고자 이 책을 쓰게 되었다. 사물을 볼 때 한 가지 시각이 아니라 다양한 시각에서 보면 이해에 더 도움이 되듯이 리더와 리더십에 관해서도 기존에 다루던 분야에 더해 미술이라는 안경을 통해 바라볼 때 좀 더 풍성한 이해를 도모할 수 있지 않을까 생각했다.

물론 서양미술에서 리더를 그린 그림들을 많이 찾아볼 수 있다 해도 그것이 리더십에 관한 다양한 사회적·학문적 관심이나 아이디어를 충분히 뒷받침해줄 만큼 균형 있게 제작되어온 것은 아니다. 리더를 그린 대부분의 미술작품은 특정한 리더십 주제나 관념, 아이디어를 소개하기 위한 목적으로 그려진 게 아니라, 사람들이 주어진 역사의 시공간에서 다양한 리더를 만나 다사다난한 경험을 하며 알게 된 일화와 갖게 된 인식, 그에 기초해 내린 해석과 평가 등을 그린 것이다. 그래서 어떤 주제의 측면에서는 소개할 만한 그림이 많이 있는데, 다른 주제의 측면에서는 소개할 만한 그림이 매우 빈약한 경우도 많다. 그 한계 안에서 이 책은 리더십 주제의 그림들을 소개한다.

그에 따라 이 책은 그림들을 크게 세 파트로 나누었다. '리더의 눈' '리더의 귀' '리더의 가슴'이 그것이다. 리더의 자질이나 덕목을 여러 가지 방식으로 나누거나 묶어볼 수 있겠지만, 눈, 귀, 가슴 같은 신체와 관련된 범주로 구분해보는 게 미술작품 같은 정서적인 표현물에는 보다 낫겠다 싶어 그리했다.

'리더의 눈'은 비전, 상상력, 창의력, 몰입, 통찰력 같은 리더의 '보는 능력'과 관련된 그림들을 소개하는 파트다. '리더의 귀'에서는 경청, 공감, 관용, 배려, 독서, 지혜 등 리더의 '듣는 능력'과 관련된 그림들을 다룬다. '리더의 가슴'은 희생정신, 헌신, 용기, 열정, 자신감, 결단력, 끈기 등 리더의 가슴 속 능력과 자질을 표현한 그림들을 소개한다.

선택된 미술작품들은 대부분 역사 속의 인물들을 형상화한 것이지만, 간혹 신화나 성경 속의 인물을 표현한 것도 있고, 때로는 구체적인 인물과는 관계없이 리더십에 대한 영감을 주는 그림이어서 고른 경우도 있다. 소개된 인물들은 대체로 특정한 공동체나 조직에서 실제적인 리더로서 활동한 사람들이다. 그러나 예술가나 학자처럼 공동체를 이끌어간 사람이 아니라 독자적인 활동으로 사회에 영향을 끼친 사람도 있다. 리더의 개념을 좁게 두지 않고 넓게 둔 까닭에 특정한 조직에서 구체적인 지위를 갖고 활동한 리더를 넘어 당대나 후대의 사람들에게 영향을 끼치고 그들로 하여금 삶의 푯대나 롤모델, 이정표로 삼게 한 사람들도 포함했다.

헌정사상 최초로 대통령이 탄핵되는 경험을 한 우리 사회는 그만큼 리더의 자격과 역할에 대해 매우 진지하게 생각하게 되었고, 이전보다 훨씬 엄정하고도 세심한 기준을 갖게 되었다. 근래 반복되는 소위 '갑질' 논란을 경험하면서는 기업을 비롯해 각 분야의 리더가 우리 사회의 성장 수준에 걸맞은 의식과 리더십을 갖추었는지 까다롭고 진중하게 따져보게 되었다. 그만큼 우리 사회에서 리더가 된다는 것은 높은 수준의 의식과 무거운 책임감을 요구하는 일이 되었다.

오늘날과 같은 민주사회에서는 누구나 다 리더가 될 수 있다. 또 특정한 공동체나 조직의 리더가 아니더라도 각자 동등한 시민이요 주체로서 자신의 삶을 이끌어가는 리더로 살아가고 있다. "대한민국의 주권은 국민에게 있고 모든 권력은 국민으로부터 나온다"라는 헌법 제1조 2항이 시사하듯, 민주사회에서 시민은 스스로 주권자이자 권력의 원천이다. 이는 시민이 자신의 삶을 온전히 지배하는 리더이기에 가능한 조건이다. 우리는 갖가지 공동체와 조직에서 리더이자 팔로어이면서 자신의 삶에 관한 한 대체할 수 없는 리더다. 그런 까닭에 리더와 리더십에 대한 관심과 학습은 더이상 특정한 소수만을 위한 영역이 아니라, 매일 주체로 살아가는 우리가 늘 의식하고 감당해 가야 할 삶의 과제다.

이 책은 그 과제에 대한 단상을 그림에 기대 편안하고 자유롭게 펼친 책이다. 빈 곳도 많고 부족한 점도 많지만, 그림을 통해 세상을 바라보고 사유하기를 즐기는 독자들을 위해 나름대로 애써 작은 창을 만들어보았다. 일상에 매몰되어 잘 보이지 않던 것들이 이 창을 통해 작지만 인상적인 풍경으로 다가올 수 있기를 소망해 본다.

2018년 2월
바우재에서

서문 _005

I. 리더의 눈

Ⅱ. 리더의 귀

III. 리더의 가슴

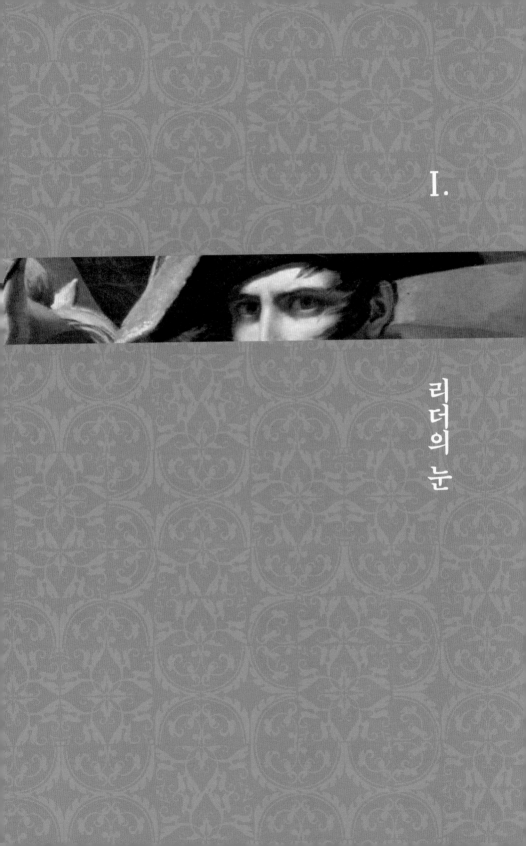

I.

리더의 눈

1
리더는
눈이 밝은 사람이다

쥘 바스티앵르파주의 「잔 다르크」

비전

역사화는 서양회화의 으뜸 장르다. 이 장르의 그림들에서 우리는 헤아릴 수 없이 많은 리더의 이미지를 볼 수 있다. 이 이미지들은 당연히 리더에 대한 서양인들의 주요한 관념이나 이상을 반영하고 있다. 이에 더해 화가 개인이 지닌 리더에 대한 관점이나 평가 또한 담겨 있다. 누구나 알듯 화가들은 시각예술가로서 눈을 매우 소중히 여긴다. 화가에게 눈은 생명과 같은 것이다. 이는 음악가에게 귀가 생명인 것과 같다. 그런 탓일까, 화가들은 부지불식간에 리더를 눈 밝은 사람으로 여기는 경향이 있다. 남들보다 넓게 보는 이, 남들보다 깊게 보는 이, 남들보다 또렷하게 보는 이가 리더라는 것이다.

　리더십이 보는 능력과 관련이 있다는 사실은 헬렌 켈러의 다음 언급에서도 충분히 확인할 수 있다.

소경이 되는 것보다 더 나쁜 유일한 한 가지는, 시력은 있는데 비전이 없는 것이다.

보되 진정으로 봐야 한다. 진정으로 보는 것은 단순히 물리적인 현상을 보는 것에 그치지 않고 사물의 본질과 우리 삶의 목표, 나아가 희망까지 보는 것이다. 헬렌 켈러가 강조한 것이 바로 그 부분이다.

리더가 지닌 자질과 능력을 여러 각도에서 들여다볼 수 있겠지만, 일단 이런 시각적인 측면에 기초해 들여다보는 게 미술작품을 통해 리더와 만나고 그들에 대해 이해하는 좋은 방법이 아닐까 싶다. 소경이 소경을 이끌 수는 없다. 리더는 누구보다 앞서서 보는 사람이고 제대로 보는 사람이어야 한다. 리더는 공동체의 눈과 같은 존재다. 리더는 세상을 꿰뚫어볼 줄 아는 사람이요, 그 경험을 자신을 따르는 이들에게 보여주는 사람이다. 그런 점에서 리더는 혜안이요, 선견자先見者, seer라 할 수 있다.

비전과 상상력, 창의력, 통찰력을 지닌 선견자

선견자, 곧 '눈이 밝은 인간'으로서 리더가 지녀야 할 필수적인 능력을 꼽자면, 비전을 제시하는 능력과 상상력, 창의력, 통찰력 등을 꼽을 수 있다. 모두 넓은 시야와 깊이 들여다볼 줄 아는 안목을 요구하는 것이다. 영어 비전vision을 우리말로 번역하면 시력, 시야, 환상, 상상, 예지력,

선견지명 등이 된다. 비전은 이렇듯 물리적인 대상을 지각하는 능력에서부터 세상사를 꿰뚫어 통찰하는 지혜에 이르기까지 매우 폭넓은 의미를 지녔다. 리더십과 관련해 언급할 때 비전은 주로 소망하는 미래상이라는 뜻이 된다.

상상력은 '실제로 경험하지 않은 현상이나 사물에 대하여 마음속으로 그려보는 힘'이다. 한마디로 경험하지 않은 것 혹은 실재하지 않는 것을 보는 능력이다. 그러므로 상상력이 풍부한 사람은 비가시적인 것과 존재하지 않는 것을 보고 미래에 존재할 것까지 앞당겨 본다.

창의력은 '새로운 것을 생각해내는 능력'이다. 기존의 해법으로는 해결이 어려운 문제에 봉착했을 때 창의력이 뛰어난 사람은 자신만의 해답을 찾아낸다. 다른 사람은 발견하지 못한 답을 그만의 '밝은 눈'으로 찾아내기에 창의력 또한 본질적으로 보는 힘에 기초한 능력이다. 그래서 스티브 잡스는 이런 말을 했다.

창의적인 사람들에게 어떻게 그런 업적을 이뤘는지 묻는다면 그들은 약간 죄책감을 느낄 것이다. 왜냐하면 그들은 실제로 그 일을 한 게 아니라 단지 (남이 보지 못한) 무언가를 봤을 뿐이기 때문이다.

통찰력은 '예리한 관찰력으로 현상이나 사물을 꿰뚫어보는 능력'을 일컫는다. '관찰'이라는 표현과 '꿰뚫어본다'는 표현이 시사하듯 통찰력의 핵심 역시 보는 능력에 있다. 이런 통찰력의 근간이 되는 능력이 직관력이다. 직관력은 '판단이나 추리 따위의 사유 작용을 거치지 아니하고 대상을 직접적으로 파악할 수 있는 능력'이다. 현상과 사물을 제대로 통찰하기 위해서는 꼼꼼히 관찰하고 해부하는 분석력도 필요하지만 종국적으로 그 핵심을 꿰뚫어보는 직관력이 필요하다. 리더에게는 바로 이 능력이 요구된다. 그런 점에서 리더는 누구보다 눈이 밝은 사람, 곧 선견자여야 한다.

시골뜨기 소녀에서
전설적인 애국여걸로

서양 미술가들은 '눈 밝은 리더'를 많이 그렸다. 이와 관련해 주목해 보게 되는 흥미로운 존재가 기독교의 순교자들과 성인들이다. 순교자들과 성인들은 기독교 공동체의 중요한 리더들이다. 이들은 신의 계시를 주로 비전으로 체험한다. 그래서 서양화가들은 이들이 환상 중에 있는 모습을 많이 그렸다. 이들이 오랜 역사에 걸쳐 교회의 리더로 인식되어 온 것은 이처럼 신의 계시를 비전으로 본 사람들이었기 때문이다.

물론 종교적 계시로서의 비전과 개인이나 공동체가 미래에 대한 목표와 전망으로 취하는 비전은 다른 것이다. 하지만 근본적으로 시각적 체험의 형식으로 긍정적인 소망을 경험하는 것이라는 점에서 서로 같다. 그래서 서양문화에서 말하는 비저너리의 상에는 그 원형적인 이미지로 이런 순교자들과 성인들의 이미지가 스미어 있다. 리더가 갖는 비전은 그 스스로 창조한 상이지만, 거기에는 계시적인, 그래서 꼭 이뤄질 것이라는 믿음을 갖게 하는 주술적인 힘이 존재하는 것이다.

서양미술가들이 즐겨 그린 대표적인 기독교 성인의 한 사람이 잔 다르크다. 잔 다르크는 프랑스 동북부 지방 동레미에서 농부의 딸로 태어났다. 이 시골뜨기 소녀가 백년전쟁 당시 프랑스 군대의 전설적인 영웅이 될 수 있었던 것은, 오로지 남들은 보지 못한 거룩하고도 강렬한 비전을 보았기 때문이었다. 잔 다르크는 어떤 무훈도, 작위도, 지식도, 경험도 갖추지 못했고 나이도 어렸지만, 이렇듯 다른 이들이 보지 못한 것을 본 까닭에 전설적인 애국여걸, 나아가 역사가 선택한 프랑스의 영원한 리더가 되었다.

잔 다르크가 처음으로 하늘의 계시를 본 것은 열세 살 무렵이었다. 이후 여러 차례 나타난 환상에서 그는 대천사 미카엘과 성녀 마르가리타, 성녀 알렉산드리아의 카타리나 등을 보았다. 환상이 사라지면 잔은 슬피 울었는데, 환상 속에서 본 천사들과 성인들이 말할 수 없이 아름다웠기 때문이었다고 한다. 이들은 처음에는 잔에게 교회에 열심히 다니고 경건한 생활을 하라는 가르침을 주었지만, 시간이 지나면서 프랑스를 잉글랜드의 침략에서 구해내고 왕세자 샤를의 왕위 등극을 실현하는 데 앞장서라고 독려했다. 소녀가 본 것은 결국 천사와 성인의 환상을 넘어 조국을 구하는 자신의 모습이었다. 위대한 비전이었다.

쥘 바스티앵르파주[1848~84]가 그린 「잔 다르크」[1-1]는 바로 그 비전을 체험하는 잔을 묘사한 그림이다. 소녀는 지금 신비로운 기운에 사로잡혀 있다. 소녀의 뺨은 붉게 상기되어 있고 눈동자는 경외감과 기대로 충만하다. 잔은 아직 환상을 보지는 못했지만, 자신을 찾는 천사와 성인들의

리더의 눈

1-1. 쥘 바스티앵르파주, 「잔 다르크」, 캔버스에 유채, 254×279.4cm, 1879, 뉴욕 메트로폴리탄 박물관
잔 다르크는 백년전쟁 당시 침체된 프랑스군에 비전을 제시한 선견자였다.

목소리를 듣고 있다.

　그가 지금 지각하고 있는 신령한 존재들, 그러니까 대천사 미카엘과 마르가리타 성녀, 카타리나 성녀는 화면 왼편에 어렴풋하게 그려져 있다. 그 가운데 대천사 미카엘은 그에게 줄 칼을 들고 있는데, 이로써 소녀가 앞으로 해야 할 일이 무엇인지 알 수 있다. 그들의 기운을 느끼고 있는 소녀는 이제 곧 그들의 생생한 이미지와 마주할 것이고, 그들의 아름다움에 사로잡힐 것이며, 자신의 진정한 소명이 무엇인지 깨닫게 될 것이다.

　그림에서 영적으로, 정신적으로 고양된 잔의 표정은 그가 입은 거칠고 남루한 옷과 극적으로 대비된다. 이런 대비를 통해 화가는, 신이 일꾼을 선택할 때 그들의 외적인 조건, 이른바 '스펙'이 아니라, 내적인 조건, 곧 소명의식과 꿈꿀 줄 아는 능력을 중시한다고 말하는 듯하다. 소녀의 보잘것없는 처지는 바닥에 놓인 실 잣는 도구를 통해 확인할 수 있다. 그가 해온 일, 그가 할 수 있는 일이란 이렇듯 양모로 실을 잣는 허드렛일이었다. 하지만 위대한 비전을 체험한 그는 이제 프랑스를 구하러 나갈 것이다. 그의 비전이 그의 삶과 프랑스의 역사까지 송두리째 바꿔놓을 것이다.

비전을 볼 뿐 아니라
스스로 비전이 되다

전하는 이야기에 따르면, 잔의 '밝은 눈'은 그가 샤를 왕세자를 처음 만났을 때도 그 힘을 발휘했다고 한다. 잔에 대한 이야기를 듣고 알현을 허락했지만, 신의 계시를 이야기하는 시골뜨기 소녀가 아무래도 의심스러웠던 왕세자는 일부러 허름한 옷을 입고 신하들 사이에 섞여 있었다고 한다. 잔을 테스트해본 것이다. 그런데 잔은 왕세자를 대신해 권좌에 앉은 이와 위엄 있는 대신들을 그대로 지나쳐 허름한 차림의 사내 앞에 나아가 그에게 머리를 조아렸다. 그가 바로 샤를이었다. 신이 내린 비전을 볼 수 있었던 소녀는 이렇듯 눈앞의 진실도 정확히 꿰뚫어볼 줄 알았다. 이제 아무도 그의 출신과 성性, 나이를 이유로 그를 무시할 수 없었고 그가 지닌 비전에 주목하지 않을 수 없었다.

당시 잉글랜드군에게 연전연패해 사기가 크게 꺾여 있던 프랑스군은 이처럼 '밝은 눈'을 지닌 잔의 등장으로 다시 희망을 갖게 되었다. 역사는 그뒤 프랑스군의 선전과 샤를의 왕위 등극 등 잔 다르크의 등장이 가져온 전세와 상황의 변화를 생생히 증언한다. 이 과정을 통해 잔은 그 스스로 프랑스인들의 비전으로 우뚝 서게 되었다.

비저너리와 공동체의 관계에 관한 흥미로운 사실 하나는, 강력한 비전을 지닌 비저너리는 이처럼 그 스스로 공동체의 비전이 된다는 것이다. 안톤 슈틸케1803~60가 그린 「잔 다르크의 생애 트립티크(삼면화)」1·2 중 가운데 그림은 군인들의 비전이 된 잔의 모습을 인상적으로 묘사한

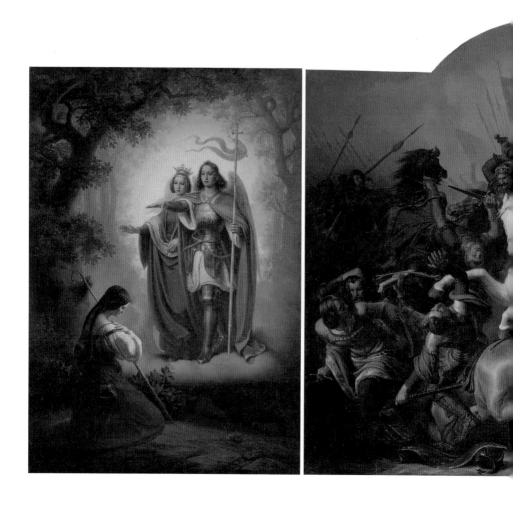

1-2. 헤르만 안톤 슈틸케, 「잔 다르크의 생애 트립티크(삼면화)」,
캔버스에 유채, 각각 119.5×83.5cm(왼쪽), 135×146cm(가운데), 119.5×83.5cm(오른쪽),
1843, 상트페테르부르크 예르미타시 박물관

잔 다르크의 삶을 세 폭의 캔버스에 담았다. 왼편 그림은 잔이 대천사 미카엘과 카타리나 성녀로부터 계시를 받는 장면이고, 가운데 그림은 본문에 설명했듯 잔이 프랑스군을 이끌고 영국군을 물리쳐 파테 전투에서 승리하는 장면을 묘사한 것이다. 오른쪽 그림은 1431년 5월 30일 잔이 루앙에서 비극적으로 처형당하는 장면을 담았다.

작품이다. 갑옷을 입고 흰 말을 탄 채 깃발을 단단히 부여잡은 잔은 지금 자신의 비전을 바라보고 있을 뿐 아니라 스스로 공동체의 비전이 되어 있다. 저 인상적인 모습보다 더 강렬한 자기 확신과 승리를 향한 확신의 이미지는 찾아보기 어려울 것이다. 그 확신이 그를 비전으로 바라보는 군인들의 마음속에 밀물처럼 번져나갔을 것이다. 그림의 소재가 된 전투는 파테 전투로, 이 싸움에서 용기백배한 프랑스군은 잉글랜드군에게 결정적인 승리를 얻었다.

하나의 비전으로서 잔 다르크가 지닌 상징성은 무엇보다 그의 깃발을 통해 잘 드러난다. 잔 다르크는 프랑스군을 열심히 고무하고 격려했지만 자신의 무공으로 그리한 것은 아니었다. 그는 무기에 능숙하지도 않고 실제로 무기를 휘두르지도 않았다. 그는 전장마다 자신의 깃발을 들고 나아가 그것을 치켜듦으로써 사람들로 하여금 신의 약속을 바라보게 했다. 잔이 깃발을 높이 들면 그것은 자연스레 희망과 승리의 비전이 되었다.

헨리크 세미라즈키[1843~1902]의 「잔 다르크」[13]는 그 깃발을 소재로 한 그림이다. 그림에서는 지금 잔 다르크가 환상 중에 카타리나 성녀를 보고 있다. 성녀는 그에게 깃발을 선사하는데, 깃발 끝이 흰 백합화로 장식되어 있다. 순결을 상징하는 그 꽃이 잔의 영혼과 육체의 순수함을 드러낸다. 이 비전을 본 뒤 잔은 스코틀랜드 출신의 한 화가에게 깃발을 디자인해 달라고 요청했다고 한다. 이 화가가 두 개의 깃발을 디자인하고 한 신부가 나머지 한 개의 깃발을 디자인해 모두 세 개의 깃발(스탠더드, 배너, 페넌)이 만들어졌다고 하는데, 후일 잔은 이 깃발들과 자신의 관계에

1-3. 헨리크 세미라즈키, 「잔 다르크」, 캔버스에 유채, 136×90cm, 19세기 말, 개인 소장

대해 이렇게 말했다. "나는 나의 깃발을 나의 칼보다 마흔 배는 더 사랑했다. 적에게 맞설 때 나는 누구도 죽이고 싶지 않아 (칼 대신) 깃발을 들었다. 나는 단 한 사람도 죽이지 않았다."

프랑스가 난국에 처할 때마다
소환된 애국심의 상징

애국심의 상징이 된 잔 다르크는 자연스레 프랑스가 위기에 처할 때마다 화가들이 앞다퉈 그리는 주제가 되었다. 앞에서 본 쥘 바스티앵르파주의 「잔 다르크」가 그 대표적인 그림이다. 쥘 바스티앵르파주는 잔 다르크의 출생지 동레미로부터 가까운 베르뎅 출신이었다. 동레미가 속한 로렌 주는 인접한 알자스와 함께 프랑스-프로이센 전쟁[1870~71] 뒤 독일에 할양되었는데, 이 고통스런 사건으로 말미암아 잔 다르크는 당시 프랑스의 통합과 애국심의 상징으로 재조명되었다. 그런 까닭에 르파주가 알자스-로렌 할양 직후 이 그림을 그린 배경에는 프랑스인들의 애국심을 고취하려는 의지가 진하게 깔려 있다 하겠다. 르파주는 그림의 사실성을 높이기 위해 잔 다르크의 고향을 답사해 일대의 풍경과 분위기를 꼼꼼히 연구해 표현했다.

조르주 루오[1871~1958]의 「우리의 잔」[1·4]도 프랑스의 고통을 목도하며 잔 다르크를 소재로 그린 그림이다. 그 고통의 배경은 바로 제2차 세계대전이다. 비록 나치의 군대가 조국을 유린했지만 죽음도 두려워하지 않

1-4. 조르주 루오, 「우리의 잔」, 유화, 67×48cm, 1948~49, 개인 소장

은 수많은 애국자들이 있었기에 프랑스는 마침내 다시 광명을 찾을 수 있었다. 그 사실을 생생한 이미지로 형상화하고 싶었던 루오는 열정을 실은 붓으로 이 그림을 그렸다. 말을 탄 잔의 이미지가 온갖 풍상에도 영원히 스러지지 않을 기념비로 우리 앞에 서 있다.

이렇듯 잔 다르크의 등장 이후 프랑스에서는 조국을 위해 희생한 사람을 잔에 비유해 기리는 문화가 생겼다. 그렇게 잔은 조국의 영원한 리더가 되었다. 비록 배우지 못한 시골뜨기 소녀였지만 누구보다 밝은 눈을 가졌기에, 그로 인해 다른 사람들이 보지 못한 것을 보고 다른 사람들이 느끼지 못한 것을 느낄 수 있었기에, 잔 다르크는 역사상 가장 고귀한 리더의 한 사람이 될 수 있었다.

2
비전은 목표를
시각화하는 것이다

표도르 브루니의 「놋뱀」

비전

앞서 살펴보았듯이, 비전은 시각적인 관념에 기초한 용어다. 그러므로 우리가 '비전을 지닌 사람'이라고 칭하는 이는 무엇보다 자신이 지향하는 바나 꿈꾸는 바를 하나의 시각적 상(像)으로 마음에 품은 사람, 나아가 시각적 상을 다른 이에게 제시할 수 있는 사람이라 하겠다.

이처럼 구성원들의 마음속에 꿈꾸고 실현하고자 하는 바를 하나의 생생한 이미지로 형상화하는 이라는 점에서 리더는 화가와 다름없다. 그는 상상력을 자극하는 이야기와 남다른 설득력으로 구성원들의 가슴에 선명하고도 감동적인 그림을 그린다. 그렇게 그려진 이미지는 희망과 열정의 빛이 되어 공동체로 하여금 끝내 이를 실현하게 만든다. 그렇게 리더는 누구나 소망하고 언젠가는 실현되어야 할 꿈을 그리는 화가다.

리더는 비전이라는
그림을 그리는 화가다

　분석하고 체계화하는 것은 좌뇌의 영역이다. 직관하고 이미지화하는 것은 우뇌의 영역이다. 비전의 생성은 좌뇌가 수립한 목표를 우뇌의 이미지로 형상화함으로써 가능한 것이다. 우리는 사상事象을 분석하고 그렇게 얻은 지식을 체계화하여 많은 정보를 축적할 수 있다. 그 정보를 토대로 합리적이고 건설적인 목표를 세울 수 있다. 하지만 거기에 그친다면, 그것은 우리의 두뇌를 사로잡을지언정 우리의 영혼까지 움직이는 힘이 될 수 없다. 우리는 그것을 강렬하고도 환상적인 이미지로 승화시켜야 한다. 그래서 우리가 지치고 포기하고 싶을 때 우리를 일으켜 세우고 견인하는 비전으로 작동하게 해야 한다. 그렇게 강렬한 근원적 이미지로 형상화된 목표가 바로 비전이다.

　이를 위해 우리는 가능한 한 많은 시각적 자극을 받고, 많은 이미지들을 경험할 필요가 있다. 꿈의 디딤돌이 되어줄 기관이나 장소, 지역, 나라를 방문하거나 롤모델로 삼고 싶은 사람의 사진이나 영상을 챙겨볼 필요가 있다. 그를 직접적으로 볼 기회가 있다면 더욱 좋을 것이다. 꿈을 고무하는 영화나 조형물을 감상하는 것도 바람직한 경험이다. 화가 살바도르 달리는 다비드의 「나폴레옹의 대관식」을 보고는 붓으로 세계를 정복하는 자신의 미래를 꿈꾸었다고 한다. 1962년 미국 대통령 케네디를 직접 만나본 고등학생 반기문은 외교관을 꿈꾸다 유엔 사무총장이 되었고, 이듬해 케네디 대통령과 악수를 나눈 학생 빌 클린턴은 미국의 제

2-1. 백악관에서 케네디 대통령을 만난 학생 빌 클린턴.
클린턴은 이때 케네디와의 악수가 자신을 공직으로 이끌었다고 회상했다.

42대 대통령이 되었다.[2-1]

　이처럼 직접 보고 만난 경험이 나만의 비전을 형성하는 데 중요한 자원이 되어준다. 리더는 구성원들이 이런 이미지의 자극을 받고 비전을 생성할 수 있도록 적극 도와야 한다. 아무리 좋은 목표를 지향한다 해도 차갑게 나열된 텍스트만으로는 사람들에게 그다지 큰 영감을 줄 수 없다. 사시(社是)니 교훈(校訓)이니 하는, 액자에 갇혀 사무실 혹은 교실 벽에 걸려 있는 텍스트들을 떠올려보라. 영감은 화석화된 텍스트가 아니라 사람의 마음속에 살아 움직이는 이미지에서 나온다. 우리는 이렇듯 역동적인 이미지의 경험을 자주 쌓고 이미지의 기능과 작동방식에 친숙해져야 한다. 그럴 때 보다 선명한 비전을 생산할 수 있다.

세계적인 리더십 전문가 워렌 베니스와 에이비스(AVIS)사의 CEO를 지낸 로버트 타운센드는 『리더를 말하다』(황금부엉이, 2016)라는 책에서 이런 대화를 나눴다.

> **타운센드:** 어설픈 리더는 사명이나 가치관을 석 장 분량의 글로 작성해, 플라스틱 액자에 담아 회사 로비에 걸어두지만, 그런 건 아무런 효과가 없습니다.
>
> **베니스:** 그렇군요. 내가 알고 있거나, 책에서 봤거나, 개인적으로 인터뷰했던 훌륭한 리더들은 모두 실천적인 몽상가였습니다. 훌륭한 리더는 비전이 있을 뿐만 아니라 항상 실천한다는 뜻이지요.

몽상가는 꿈꾸는 사람이다. 꿈은 왕성한 이미지의 활동무대다. 꿈속의 이미지는 심지어 논리나 현실의 한계마저 뛰어넘는다. 훌륭한 리더는 한계를 모르는 이 이미지들로부터 영감을 받아 비전을 세운다. 그리고 이를 현실화할 길을 찾아 실천한다.

놋뱀 이미지로
동포를 구원한 모세

　성경에는 이미지를 높이 세워 비전을 형성함으로써 공동체를 구원한 사람의 이야기가 나온다. 바로 모세다. 러시아 화가 표도르(피델리오) 브루니[1799~1875]의 「놋뱀」[2-2]이 그 이야기를 담은 그림이다. 스펙터클한 정경이 펼쳐지는 것도 그렇고 빼어난 구성과 연출도 그렇고, 분명 대가의 솜씨를 보여주는 걸작이다. 이 그림의 주제는 성경 민수기 21장이다.

　여호와께서 불뱀들을 백성 중에 보내어 백성을 물게 하시므로 이스라엘 백성 중에 죽은 자가 많은지라. 백성이 모세에게 이르러 말하되 우리가 야훼와 당신을 향하여 원망함으로 죄를 범하였사오니 여호와께 기도하여 이 뱀들을 우리에게서 떠나게 하소서. 모세가 백성을 위하여 기도하매 여호와께서 모세에게 이르시되 불뱀을 만들어 장대 위에 매달아라. 물린 자마다 그것을 보면 살리라. 모세가 놋뱀을 만들어 장대 위에 다니 뱀에게 물린 자가 놋뱀을 쳐다본즉 모두 살더라.(민수기 21:6~9)

　모세는 이스라엘 백성을 이집트의 노예 신세로부터 벗어나게 해준 영웅이다. 그러나 당장 거친 광야에서 생활하는 데 불만을 품은 이스라엘 백성들은 여호와와 지도자 모세를 원망한다. 그러자 신께서 불뱀을 보내이들을 벌했고 신의 진노에 직면해서야 사람들은 화급히 잘못을 깨닫고 모세에게 도움을 청한다. 신께 간절히 기도한 모세는 신의 명령에 따라

2-2. 표도르 브루니, 「놋뱀」, 캔버스에 유채, 565×852cm, 1841, 러시아 미술관
모세는 이스라엘 백성의 마음속에 해방과 구원의 비전을 그린 화가였다.

놋뱀을 만들고 이스라엘 백성을 회개와 구원으로 이끈다.

화가는 이 성경 이야기를 표현하면서 그림의 중심에 모세를 배치했다. 머리에서 빛이 나는 모세는 위엄 있는 제스처로 좌중을 압도한다. 마치 오케스트라의 지휘자 같다. 모세 앞에는 뱀에게 물려 죽어가는 사람들과 이들을 나르는 친지들, 그리고 놋뱀을 향해 시선을 돌리는 사람들이 포치되어 있다. 잿빛 하늘로부터는 뱀들이 떨어져 무시운 징벌의 살풍경이 전개된다.

지도자 모세의 지팡이는 기둥 위로 우뚝 솟은 놋뱀을 가리키고 있다. 놋뱀은 지금 재난을 당한 이스라엘 백성의 유일한 희망이다. 놋뱀을 바라보기만 하면 그들은 죽지 않고 살 수 있다. 놋뱀을 좀더 잘 보려고 뱀에 물린 여인을 안고 놋뱀 쪽으로 다가가는 남자와, 아이들을 앞세우고 가는 여인이 화면 오른쪽에 보인다.

그런 그들과 달리 뱀 앞에서 오히려 체념한 사람도 있다. 우측 하단의 노인이다. 놋뱀을 보면 살 수 있지만, 그는 그쪽으로 시선을 줄 생각이 아예 없다. 의심이 많고 냉소적인 그는 무언가를 바라봄으로써 이 재난이 해결될 수 있다고 믿지 않는다. 놋뱀은 공동체의 간절한 소망을 담아 모세가 높이 세운 비전이다. 노인은 모세의 비전을 받아들일 의사가 전혀 없다. 물론 의심하고 따지는 것은 필요하지만, 그게 지나치면 그림의 노인처럼 삶과 세계를 비관적으로만 바라보게 된다. 차가운 지성은 꿈이 불가능한 이유를 1백 가지도 넘게 댈 수 있다. 꿈이 가능한 이유를 대는 것은 빈번히 차가운 지성이 아니라 뜨거운 열정이다.

표도르 브루니는 이탈리아 화가 안토니오 브루니의 아들로, 안토니오가 1807년 가족을 데리고 러시아 상트페테르부르크로 이주한 이후 그 곳에서 자라났다. 상트페테르부르크 미술 아카데미를 졸업한 뒤 이탈리아에서 계속 그림공부를 한 그는 그곳에서 필생의 역작 「놋뱀」을 제작했다. 첫 스케치부터 작품의 완성까지 15년이 넘게 걸렸다고 한다. 화가 자신으로서는 모든 것을 다 걸었다고 해도 좋을 정도로 열정을 쏟았다. 그에게는 이 그림이 훌륭한 화가로 인정받을 비전의 이미지였다. 러시아로 보내진 이 작품은 마침내 화단 안팎으로부터 격찬을 받았다.

놋뱀과 십자가는
동일한 비전의 표상

놋뱀 주제는 워낙 강렬하고 인상적이어서 브루니 외에도 서양미술사를 수놓은 많은 대가들이 손을 댔다. 안톤 반다이크, 세바스티앙 부르동, 샤를 르브룅, 페테르 파울 루벤스, 벤저민 웨스트, 조반니 도메니코 페레티 등이 그들이다. 대부분 고통으로 몸부림치는 이스라엘 백성과 묵묵히 서 있는 장대가 대비를 이루는 그림들이다. 오귀스트 로댕[1840~1917]의 「뱀과 싸우는 사람」[23]은 이 주제를 직접 나타낸 것은 아니지만, 이 주제의 전통으로부터 영감을 얻어 제작한 조각이다. 이길 수 없는 저주와 투쟁하는 인간의 고통과 슬픔이 생생히 드러나 있다.

이들 작품 가운데서 바로크 시대의 화가 안톤 반다이크[1599~1641]의 그림에 좀 더 주목해 보자. 반다이크의 「놋뱀」[24]은 중심인물들을 클로즈업

2-3. 오귀스트 로댕, 「뱀과 싸우는 사람」, 브론즈, 높이 70cm, 1887, 로잔 미술관

2-4. 안톤 반다이크, 「놋뱀」, 캔버스에 유채, 207×234cm, 1618~20, 마드리드 프라도 박물관

하는 등 주제를 보다 '콤팩트'하게 처리해 화면이 꽉 차 보인다. 브루니의 그림에 비해 장엄미는 떨어지지만 관객은 그만큼 지근거리에서 사건을 목격할 수 있다. 반다이크는 사건 현장을 낚아채는 사진기자처럼 주제에 저돌적으로 다가가 실감나게 표현했다. 그래서 관객은 자신이 마치현장에 있는 듯한 박진감을 느끼게 된다.

주인공 모세는 화면 왼편에서 두번째 인물이다. 머리에서 두 가닥 신령한 빛이 뻗어 나오는 데서 이를 알 수 있다. 화면 오른편에서는 뱀에물린 이와 뱀의 공포에 사로잡힌 이들이 모세 앞으로 몰려오거나 엎드리고 있다. 그들 가운데는 몸이 뱀에 감긴 경우도 있다. 화면 오른쪽, 흰 옷을 입은 여인은 몸에 독이 퍼져 기력을 거의 다 잃은 상태다. 곁에 있는 여인이 그의 몸에서 뱀을 떼어내고, 붉은 옷을 입은 남자가 그로 하여금 나무에 걸린 놋뱀을 바라보도록 이끈다. 여인의 시선은 나무를 향하고 거기에 놋뱀이 걸려 있다.

반다이크의 그림에서도 놋뱀은 희망과 구원을 상징하는 이미지다. 저 놋뱀이야말로 높은 곳에 우뚝 서 있어 모두가 바라볼 수 있고, 바라본 이는 누구나 살아나게 하는 진정한 비전의 표상이다. 비전은 반드시 실현되어야 한다. 실현되지 못한다면 공동체의 미래는 그야말로 암울한 잿빛이다. 그래서 비전은 구성원 모두가 공유할 수 있는 강력한 이미지로 존재해야 하고 그 안에서 끝없이 상기되고 환기되어야 한다. 비전을 포기하는 일은 있을 수 없다. 그 집념이 강력한 실천을 담보한다. 그런 과정을 거쳐 비전은 마침내 현실이 된다.

여호와는 이스라엘 백성을 거저 구해줄 수도 있었지만, 리더인 모세를 시켜 굳이 하나의 이미지를 만들게 하고 백성들로 하여금 그것을 바라보게 했다. 이스라엘의 리더와 백성 모두에게 비전과 비전을 담은 이미지가 얼마나 중요한 것인지 새삼 깨닫게 했다. 리더는 다른 무엇보다 이런 비전, 그리고 그 비전의 표상이 되는 강력한 이미지를 만드는 사람이다.

흥미로운 것은, 놋뱀으로 대표되는 이 구약의 비전 이미지가 저 유명한 신약의 비전 이미지로 이어진다는 것이다. 그게 바로 십자가다. 기독교는, 놋뱀을 바라본 이스라엘 백성이 구원을 받았듯이 십자가를 바라보는 사람은 누구든 죄와 사망의 권세로부터 구원을 받게 된다고 말한다. 모세의 놋뱀과 예수의 십자가는 동일한 의미를 지닌 비전의 이미지인 것이다. 그래서 십자가는 오늘날 기독교 신앙을 대표하는 가장 상징적인 이미지가 되었다. 이 비전의 이미지가 얼마나 강력한지는 전 세계에서 이 이미지를 모르는 사람이 거의 없다는 데서 잘 드러난다.

비전은 나를
바꾸는 행위다

비전을 가지면 세상이 달라 보인다. 동일한 세상임에도 비전을 갖기 전과 후의 세상은 서로 다르다. 비전은 하나의 이미지이지만, 그것을 본 사람은 이전과는 전혀 다른 시선으로 세상을 바라보게 된다. 문제는 이런 비전을 갖기가 쉽지 않다는 그릇된 고정관념이다. 의외로 우리는 어렵지 않게 강력한 비전을 가질 수 있다. 비전은 내 마음의 힘으로 형성하는 것인 까닭에 결국 모든 게 나 자신에게 달려 있다. 세상을 다 바꿀 필요는 없다. 나만 바뀌면 되는 것이다.

이와 관련해 귀담아들어봄 직한 우화가 있다. 심한 안구 통증을 느끼던 부자가 있었다고 한다. 용하다는 의사들을 만나 온갖 치료를 다 받고 약도 먹었지만 통증은 전혀 낫지 않았다. 오히려 갈수록 심해졌다. 그러다가 이런 질환 치료에 능하다는 승려의 이야기를 듣고는 간청해 그를 모셔왔다. 부자의 증세를 살펴본 승려는 마침내 치료방법을 찾아내어 처방을 해주었다. 절대 다른 색은 보면 안 되고 오로지 초록색만 보아야 한다는 처방이었다. 이상한 처방이었지만, 워낙 다급했던지라 부자는 그대로 따랐다. 그는 엄청난 양의 초록색 페인트를 산 뒤 인부들을 고용해 자신의 눈이 닿을 만한 모든 곳을 초록색으로 칠했다.

며칠이 지나 차도가 있는지 확인하려고 승려가 다시 방문했다. 그러나 승려를 본 부자의 하인들은 깜짝 놀라 그에게 초록색 페인트를 통째로 부어버렸다. 승려가 빨간색의 옷을 입고 나타나 부자가 그 모습을 볼까 두려웠기 때문이었다. 설명을 듣고는 승려는 껄껄 웃었다. 그러더니 부자에게 가서 이렇게 말했다. "아니, 돈 몇 푼 주고 초록색 색안경을 하나 사면 될 것을, 벽이며, 가구며, 그릇이며, 나무며, 주변을 다 초록색으로 칠해놓았으니 이게 무슨 낭비입니까? 그리고 온 세상을 초록색으로 칠한다는 게 가당하기나 한 일입니까?"

세상을 바꾸려 하는 것은 무모한 일이다. 그에 비하면 나 자신을 바꾸는 것은 훨씬 쉬운 일이다. 내 눈에 필요한 색안경을 끼면 세상이 전혀 다르게 보인다. 그 색안경이 비전이다.

『걸리버 여행기』를 쓴 풍자작가 조너선 스위프트는 그 색안경에 대해 이렇게 말했다.

비전은 다른 사람에게는 보이지 않는 것을 보는 기술이다.

3
비저너리는
실천가다

이매뉴얼 고틀립 로이체의 「델라웨어강을 건너는 워싱턴」

비전

비전은 실천을 견인한다. 뚜렷한 비전을 지닌 이는 그 꿈을 이루기 위해 가능한 모든 방법을 동원한다. 실천을 견인하지 않는 것은 비전이 아니다. 진정한 비전은 개인이나 공동체의 소망스런 미래상일 뿐 아니라 도덕적으로 정당하고 누구나 공감할 수 있는 보편적인 가치를 지닌다. 우리의 삶에 의미를 더해준다. 그 깨우침과 확신이 있기에 우리는 적극적으로 비전의 실현에 나선다. 비전을 지닌 사람은 그렇게 주체적이고 능동적인 실천가가 될 수밖에 없다.

1963년 8월 28일, 미국 노예해방 100돌을 기념해 열린 워싱턴D.C.의 평화대행진에서 흑인 민권운동가 마틴 루터 킹 목사는 이렇게 외쳤다.

나는 꿈이 있습니다. 조지아의 붉은 언덕에서 노예였던 부모의 자식들과 그 주인의 자식들이 식탁에 함께 앉아 형제애를 나누는 날이 언젠가 오리

3-1. 1963년 8월 28일, 워싱턴D.C. 평화대행진에서
"나는 꿈이 있습니다"라고 연설하는 마틴 루터 킹 목사

라는 꿈입니다.

킹 목사의 비전에는 도덕적 당위와 인류 보편의 가치가 담겨 있다. 하지만 당시 미국의 현실은 이와는 거리가 멀었다. 비전을 본 흑인들은 현실을 뒤엎으려는 강력한 운동을 펼쳤고, 이는 흑인에 대한 모든 정치적 사회적 차별의 철폐를 규정한 시민권법(1964년)과 투표에 관한 모든 차별을 엄격하게 금지한 선거권법(1965년)의 제정으로 이어졌다. 진정한 비전을 경험한 까닭에 사람들은 온갖 고난을 무릅쓰고 가치의 실현에 나선 것이다.

"나는
꿈이 있습니다"

킹 목사의 워싱턴 평화대행진 연설로부터 53년이 지난 2016년 7월 25일, 필라델피아에서 열린 미국 민주당 전당대회에서 오바마 대통령의 부인 미셸 여사는 차기 대통령 후보로 나선 힐러리 클린턴을 지지하며 이렇게 말했다.

매일 아침 나는 노예들이 지은 집에서 일어나 내 딸들, 아름답고 지적인 젊은 흑인 숙녀 둘이 백악관 잔디밭에서 강아지들과 뛰노는 것을 봅니다.

마틴 루터 킹 목사의 호소가 반세기 뒤 미셸 오바마의 응답으로 메아리쳐오는 모습을 보는 것은 매우 감동적이다. 이 메아리로부터 우리는 참된 비전은 매우 강력한 힘을 갖고 있고, 적극적인 실천을 동반하며, 언젠가 반드시 실현된다는 사실을 새삼 깨닫게 된다. 물론 미국은 아직도 흑백갈등으로 고통을 겪고 있고 가야 할 길이 여전히 많이 남아 있다. 하지만 마틴 루터 킹 목사의 비전은 결코 멈출 줄 모르는 엔진처럼 지금도 미국을 보다 조화로운 세상으로 나아가도록 이끌고 있다.

그러므로 리더는 무엇보다 비저너리로서 구성원들로 하여금 부단히 실천의 길로 나서도록 도와야 한다. 강요에 의해 이뤄지는 피동적이고 타율적인 행위는 실천이 아니다. 실천은 자율적이고 능동적인 행위다. 리더는 자신이 제시한 비전으로 공동체 구성원의 피가 끓고 그들이 열정에 사로잡히도록 부단히 소통해야 한다. 리더는 구성원들에게 건조한 목표를 하달하고 그들을 재촉하는 사람이 아니다. 군림하는 보스가 아니다. 함께 비전을 만들고 그 비전이 구성원들에게 어떤 의미를 갖는지, 그것을 통해 세상을 어떻게 바꿀 수 있는지 상호 소통하며 일깨워주는 사람이다. 그렇게 공동체 활동의 궁극적인 의미를 찾아내고 그에 따른 실천의 동기를 만들어줄 수 없는 사람이라면, 그는 진정한 리더가 될 수 없다.

3-2. 이매뉴얼 고틀립 로이체, 「델라웨어강을 건너는 워싱턴」,
캔버스에 유채, 378.5×647.7cm, 1851, 뉴욕 메트로폴리탄 박물관
미국 독립에 대한 강력한 비전을 지녔던 워싱턴은 불굴의 투쟁과 실천으로 결국 승리를 쟁취해냈다.

끝까지 비전을 잃지 않았던
조지 워싱턴

실천을 견인하는 비저너리로서 리더의 이미지를 잘 표현한 그림 가운데 하나가 19세기 미국화가 이매뉴얼 고틀립 로이체[1816~68]의 「델라웨어강을 건너는 워싱턴」[32]이다. 어릴 때 미국으로 이민 왔으나 성인이 되어 다시 독일로 돌아간 로이체는 1848년 유럽 각지에서 혁명이 터지자 「델라웨어강을 건너는 워싱턴」에 대한 아이디어를 얻었다. 유럽에 번지는 혁명을 보고 미국 독립혁명의 경험을 그려 유럽의 자유주의 개혁가들을 고무하고 싶었던 것이다.

그림은 동터오는 새벽, 미국 독립혁명의 영웅 조지 워싱턴이 도강 작전을 감행하는 모습을 담고 있다. 워싱턴이 델라웨어강을 건너 벌인 트렌턴 전투는 미국 독립혁명사에 길이 남을 영웅적인 사건이다. 1776년 독립을 선언한 미합중국의 대륙군은 영국군의 압박에 맥을 못 추었다. 정예부대와 거리가 먼 대륙군은 도저히 영국군의 상대가 될 수 없었다. 연전연패하다 마침내 델라웨어강 건너로 내몰리고 말았다.

크게 사기를 잃은 대륙군은 거의 붕괴 직전에 이르렀고 탈영병이 속출했다. 전쟁의 전개 과정을 지켜보던 유럽의 '관전자'들도 미국의 독립은 불가능하리라 생각하게 되었다. 워싱턴조차 한때 자신감이 크게 흔들려 "게임은 거의 끝났다"라고 사촌에게 편지를 썼을 정도였다. 하지만 워싱턴은 끝내 독립의 비전을 잃지 않았고 실현의 의지도 내려놓지 않았다. 기회를 엿보던 워싱턴은 1776년 12월 25일 저녁부터 이튿날 새벽까

리더의 눈

지 대륙군을 이끌고 얼음이 떠다니는 델라웨어강을 건너 뉴저지 트렌턴에 주둔해 있던 독일 용병부대를 급습했다. 이 전투에서 워싱턴은 무려 900명이나 포로로 잡는 전과를 올렸다. 그야말로 칠전팔기의 승리였다. 이 승전보로 미합중국의 사기는 크게 올라갔고 혁명의 승리에 대한 믿음을 다시금 확고히 다질 수 있었다. 군인들의 이탈이 속출하던 군대가 신병들로 다시 채워지게 되었는가 하면 프랑스를 비롯한 유럽 각국도 미국을 새로이 보게 되었다. 어려울수록 비전을 선명히 밝히고 불굴의 의지로 이를 실천해간 워싱턴의 리더십이 빛나는 순간이었다.

이 비저너리를 어떻게 그리는 게 좋을까, 로이체는 많은 고민을 했다. 화가는 결국 배에 기념비처럼 서서 강 건너를 바라보는 워싱턴의 모습을 떠올렸다. 여명이 동터오는 하늘을 바라보는 워싱턴. 그 시선은 독립된 미합중국의 앞날과, 자유와 평화가 넘치는 새 세상을 함께 바라보는 시선이다. 워싱턴의 비전이 얼마나 강렬하고 위대한 것인지는 그의 부하 군인들의 표정과 제스처를 통해서도 선명히 드러나고 있다. 리더와 동일한 비전으로 충만해 있기에 그림 속의 군인들, 그러니까 앞쪽의 스코틀랜드 보닛을 쓴 남자와 흑인, 배의 앞머리와 뒷머리에서 노를 젓는 서부 출신의 소총수, 챙이 넓은 모자를 쓴 뒤쪽의 농부들, 여성으로 보이는 붉은 옷의 병사, 그리고 깃발을 든 장교까지 모두 하나가 되어 온갖 고통을 감내하며 투쟁의 의지를 불태우고 있다. 리더와 구성원 모두 불굴의 의지와 실천으로 비전을 현실로 만들어가고 있는 것이다.

이중 깃발을 든 장교를 화가는 특별히 관심을 두어 표현했다. 워싱턴에 쏠린 우리의 시선에서 벗어나 화면 전체를 바라보면 사실상 그와 그가 든 깃발이 그림의 중심을 차지하고 있음을 알 수 있다. 추운 새벽임에도 그 또한 기개와 자신감이 넘치는 표정을 짓고 있는데, 그가 바로 제임스 먼로 중위다. 훗날 제5대 미국 대통령이 되어 먼로주의를 주창하게 되는 인물이다. 독립을 선포한 나라의 깃발을 들었으니 이 젊은이의 심장은 강렬하게 뛰지 않을 수 없었을 것이다.

흥미로운 것은, 지금 먼로 중위가 든 깃발은 최초의 성조기 모양을 띠고 있는데, 당시에는 이 깃발이 아직 존재하지 않았다는 사실이다. 성조기는 그림 속 사건이 있었던 이듬해인 1777년 6월 14일에 비로소 오리지널 디자인이 확정된다. 워싱턴이 실제 델라웨어강을 건널 때는 성조기가 아니라 미합중국의 첫 국기인 그랜드유니언 기를 사용했을 것으로 보인다. 그러나 독립의 비전을 생생하게 표현하기를 바라서였는지 화가는 그림에 성조기를 그려 넣었다.

로이체는 이 주제의 첫 작품을 1850년에 완성했다. 그러나 그 직후 작업실에 불이 나 작품이 손상되었다고 한다. 화가는 손상된 부분을 수복한 뒤 작품을 독일 브레멘 미술관Kunsthalle Bremen에 팔았는데, 제2차 세계대전 중인 1942년 영국 공군의 공습으로 그림이 완전히 파괴되었다. 이 일을 두고 미국 독립에 대한 영국의 마지막 복수라는 농담이 생겨났다. 로이체는 첫 작품을 완성한 직후 같은 그림을 두 점 더 그렸다. 메트로폴리탄 박물관의 소장품과 미네소타 해양미술관의 소장품이 그 그림들이다. 1851년 메트로폴리탄 박물관 소장품이 뉴욕에서 처음 전시됐을 때 당시로서는 엄청난 관객인 5만 명이 넘는 인파가 전시장을 찾았다고 한다. 또 당시로서는 파격적인 가격인 1만 달러에 그림이 판매되었다고 한다.

3-3. 토머스 설리, 「델라웨어 도강」, 캔버스에 유채, 372.1×525.8cm, 1819, 보스턴 미술관

　　토머스 설리[1783~1872]의 작품3-3도 로이체의 그림과 유사한 주제를 다루고 있다. 다만 설리의 그림은 배에 올라탄 워싱턴이 아니라 델라웨어 강을 건너기 직전 주변 형세를 살피는 워싱턴에 초점을 맞췄다. 언덕에 올라 상황을 점검하는 그는 조금도 불안해하거나 두려워하지 않는다. 이처럼 설리 역시 워싱턴을 불굴의 비저너리로 형상화했다. 워싱턴이 겨울의 잿빛 풍경 속에서 하이라이트처럼 선명히 부각되어 보인다. 워싱턴

뒤로는 델라웨어강이 펼쳐지고 일부 선발대가 강을 건너고 있다. 워싱턴도 곧 말에서 내려 부관들과 함께 배에 오를 것이다. 저 멀리 지평선에서 밝아오는 여명이 그의 승리를 약속하는 듯하다.

비전의 실천을 위해
평생 애쓴 벤저민 프랭클린

위싱턴과 나란히 미국 '건국의 아버지' 가운데 한 사람으로 꼽히는 벤저민 프랭클린 또한 남다른 실천력으로 유명한 사람이었다. 프랭클린은 1726년, 불과 스무 살의 나이에 '도덕적으로 완벽한 인간이 되겠다'라는 비전을 가슴에 품었다. 그때 네 가지 실천 지침을 만든 뒤 이후 이를 평생 실천해야 할 덕목 열세 가지로 업그레이드했다. 그 덕목은 아래와 같다.

1. **절제.** 과식하지 말고 과음하지 말라.
2. **침묵.** 타인과 너 자신을 이롭게 하기 위한 게 아니면 말하지 말라. 하찮은 대화를 피하라.
3. **질서.** 물건은 제자리에 두고 일은 시간을 정해 제때 처리하라.
4. **결단.** 해야 할 일은 실행을 다짐하라. 결심한 것은 반드시 실행하라.
5. **절약.** 타인과 너 자신에게 유익한 일에만 돈을 쓰라. 낭비하지 말라.
6. **근면.** 시간을 아끼라. 항상 유용한 일을 하고 불필요한 행동을 삼가라.

리더의 눈

7. **성실.** 사람들을 속이지 말라. 순수하고 올바르게 사고하며 그에 따라 말하라.

8. **정의.** 해를 가하거나 해야 할 일을 회피함으로써 남에게 피해를 주지 말라.

9. **중용.** 극단적으로 되지 말라. 당한 만큼 되갚아주겠다고 분을 품지 말라.

10. **청결.** 몸이든 옷이든 행동이든 항상 청결하게 유지하라.

11. **평정.** 사소한 일이나 일상적이고 불가피한 문제에 흔들리지 말라.

12. **순결.** 건강과 자손을 위해서만 성관계를 가지라. 정신과 몸에 해가 되지 않고 너 자신과 타인의 평화와 평판에 손상이 가지 않도록 하라.

13. **겸손.** 예수와 소크라테스를 본받으라.

프랭클린은 이 덕목들을 습관화하기 위해 매주 하나씩 집중적으로 실천할 항목을 선정해 따랐다. 모두 열세 개의 덕목이니 하나의 사이클이 이뤄지는 데 13주가 걸렸고, 1년은 52주이므로 각 덕목당 네 차례의 실천 주간이 돌아왔다. 그는 이 열세 개의 덕목과 요일이 적힌 차트를 만들어 매일 자신의 실천을 점검해 부정적일 때는 이를 표시했다. 그의 목표는 이런 표시를 최소화해 깨끗한 삶을 사는 것이었다. 이렇게 반세기를 지냈다 하니 그 집요함은 말로 다할 수 없다. 그래도 그로서는 반드시 이루고자 한 확고한 비전이었기에 최선을 다하여 덕목을 실천했다.

이처럼 약관의 나이에 도덕적으로 완벽한 사람이 되고 싶다는 비전을 세운 것도 대단한 일이지만, 이를 위해 죽을 때까지 자신이 정한 덕목을

실천하려 애썼다는 것 또한 대단한 일이라 하지 않을 수 없다. 평생 정규 교육을 받은 것은 2년에 불과했지만, 프랭클린은 이렇듯 남다른 비전과 부단한 실천으로 자기계발을 게을리하지 않았다. 뿐만 아니라 과학과 발명, 정치, 외교, 저널리즘, 저술 등 다양한 방면에서 중요한 업적을 남겼다. 역사가 기리는 리더가 된 것이다.

스코틀랜드 화가 데이비드 마틴[1737~97]의 「벤저민 프랭클린」[3-4]에는 늘 부지런히 자신을 관리하던 그의 모습이 잘 나타나 있다. 이 그림은 프랭클린이 영국에 체류할 당시인 1767년 런던에서 제작된 것으로, 그림의 의뢰자는 로버트 알렉산더라는 사람이었다. 알렉산더는 당시 골치 아픈 재산권 분쟁을 겪고 있었는데, 이 문제를 프랭클린에게 가져가 그의 법적 판단을 구하기로 분쟁 당사자와 합의했다. 그림의 프랭클린은 바로 이 문제를 해결하기 위해 꼼꼼히 서류를 들여다보는 중이다. 분쟁 당사자 양쪽 다 자신을 믿고 자신의 결정을 무조건 따르겠다고 일을 맡겼으니 정직과 성실을 모토로 하는 그로서는 최선을 다해 이를 해결하지 않을 수 없었다. 결론은 알렉산더에게 유리하게 나왔고 두 분쟁 당사자는 이의 없이 이를 받아들였다. 알렉산더는 감사의 표시로 화가 마틴에게 이 인상적인 초상화의 제작을 의뢰했다. 그림은 현재 백악관에 소장되어 미국 대통령들과 정치인들을 위한 귀감의 이미지로 빛을 발하고 있다.

실천하는 리더는
'가라'고 하지 않고 '가자'고 한다

다시 워싱턴 이야기로 돌아가보자. 그에 대한 흥미로운 일화가 하나 있다. 한 신사가 말을 타고 가다가 병사들이 큰 나무를 나르느라 애쓰는 모습을 보게 되었다. 상사가 구령을 붙이고 있었지만, 병사들은 힘에 부쳐 나무를 제대로 나르지 못했다. 신사가 상사에게 물었다.

"자네는 왜 같이 나무를 나르지 않는가?"

상사가 대답했다.

"나는 졸병이 아니라 상사요. 지휘하는 게 내 일이란 말이요."

그러자 신사는 말에서 내려 병사들과 함께 나무를 날랐다. 힘써 나른 뒤 지친 몸으로 말에 올라탄 신사는 상사에게 말했다.

"이런 일이 또 있거든 주저 말고 총사령관을 부르게."

그제야 상사는 그가 총사령관 워싱턴 장군이라는 사실을 깨달았다.

이처럼 워싱턴은 앞장서서 실천하는 것이 리더의 본분이라고 생각했다. 비전이 없거나 메마른 비전을 가진 리더는 뒤에서 '가라'고 호령한다. 반면 비전으로 충만한 리더는 앞에서 '가자'고 이끈다. 그의 비전은 구성원들에게 적극적으로 공유되어 자발적이고 능동적인 실천을 낳는다. 모두가 용감한 실천가가 된다. 『뻐꾸기 둥지 위로 날아간 새』를 쓴 켄 키지는 말했다.

목적지를 가리키고 가라고 해서 사람들을 이끌 수 있는 게 아니다. 당신이 먼저 그곳에 감으로써, 사례가 됨으로써 사람들을 이끄는 것이다.

비전은 이렇듯 타율적인 실천의 동기가 아니라 자율적인 실천의 동기를 만들어주는 것이다.

◉ 리더의 눈

4

미래는 주어지는 것이 아니라
만드는 것이다

자크루이 다비드의 「알프스를 넘는 나폴레옹」

상상력

우리는 일상에서 여러 가지 문제에 부딪힌다. 해법이 정해져 있는 문제는 학습한 대로 풀면 된다. 하지만 삶에서 발생하는 문제 가운데 상당수는 해법이 정해져 있지 않고 미리 학습할 수 있는 것도 아니다. 무엇으로 이 문제들을 해결하는가? 바로 상상력이다. 인류 문명은 인류가 수많은 문제와 난관 앞에서 상상력으로 그 한계를 극복하면서 일궈온 것이다. 우리 고유의 상상력과 그 성취가 쌓여 오늘의 찬란한 문명을 이룩했다. 그런 까닭에 리더에게 상상력은 필수다. 상상력이 빈약한 리더는 공동체의 문제 앞에서 무기력하게 무너져내릴 수밖에 없다.

상상에는 한계가 없다. 우리의 상상은 무한히 뻗어나갈 수 있다. 물론 모든 일이 상상한 대로 다 이뤄지는 것은 아니다. 하지만 상상한 대로 미래를 성취하지 못한 경우에도 상상은 미래의 행로에 큰 영향을 미친다. 그러므로 오늘 우리의 현실은 다른 누가 우리에게 선사한 것이 아니라 과거의 우리가 창조해낸 것이라 할 수 있다. 오늘의 우리는 과거의 우리가 지닌 상상력의 소산인 것이다. 이처럼 미래는 주어지는 것이 아니라 만드는 것이다. 미국의 저널리스트 아이다 타벨은 말했다.

상상력은 미래를 여는 유일한 열쇠다. 상상력 없이는 아무것도 존재하지 않는다. 상상력과 함께라면 모든 게 가능하다.

수피 빌라야트 이나야트 칸은 또 이렇게 언급했다.

미래는 저기 어디선가 우리를 기다리고 있는 게 아니다. 우리의 상상력으로 창조하는 것이다.

"세계는 상상력을 위한 캔버스일 뿐이다"

앱솔루트 보드카는 독특한 병 모양을 부각시켜 광고를 해온 것으로 유명하다. 뉴욕, 할리우드, 아테네, 베네치아, 오슬로, 베이루트 등 특정 지역의 문화나 이미지를 병 모양에 반영해 제작한 광고도 있고, 패션, 뷰티, 새디스트, 스토커 등 사람들의 관심을 끌 만한 주제들을 병 모양으로 표현해 제작한 광고도 있다.

앱솔루트 보드카는 2016년 겨울 광화문 광장에서 벌어진 촛불시위에

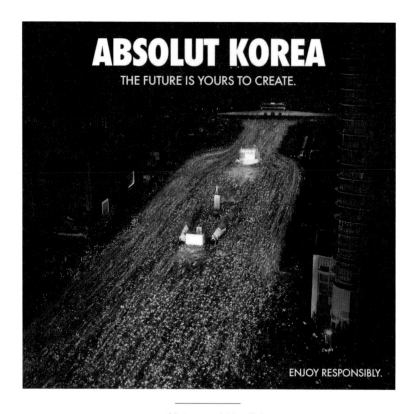

4-1. 앱솔루트 보드카 '한국편' 광고

영감을 받아 이를 토대로 한 광고 포스터를 하나 만들었다.[4-1] 광화문의 촛불시위대를 누워 있는 병 모양으로 편집한 뒤 그 위에 '앱솔루트 코리아'라는 글자를 크게 써 붙인 광고다. 그 아래에는 "미래는 당신이 만드는 것The future is yours to create"이라는 문장을 더했다. 어두운 광장에서 밝게 빛나는 촛불들을 미래를 창조하는 에너지의 상징으로 부각시킨 것이다.

당시 광화문에 나간 우리 시민들은 자신들의 꿈을 실현하기를 강렬히 원했고, 누구나 알 듯 우리의 상상력은 결국 우리가 원한 미래로 한 발 성큼 나아가게 했다. 앱솔루트 보드카는 바로 이 부분에 초점을 맞춰 광고 포스터를 제작했다. 독특하고 기발한 아이디어가 돋보이는 광고다. 이 광고는 시민들의 정치적 저항의 이미지를 술 광고에 사용했다는 점에서 일부 네티즌들로부터 비판을 받았고 그 비판은 물론 일리가 있다. 그러나 이 회사가 그동안 펼쳐온 광고의 특성을 이해하는 시각에서 볼 때, 그 메시지도 그렇고 아이디어도 그렇고 삶의 중요한 측면을 드러내는 캠페인 광고라는 사실만큼은 부인할 수 없다.

삶에 정답은 없다. 과연 누가 나에게 '너는 이렇게 살아야만 한다'라고 강제할 수 있을까? 답은 내가 만들어나가는 것이다. 나의 상상력이 나의 삶을 만들고 나의 미래를 만든다. 나의 상상력이 정답으로 향하는 가장 빠른 지름길이다. 앱솔루트 보드카가 그 이미지를 재빨리 낚아챈 데서 확인할 수 있듯 광화문 광장의 촛불시민들이 누구보다 이를 잘 보여주었다.

과학자 알베르트 아인슈타인은 "진정한 지성의 징표는 지식이 아니라 상상력이다"라고 했다. 또 미국의 시인 헨리 데이비드 소로는 "세계는 상상력을 위한 캔버스일 뿐이다"라고 단언했다. 상상력이 풍부한 사람은 마치 공중의 새가 세상을 조망하는 것처럼 자신이나 공동체의 문제와 현실을 폭넓게 통찰한다. 그리고는 자신만의 상상력으로 그 해답을 찾아낸다. 리더는 그렇게 통찰력과 상상력이라는 양쪽 날개로 누구보다 높이 솟아올라 공동체의 미래를 꿰뚫어보는 희망의 새다.

상상력을 자극하는
위대한 승리

상상력이 뛰어난 리더를 그린 명화 가운데 하나가 프랑스 화가 자크 루이 다비드^{1748~1825}의 「알프스를 넘는 나폴레옹」^{4.2}이다. 이 그림은 알프스의 생베르나르협곡을 오르는 나폴레옹을 형상화한 것으로, 나폴레옹이 워낙 마음에 들어해 여러 개의 버전이 만들어졌다.

알프스를 넘을 당시 나폴레옹의 지위는 제1통령이었다. 프랑스의 실질적인 최고 권력자였으나 아직 황제가 되기 전이었다. 급진적인 자코뱅파와 수구적인 왕당파가 서로 의기투합한 데서 알 수 있듯 프랑스 내의 반대파들은 오로지 그를 밀어내고자 혈안이 되어 있었다. 장군들 가운데서도 그를 시기하거나 질투하는 이가 적지 않았다. 언제 큰 위기가 닥칠지 몰랐다.

이런 상황에서 프랑스의 화친 제안을 거절한 오스트리아와 이탈리아를 상대로 벌이는 전쟁은 반드시 승리로 이끌어야 하는 절박한 싸움이었다. 단순한 승리가 아니라 '사람들의 상상력을 자극할 수 있는 위대한 승리'여야 했다. 이를 이루기 위해 나폴레옹은 대담한 결정을 내린다. 바로 고대의 지도자 한니발의 예를 좇아 알프스를 넘는 파격적인 원정을 감행한 것이었다. 이는 당시 제노아에서 고립되어 있던 프랑스군을 가장 빨리 지원하는 방법이기도 했다. 그 과정에서 드라마틱한 승리를 거둔다면 외부의 적과 내부의 적을 동시에 제압하는 묘수가 될 게 분명했다. 이는 나폴레옹이 얼마나 뛰어난 전략적 상상력과 정치적 상상력의 소유자인

4-2. 자크루이 다비드,「알프스를 넘는 나폴레옹」, 캔버스에 유채, 273×234cm, 1802, 베르사유궁전
프랑스대혁명 이후 한동안 소원한 관계에 있던 프랑스와 스페인은 나폴레옹의 이탈리아 장악 뒤 관계를
회복한다. 친선의 표시로 스페인의 카를로스 4세는 다비드에게 나폴레옹의 초상화 제작을 주문했고 그
완성작이 바로 현재 말메종성 박물관에 소장되어 있는 원작이다. 그림이 마음에 들었던 나폴레옹은 다
비드에게 같은 초상을 세 점 더 제작하도록 했다. 거기에 다비드 스스로 한 점을 더 그려 이 주제의 작품
은 모두 다섯 점이 되었다. 그 이본 중 하나인 이 베르사유궁전 본은 나폴레옹의 망토가 황토색으로 그
려진 말메종성 본과 달리 붉은색으로 그려져 눈길을 사로잡는다.

가를 잘 보여주는 사례다.

물론 대규모 군대를 이끌고 알프스를 넘는 것은 쉬운 일이 아니었다. 추위와 추락의 위험은 병사들의 목숨을 수시로 위협했고 또 불가피하게 희생자가 이어져 나왔다. 이 모든 간난신고 끝에 나폴레옹은 마침내 알프스를 넘어 마렝고전투에서 오스트리아를 굴복시킴으로써 북이탈리아에 대한 지배권을 확립했다. 나폴레옹의 위대한 상상은 그렇게 현실이 되었다. 이후 "내 사전에 불가능이란 없다"라는 유명한 말이 그의 어록으로 세상에 회자된다. 하지만 이 전언의 보다 정확한 표현은 "불가능에 도전하라!"였다고 한다.

다비드는 이 그림을 그리면서 무엇보다 나폴레옹을 '상상하는 자', 그래서 '미래를 창조하는 자'로 표현했다. 그림 구석구석에 그 흔적이 스미어 있다. 그림을 보자. 경사진 협곡을 기품 있게 오르는 나폴레옹. 그는 지금 현실의 파고를 넘어 꿈꾸고 도전하는 자의 미래가 가져다줄 축복을 내다본다. 그 비전에 대한 남다른 확신이 있기에 그는 지금 누구보다 자신감에 차서 당당하게 군대를 지휘한다. 배경의 날씨는 좋지 않지만 그의 표정은 여유롭다. 눈빛은 형형하고 말을 탄 자세는 매우 안정적이다.

오른손을 45도쯤 들어올려 전방으로 뻗었는데, 앞으로 나아가라는 의미에 더해 위대한 상상으로 현실을 넘어서라는 메시지를 동시에 전해준다. 하늘도 그를 돕고 있음을 보여주려는 듯 바람이 뒤에서 불어 협곡을 오르는 그를 밀어주고 있다. 상상력을 자극하고 영감을 고무하는 리더의 이미지가 생생히 살아나오는 그림이 아닐 수 없다. 화가 스스로 나폴레옹의 상상력과 영감에 크게 고무되어 그만큼 강렬하고 인상적인 장면으

　　　　　　　　　　　　　　　　　　　● 리더의 눈

4-3. 폴 들라로슈, 「알프스를 넘는 나폴레옹」, 캔버스에 유채, 289×222cm, 1850, 파리 루브르 박물관

다비드의 그림은 나폴레옹을 뛰어난 지도자로 선양하기 위해 그린 것이다. 나폴레옹이 탁월한 상상력의 소유자이고 알프스를 넘는 그의 결단이 역사의 한 획을 그은 것은 사실이지만, 당시 나폴레옹은 다비드의 그림처럼 멋지게 말을 타고 알프스를 넘을 수 없었다고 한다. 폴 들라로슈의 작품은 그런 점에서 실체적 진실을 보여주는 그림이라고 할 수 있다. 이 그림에서 나폴레옹은 말이 아니라 노새를 탔다. 말은 가파른 협곡을 잘 오르지 못한다. 초라한 노새를 탄 데다 추위에 지치고 옷조차 누추해진 나폴레옹은 매우 측은해 보인다. 영웅이라기보다는 인간적인 면모가 부각된 그림이라 하겠다. 그럼에도 불구하고 화가는 나폴레옹의 의지만큼은 결연하게 표현했다. 상상력은 겉으로 측정하기 어려운 내면의 힘이라는 사실을 이 그림이 오히려 더욱 진솔하게 전해주는 듯하다.

로 그림을 완성했다고 하겠다. 이 그림을 그리며 화가는 나폴레옹이 했다는 저 유명한 말을 몇 번씩이나 마음에 새겼을 것이다.

세계를 지배하는 것은 상상력이다.

전략의 아버지
한니발

나폴레옹보다 2,000년 앞서 알프스를 넘은 한니발은 대규모 군대를 이끌고 알프스를 넘은 최초의 군 지휘관이라는 점에서 나폴레옹 못지않은 군사적 상상력의 대가라고 할 수 있다. 물론 나폴레옹 시대에도 대규모 군대를 이끌고 알프스를 넘는 게 용이한 일은 아니었으므로 나폴레옹의 시도가 진부한 '따라 하기'로 평가 절하될 수는 없지만, 그래도 나폴레옹에게는 한니발이라는 전례가 있었다. 하지만 한니발은 누구도 시도해보지 못한 일을 결행했고, 그로 인해 역사에 새로운 자취를 남겼다.

이렇게 알프스를 넘은 한니발과 카르타고군은 북이탈리아 지역을 휩쓸며 로마군의 세력을 급속히 위축시키는 큰 전략적 성과를 거뒀다. 특히 기원전 216년의 칸나이전투에서는 8만 명의 로마 병사 가운데 5만여 명을 도륙했는데, 이는 제1차 세계대전이 벌어지기 전까지 서양에서 하루에 가장 많은 인원을 살육한 전투로 기록되었다. 당시 카르타고는 로마와 비교해 육군 군사력이 떨어진 반면 해군 군사력이 우위에 있었기

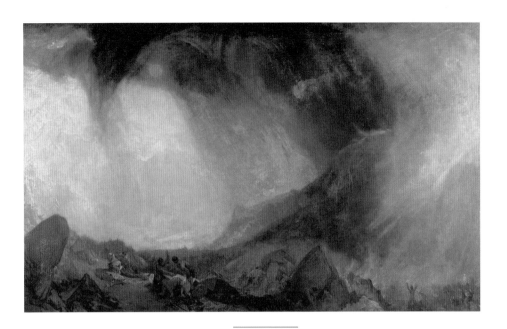

4-4. 조지프 말로드 윌리엄 터너, 「눈 폭풍—알프스를 넘는 한니발과 그의 군대」,
캔버스에 유채, 146×237.5cm, 1812, 런던 테이트 브리튼

때문에 로마는 카르타고가 쳐들어온다면 육지가 아니라 해상으로 올 것
이라고 생각했다. 육지로 온다 해도 거칠고 험한 피레네 산맥과 알프스
를 넘어 침공하리라고는 상상도 못했다. 이처럼 예상하지 못했던 지역에
서 출현한 카르타고군으로 인해 로마는 큰 혼란에 빠질 수밖에 없었다.
이런 역사적 자취를 돌아보노라면 전쟁사에서 한니발이 '전략의 아버지'
라 불리는 것은 지극히 당연해 보인다. 뛰어난 전략일수록 뛰어난 상상
력에 기초해 있다는 점에서 한니발은 분명 돋보이는 상상력의 대가였다.

영국 화가 윌리엄 터너[1775~1851]의 「눈 폭풍—알프스를 넘는 한니발
과 그의 군대」[4-4]는 기원전 218년에 있었던 바로 그 사건을 주제로 한 그

림이다. 전하는 바에 따르면 한니발의 군대가 원정에 나섰을 때 병사의 수는 모두 10만여 명 정도였다고 한다. 이 가운데 일부를 점령지에 남기거나 고향으로 돌려보내고 실제로 알프스 등정에 나선 군사는 보병과 기병을 합쳐 약 6만 명 정도였던 것으로 추산되고 여기에 코끼리 약 40마리 정도가 더해져 있었다. 알프스를 넘은 후 병사의 수가 절반 정도로 줄었다고 하니, 이 행군이 카르타고군에게 얼마나 끔찍한 경험이었을지 미루어 짐작할 수 있다.

터너는 전문 풍경화가였던 까닭에 이 주제 또한 역사화라기보다는 풍경화처럼 그렸다. 검은 구름이 드센 폭풍에 휘감아 돌아가고 한쪽에서는 눈사태가 일어나 얼핏 보면 전형적인 낭만주의 풍경화로 다가온다. 하지만 그림을 좀 더 세세히 살펴보면 그림이 품은 역사의 흔적이 구석구석 점경으로 살아나온다. 저 멀리 힘겹게 행진하는 카르타고군과 화면 앞쪽에서 그 후미를 습격하는 지역 토착민 살라시 부족이 점경의 주요 요소다. 그들의 존재를 인식하는 순간 우리는 이 풍경이 얼마나 치열한 투쟁의 현장인지를 새삼 깨닫게 된다. 카르타고군은 자연뿐만이 아니라 이렇듯 적대적인 토착 부족민들과도 싸워야 했다. 이 같은 악전고투를 경험하며 한니발의 군대는 알프스를 넘어 북이탈리아로 침공해 들어갔다. 그렇게 그들은 역사의 새길을 열었다. 한니발은 말했다.

길을 찾으라. 찾지 못한다면 만들라.

상상력의 한계가
미래의 한계

상상한다는 것은 어떤 면에서는 매우 단순해지는 것이다. 합리적으로 따지고 복잡하게 계산하기 시작하면 상상력은 쉽게 위축된다. 나폴레옹과 한니발의 전략적 상상력도 모든 복잡한 고민이나 계산을 떨쳐버리고 문제를 단순화해 풀자는, 그래서 알프스를 가로지르자는, 어찌 보면 매우 단순한 생각에서 시작되었다. 공유경제의 대표적인 모델인 에어비앤비를 창업한 브라이언 체스키도 그런 단순한 상상력으로 새로운 비즈니스의 길을 열었다.

체스키는 대학 졸업 직후 매우 팍팍한 삶을 살았다고 한다. 당시 그는 대학 동창 조 게비아의 샌프란시스코 아파트에 얹혀살고 있었는데, 두 사람은 월세도 제대로 내지 못할 정도로 곤궁했다. 그런 그들에게 새로운 기회가 찾아왔다. 발단은 2007년 10월 샌프란시스코에서 열린 미국 산업디자인협회 콘퍼런스였다. 이 행사로 인해 도시의 호텔 방이 모두 동이 나자 많은 참가자들이 숙소를 구하지 못해 애를 먹었다. 체스키와 게비아는 자신들의 아파트 거실에 에어베드 3대를 깔고 이를 유료 잠자리로 제공했다. 금세 이용자가 나타나서 5일 만에 한 달 치 월세인 1,000달러가량을 벌 수 있었다.

궁핍한 상황에서 돈벌이로 시작한 일이었지만, 그들의 임기응변적 대응은 새로운 상상의 단초가 되는 경험으로 이어졌다. 사람들이 상시로 인터넷을 이용하고 스마트폰과 SNS가 대중화된 시대에 이 전 지구적인 네트워크를 활용해 남는 공간들을 숙소로 활용하게 하면 어떻겠느냐는 것이 발상의 시작이었다. 이거야말로 '세계적으로 누이 좋고 매부 좋은' 일이었다. 게다가 이런 숙소들은 전 세계 어디나 비슷비슷한 호텔과 달리 '새로운 친구를 만나고 새로운 문화를 경험하게 하는' 열린 공간이라는 장점이 있었다. 성城과 보트, 산속의 오두막집까지 모든 공간이 숙소로 활용될 수 있었다. 이 신종 비즈니스의 가능성을 통찰하게 된 두 사람은 결국 창업의 길로 들어섰고, 이제는 2016년 기준으로 기업 가치가 300억 달러(35조 원)에 이르는 회사를 일구었다. 세계 1위의 호텔 체인인 힐튼 호텔마저 넘어서버린 수치다.

체스키는 직원들에게 늘 "마음껏 상상하고 과감하게 생각하는 것이 중요하다" "불가능이라는 말은 무시하자"고 말한다고 한다. 상상력의 한계가 곧 미래의 한계다. 세상이 복잡해질수록 우리는 보다 나이브해질 필요가 있다. 그로부터 무한한 상상이 시작된다.

5
일탈이
상상을 낳는다

빈센트 반 고흐의 「별이 빛나는 밤」과 살바도르 달리의 「기억의 지속」

상상력

관리만 하는 게 리더의 일이라면 상상력이 뛰어나지 않아도 크게 문제될 게 없다. 굳이 새로운 모험을 할 필요가 없기 때문이다. 하지만 위기를 돌파하거나 조직을 성장시켜야 하는 리더라면 그는 모험을 두려워하지 않는 담대함과 그에 걸맞은 상상력을 지녀야 한다. 문제는, 단순히 현상유지만 해도 좋은 조직은 드물다는 것이다. 단순 관리자가 설 자리가 점점 좁아져가는 현상이 이를 잘 말해준다. 특히 4차 산업혁명의 시대에는 인공지능과 사물인터넷의 발달로 이런 단순 관리자가 더 이상 필요하지 않다고 한다.

빅데이터 전문가 송길영 다음소프트 부사장의 말을 들어보자.

저성장과 4차 산업혁명의 시대를 맞아 기업 조직이 달라지고 있다. 연공서열이 무너지고 관리직이 없어질 것이다. 이미 대기업 피라미드 조직에서 중간 관리자가 대거 빠지기 시작했다. 생산이나 판매 회계를 컴퓨터로 관리하는 전사적 자원관리ERP, Enterprise Resource Planning 시스템이 있는데, 굳이 관리만 잘하는 사람은 필요 없다. 관리만 잘하고 실제 일을 잘하지 않으면 '무임승차자'는 살아남기 어렵다.

_네이버 '잡스엔' 블로그 2017년 1월 인터뷰에서(어미는 필자가 수정)

삶이라는 것 자체가 모험과 도전의 연속이다. 개인의 삶도 그렇고 공동체의 삶도 그렇다. 더구나 리더는 사람들을 '그냥 그 수준의 사람'으로 관리하는 데 그치지 않고, 그 사람이 '될 수 있는 수준의 사람'으로 이끄는 사람이다. 잠재력을 최대한 끌어내어 성장하게 하는 사람인 것이다. 당연히 그 최대치를 꿈꿀 수 있는 상상력이 필요하다.

익숙한 것을 포기하고
낯선 것에 도전하라

사람에 따라서는 스스로 상상력이 풍부하지 않다고 생각하는 이들이 있다. 사실 상상력은 누구나 갖고 태어나는 정신 능력이므로 상상력이 없는 사람은 있을 수 없다. 하지만 성장 과정에서 여러 교육적·환경적 요인으로 상상력이 위축될 수는 있다. 그런 사람도 얼마든지 상상력을 키울 수 있다. 중요한 것은, 이를 위해 익숙한 것으로부터 일탈하기를 즐겨야 한다는 것이다. 바르셀로나 IESE 비즈니스스쿨의 코너 닐 교수는 상상력을 키울 수 있는 몇 가지 방법을 아래와 같이 소개한다.

- 지루하게 시간을 보내라. 소설을 읽고 고전문학의 결말을 새롭게 써 보라. 영웅을 악한으로 만들고 악한을 영웅으로 만들라. 그 내용에 당신 자신을 포함시키라.
- 사진들을 바닥에 던지고 그것들 사이의 관계를 임의로 설명해보라.
- 낯선 외국어로 된 텔레비전 프로그램을 보고 그것을 다른 이에게 설명해보라.
- 몸은 양모로 뒤덮여 있고 머리는 돌고래 형태인 말을 시각화하라.
- 당신이 지금 앉아 있는 의자를 보다 낮게 만들 10가지 작은 개선점을 적어보라.
- 잠자리에서 아이들에게 들려줄 이야기를 말해보라.
- 관심 영역을 대상으로 2×2 행렬을 만들고 위치를 바꾸는 시나리오를 만들어보라.
- 「사인필드」나 「CSI」, 「위기의 주부들」 등 좋아하는 TV 프로그램의 새로운 결말을 짜보라.
- 외국 토속음식점에서 한번도 먹어보지 않은 음식을 시켜보라.
- 기차역이나 공항에 가서 무조건 첫차 혹은 첫 비행기를 타고 떠나라.
- 기름이나 차, 전화, 인터넷이 없는 세상을 상상해보라.

이 권유들은, 모든 익숙한 것을 포기하고 낯선 것에 도전하라, 또 세세히 따지거나 분석하지 말고 직관적으로, 즉흥적으로 상황이나 사태에

리더의 눈

임해보라는 요청을 전제한다. 상상력은 어떤 특별한 규범이나 규칙, 방법을 숙지하고 그것을 따라야 키워지는 게 아니라, 오히려 그런 것들을 파괴하고 그로부터 벗어나려고 애써야 성장하는 것이다. 바로 그 같은 시도들을 해보라는 것이다.

이처럼 주어진 질서를 좇는 게 아니라 파괴와 일탈을 일삼을 때 우리는 보다 많은 해답을 얻고 보다 많은 가치를 창조할 수 있다. 아인슈타인은 말했다.

논리는 당신을 A에서 Z에 이르게 하지만, 상상력은 당신을 모든 곳에 이르게 한다.

피카소의 단언도 의미심장하다.

당신이 상상할 수 있는 모든 게 다 실재다.

반 고흐의 상상력과
돈 맥클린의 상상력

사람들에게 예술가의 이미지는 일반적인 리더의 이미지와는 거리가 멀다. 사람들은 예술가들이 자폐적이고, 규칙과 규범을 쉽게 무시하며, 공동체와 불화할 때가 많다고 생각한다. 괴짜들이어서 상식적으로 이해

5-1. 빈센트 반 고흐, 「**별이 빛나는 밤**」, 캔버스에 유채, 73.7×92.1cm, 1889, 뉴욕 현대미술관

밤하늘의 별을 바라보던 반 고흐의 눈은 상상의 빛으로 충만했다. 객관적이고 사실적인 표현을 넘어 자신의 내면, 나아가 별을 바라보는 수많은 이들의 내면에 흐르던 희로애락과 정념의 에너지를 격정적인 붓 터치로 표현했다.

하기 힘든 행동을 하거나 심지어는 금기에 도전하는 '발칙한 도발'을 서슴지 않아 공동체의 도덕과 가치체계를 흔든다고 의심한다. 그런 시각에서 보면 예술가들은 리더로서 그다지 자격이 없어 보인다.

그러나 역사적으로 많은 위대한 예술가들이 사회의 리더로서 중요한 역할을 했다. 예술가는 특정한 조직의 책임과 권한을 떠맡아 그 구성원이 주어진 목표나 방향으로 나가도록 이끄는 사람은 아니다. 그렇지만 예술가들은 예술작품을 통해 사회와 시대를 통찰하고 사람들에게 영감을 불어넣어 그들이 부단한 상상과 창의로 새로운 미래를 만들어가도록 돕는다. 사람들을 상황의 노예가 아니라 상황의 주도자가 되도록 감화하고 격려한다. 그런 점에서 예술가들의 상상력은 사회 전체의 상상력을 고무하고 확장하는 중요한 마중물이라 할 수 있다. 이렇듯 사회에 상상력과 창조의 힘을 불어넣는다는 점에서 그들은 진정으로 중요한 사회의 리더들이다. 흥미로운 것은, 그들이 일탈이나 파괴의 과정을 거쳐 그리한다는 것이다.

주변 사람들과 자주 마찰을 빚다가 끝내는 자신의 귀를 자른 빈센트 반 고흐[1853~90]. 삶도 일탈적이었지만 그의 예술 또한 당시로서는 매우 파괴적이고 혁신적이었다. 그는 그런 시도들을 통해 우리에게 상상의 새 지평을 열어주었다. 반 고흐의 「별이 빛나는 밤」[51]은 밤하늘과 그 하늘 아래 있는 산등성이 마을을 그린 것이다. 그림의 하늘은 우리가 현실에서 보는 하늘과 크게 다르다. 매우 격정적이다 못해 용트림하는 듯한 하늘이다. 반 고흐는 전통적인 사실 묘사를 버리고 이렇듯 거칠고 과격한 표현으로 나아갔다. 우리는 저 격동하는 별들과 달의 이미지로부터 당시 그가 얼마나 격렬한 내면의 갈등을 겪고 있었는지 실감할 수 있다. 반 고흐는 귀를 자른 뒤 생레미 정신병원에 입원해 있을 때 이 그림을 그렸다. 반 고흐의 희로애락과 정념, 한이 생생히 느껴지는 한편으로 그가 감지한 온 세상의 희로애락과 정념, 한도 느낄 수 있다. 반 고흐가 그만의 상상력으로 풀어낸 이 내면 풍경을 보노라면 감상자들은 인간의 실존적인 고통에 대해 생각하게 되고 그것을 진한 서정으로 음미함으로써 깊은 힐링의 체험에 이르게 된다.

이 그림의 이 같은 감화력은 전 세계에 많은 팬들을 만들어놓았다. 'Starry starry night'이라는 가사로 시작되는 유명한 노래 「빈센트」를 작곡해 부른 가수 돈 맥클린도 그중 한 사람이다. 돈 맥클린은 이 그림을 보며 반 고흐가 흔히 말하는 미치광이가 아니라, 남다른 고통을 겪었지만 그 고통에도 불구하고 삶을 사랑한, 그래서 누구보다 순수하고 아름다운 내면의 빛깔로 캔버스를 채색한 화가였다고 느꼈다. 그 느낌을 담아 만든 「빈센트」가 1971년 발표되었을 때 반응은 그야말로 열광적이었다. 이 노래는 1972년 영국 싱글차트 1위에 올랐다. 펑크밴드 노에프엑스^{NOFX}, 뮤지컬 배우이자 영화배우인 줄리 앤드루스, 가수 릭 애슬리, 조시 그로반, 아카펠라 그룹 킹스싱어스 등이 이 노래를 리메이크해 불렀고, 영국 맨체스터 유나이티드의 전설이었던 조지 베스트의 장례식 때 브라이언 케네디가 이 노래로 베스트를 추모했다. 전설적인 래퍼 투팍 샤커가 피격되어 병상에 누워 죽음을 앞두고 있었을 때 그의 여자친구가 그에게 반복적으로 들려준 노래도 이 노래였다. 투팍 샤커는 「빈센트」의 광팬이었다고 한다.

5-2. 빈센트 반 고흐, 「담배 파이프가 놓여 있는 빈센트의 의자」, 캔버스에 유채, 93×73.5cm, 1888, 런던 내셔널갤러리

5-3. 빈센트 반 고흐, 「고갱의 의자」, 캔버스에 유채, 90.5×72.5cm, 1888, 암스테르담 반 고흐 미술관

예술적 상상력의 영향은 이렇듯 크다. 반 고흐의 회화적 상상력이 돈 맥클린의 음악적 상상력으로 이어져 수많은 사람들로 하여금 인간의 외로움과 고통, 투쟁, 그리고 그것을 아울러 품는 서정에 깊이 공감하게 만들었다. 이런 그림을 보고 노래를 들으면 우리는 절로 삶과 사람을 사랑하게 된다.

돈 맥클린이 반 고흐의 그림에서 영감을 받아 작곡한 또다른 노래가 있다. 바로 「빈 의자들Empty Chairs」이다. 이 노래는 다른 뮤지션에게 영감을 주어 전혀 새로운 히트곡을 낳는 계기가 되었다. 「킬링 미 소프틀리 위드 히즈 송Killing Me Softly With His Song」이 그 노래다. 이 노래는 로스앤젤레스의 한 클럽에서 돈 맥클린이 부른 「빈 의자들」을 듣고 감명을 받은 가수 로리 리버먼이 그 감상을 토대로 작곡가 찰스 폭스와 작사가 노먼 김블을 통해 1971년에 만든 곡이다. 돈 맥클린은 「담배 파이프가 놓여 있는 빈센트의 의자」[52] 「고갱의 의자」[53] 등 반 고흐가 그린 빈 의자들에서 영감을 얻어 노래 「빈 의자들」을 만들었다고 한다. 로리 리버먼이 부른 「킬링 미 소프틀리 위드 히즈 송」은 로버타 플랙에 의해 재취입되어 1973년 빌보드 차트 1위를 기록하고 그래미상을 수상하는 등 밀리언셀러 히트송이 되었다.

반 고흐의 상상력이 돈 맥클린의 상상력을 자극하고 그것이 또 다른 뮤지션의 상상력을 자극해 이렇듯 아름다운 노래로 이어지는 모습을 보는 것은 참으로 감동적이다. 흥미로운 사실은, 이 모두가 평범한 삶을 거부한 한 예술가에 의해 시작되었다는 것이다.

달리의 그림은
손으로 그린 꿈의 사진

괴짜 중의 괴짜요, 심하게는 광인이라는 이야기를 들은 살바도르 달리[1904~89]도 일탈과 파괴의 대명사였다. 개인적으로는 평생 사회와 제대로 어울리지 못했지만, 그가 남긴 예술은 지금껏 많은 이들에게 무한한 상상의 기회를 제공하고 고정관념에서 과감하게 벗어나게 한다. 달리의 끝없는 일탈 정신과 그것이 촉발한 남다른 상상력은 그가 한 말들을 통해서도 고스란히 드러난다.

미친 사람과 나의 차이는 오로지 하나다. 미친 사람은 자신이 제정신이라고 생각하지만, 나는 내가 미쳤다는 것을 안다.

나는 마약을 하지 않는다. 내가 마약이다.

오, 살바도르, 진실을 알았구나. 바로 천재인 척 행동하면 천재가 된다는 것을!

상상력의 대가 달리는 독특한 아이디어 착상법을 갖고 있었다. 일단 의자에 앉아 잠을 잘 준비를 한다. 한 손에는 숟가락 혹은 열쇠를 들고 그 아래 바닥에는 금속 쟁반을 놓는다. 그 상태에서 잠이 들면 손에 힘이 빠져 숟가락이나 열쇠가 아래로 떨어진다. 쟁반에서 요란한 소리가 나면 달리는 놀라서 깨어난다. 그때 바로 옆에 놓아둔 연필을 집어들고는 방금 꾼 꿈속의 이미지들을 재빨리 스케치한다. 달리는 이런 식으로 누구도 생각하지 못했던 상상의 세계를 시각화했다. 꿈의 세계는 일상의 논리와 합리성으로부터 크게 벗어나 있다. 달리는 꿈의 그런 특성을 활용해 손쉽게 일탈과 상상의 세계로 넘어가서 그 이미지를 훔쳐온 것이다.

그래서 달리는 자신의 그림들을 가리켜 '손으로 그린 꿈의 사진hand-painted dream photographs'이라고 말했다. 비록 손으로 그린 것이지만 꿈속의 이미지를 사진으로 찍듯 생생히 되살린 것이라는 말이다. 「기억의 지속」5·4도 그렇게 손으로 그린 꿈의 사진이다. 이 그림에서는 특이하게도 시계가 흐물흐물 늘어져 있다. 달리가 흐물흐물한 시계가 등장하는 사막 꿈을 꾸고 그린 그림이라고도 하고, 원래 흐물흐물한 치즈인 카망베르를 꿈에서 본 뒤 그린 그림이라고도 한다. 어찌 되었든 꿈에서 뭔가 흐물흐물한 것을 보고 그린 것만은 분명해 보인다.

그림을 좀더 세밀히 들여다보자. 거친 바위가 보이는 배경은 카탈루냐의 크레우스곶을 모티프로 한 것이다. 왼편에 테이블 같은 게 있고 그 모서리에 시계가 놓여 있는데, 꼭 빈대떡이 걸쳐져 있는 것 같다. 앙상한 나뭇가지에도 시계가 걸려 있고, 뒤집힌 회중시계에는 개미가 잔뜩 모여 있다. 바닥에는 사람의 얼굴을 연상하게 하는 이미지와 역시 흐물흐물한 시계 이미지가 그려져 있다.

시계는 정확성의 상징이다. 그런데 시계가 이처럼 흐물흐물하다면 시간의 흐름을 정확히 알 방법이 없다. 뿐만 아니라, 늘어진 모습도 제각각이다 보니 시계마다 흐르는 시간이 다를 것만 같다. 현실의 논리를 무력

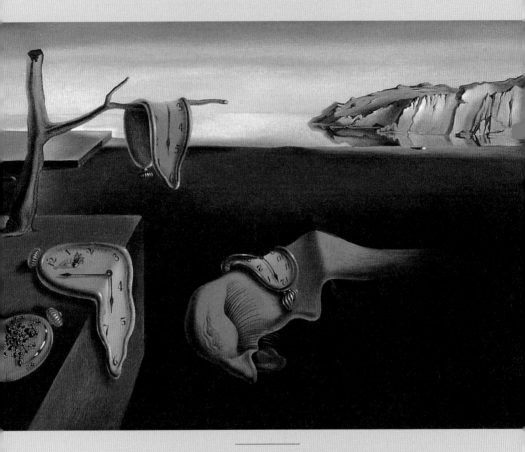

5-4. 살바도르 달리, 「기억의 지속」, 캔버스에 유채, 24×33cm, 1931, 뉴욕 현대미술관

시계를 흐물흐물한 치즈처럼 그린 이 작품은 기막힌 상상력의 소산이다. 그 강렬한 인상으로 인해 이 그림은 초현실주의의 아이콘이 되었다. 바닥에 놓인, 사람 얼굴을 연상시키는 이미지는 곧잘 달리의 자화상으로 해석된다. 속눈썹 형태가 보이고 눈이 감겨 있어 잠을 자며 꿈을 꾸는 것 같다. 꿈속에서 본 꿈꾸는 달리 자신의 모습이라고나 할까.

화하는 꿈의 힘을 빌려, 달리는 이처럼 남다른 상상의 세계를 보여주었다. 이처럼 현실을 초월하는 상상력이야말로 세상을 바꾸는 중요한 힘이다.

달리의 이런 상상력이 갖는 매력이 워낙 크다보니 이 작품을 패러디 해 활용한 텔레비전 프로그램도 많았다. 미국 인기 애니메이션 「심슨 가족」 「퓨처라마」 「헤이 아놀드」, 영국 드라마 「닥터 후」, 미국의 교육프로 그램 「세서미 스트리트」 등이 이 이미지를 활용해 시청자들의 눈길을 끌었다.

창의력 컨설턴트 마이클 미칼코는 달리의 이 파격적인 아이디어 착상법을 활용해 많은 비즈니스 리더들에게 실질적인 도움을 주었다. 그의 조언을 받은 한 레스토랑 경영자는 달리의 방식대로 잠자다 깨어나 꿈을 기록했는데, 한번은 꿈에서 아이스크림, 감자칩, 피클 등의 이미지가 네 온사인으로 번쩍이는 것을 보았다. 이에 영감을 받은 그는 식당 밖에 갖 가지 음식 이미지의 네온사인을 설치하고는 손님에게 그 가운데 하나를 그날의 무료 아이템으로 주었다. 손님들은 식당에 들어올 때까지 어느 것이 그날의 서비스 품목인지 몰라 궁금해했고, 그만큼 많은 손님이 호 기심에 못 이겨 식당을 방문했다. 매출도 덩달아 크게 올랐다.

상상은 일탈과 파괴를 통해 기존 질서를 무력화하고 그로부터 현실을 바꾸는 힘을 도출해내는 능력이다. 이 능력을 예술가만큼 우리에게 생동 감 넘치게 잘 가르쳐주는 존재도 드물다.

◉ 리더의 눈

현실로부터 일탈해 상상의 공간으로, 데페이즈망

현대미술사는 뒤의 사조가 앞의 사조를 거부하거나 극복하는 과정의 연속이었다. 현대미술 분야만큼 적극적이고 능동적인 파괴와 일탈의 실험이 계속된 사회문화 분야도 드물다. 그 파괴와 일탈의 실험 가운데 반고흐의 예술을 품은 후기인상주의도 있었고, 달리의 예술을 품은 초현실주의도 있었다. 초현실주의는 특히나 무의식의 세계를 깊이 파고들어 의식의 세계가 중시해온 이성과 합리성의 틀을 허물어뜨리며 파격적인 조형의 세계를 열었다. 그런 면에서 초현실주의는 급진적이고 혁명적인 '창조적 파괴'의 대표 사례라고 할 만하다.

그 창조적 파괴의 힘을 가장 잘 보여주는 초현실주의의 기법이 데페이즈망dépaysement이다. 달리의 「기억의 지속」도 기본적으로 데페이즈망 기법을 사용한 그림이다. 흔히 전치轉置로 번역되는 데페이즈망은, 특정한 대상을 상식의 맥락에서 떼어내 이질적인 상황에 배치함으로써 기이하고 낯선 장면을 연출하는 것을 말한다. 초현실주의 문학의 선구자 로트레아몽의 시에 "재봉틀과 양산이 해부대에서 만나듯이 아름다운"이라는 표현이 있는데, 바로 이것이 전형적인 데페이즈망이다. 해부대 위에 재봉틀과 양산이 놓여 있다는 사실이 통념에 맞지 않지만, 바로 그 일탈적이고 파괴적인 기이함에 기대어 관객은 새로운 상상의 세계로 빠져들게 된다. 달리 말고도 많은 초현실주의 화가들이 이 데페이즈망 기법을 즐겨 활용했다.

이 같은 일탈과 파괴의 시도는 예술뿐 아니라 혁신, 곧 창조적 파괴를 필요로 하는 모든 분야에서 항상 절실히 요구되는 행위다. 그런 시도야말로 상상력의 한계를 없애주기 때문이다. 상상력의 이런 특질과 관련해 소설가 조지 오웰은 이렇게 말했다.

상상력은 야수와 같아서 가두어 기를 수 없다.

6

창의력은 본질을
꿰뚫어보는 힘이다

윌리엄 다이스의 「티치아노의 첫 색채실험」

관찰

모든 위대한 창조는 발견의 산물이다. 못 보던 것을 보는 것이기도 하고 보던 것을 새롭게 보는 것이기도 하다. 그 발견은 무엇보다 여유롭고 진득한 관찰에서 온다. 관찰이란 주마간산 격으로 대상을 바라보는 게 아니다. 대상에 깊이 몰입해서 보는 것이다. 창조의 이런 과정은, 보는 것이 얼마나 중요한 행위인가를 잘 드러내준다. 보되 피상적으로, 표피적으로 보는 게 아니라 심층을 꿰뚫어보는 것, 그게 창조에 이르는 관찰이다. 그런 점에서 우리가 창조한 모든 것은 세계의 근원을 들여다보고 그 본질로부터 길어 올린 것이라 할 수 있다. 창의력 전문가 루트번스타인 부부는 창조의 이런 속성을 의식해 창조자들이 들여다본 것을 '세속적인 것의 장엄함'이라고 명명했다.

위대한 통찰은 '세속적인 것의 장엄함', 즉 모든 사물에 깃들어 있는 매우 놀랍고도 의미심장한 아름다움을 감지할 줄 아는 사람에게만 찾아온다.
_루트 번스타인 부부, 『생각의 탄생』(에코의서재, 2007)에서

결국 창조란 잡다한 현상 속에서 본질을 꿰뚫어보는 능력이라 할 수 있다. 경영학자 피터 드러커도 그 점을 의식했다.

나는 결코 예언을 하지 않는다. 단지 창밖을 내다보고 현실을 관찰하고는 남들이 아직 보지 못하고 지나치는 것을 파악할 뿐이다.
_이재규, 『피터 드러커의 인생경영』(명진출판사, 2007)에서

사람들이 드러커에게 수십 년 전에 기업의 미래, 경영의 미래를 어찌 그리 정확하게 내다보았는지 묻자 이에 대한 답으로 그가 한 말이다. 자신은 예언자가 아니므로 결코 예측을 한 바가 없으며, 자신이 행한 것은 오로지 '관찰', 곧 진득한 바라보기였다는 것이다. 그게 남들이 보지 못하고 지나치는 것, 곧 본질을 보게 해주었고 창조적인 혜안을 갖도록 해주었다고 그는 말했다. 철학자 루이스 멈포드가 '미국에서 가장 오리지널한 화가'라고 평한 조지아 오키프는 그래서 또 이렇게 말했다.

보려면 시간이 걸린다. 친구가 되려면 시간이 걸리는 것처럼.

가장 중요한 리더십 자질은 창의력

2010년 IBM은 전 세계 60개국, 33개 산업, 1500여 명의 CEO들을 대상으로 행한 '글로벌 CEO 스터디'를 발표하면서, 현 시대에 비즈니스 분야에서 가장 중요한 리더십 자질은 창의력이라고 선언했다. 리더의 자질로서 그 어떤 것도 창의력을 앞설 수는 없다는 것이다. 이는 오늘날이 격변과 불확실성의 시대이고 기업들을 비롯한 기관과 조직의 생멸이 그 어느 때보다 빠르게 진행되기 때문에 비즈니스 세계의 리더는 순간순간 발생하는 갖가지 변수에 잘 대처할 수 있도록 창의력을 지녀야 한다는 이야기다. 이와 관련해 『창의적 리더십』(학지사, 2014)의 저자 제라드 푸초 교수는 이렇게 조언한다.

이런 격변의 시기에 조직은 어떻게 살아남을 것인가? 방법은 인간이 역사 속에서 살아남은 것과 똑같은 방식으로 살아남는 것이다.

인간은 역사 속에서 어떻게 살아남았는가? 한계와 모순에 부딪힐 때마다 인간은 고유의 창조 능력, 곧 창의력으로 새롭고 혁신적인 대안을 찾아 역경을 극복했다. 그렇게 일궈낸 것이 오늘의 문명이다. 그러므로 리더가 창의력을 갖추지 않으면 이 치열한 생존경쟁에서 조직은 급속히 뒤처지게 되고 종국에는 사라질 수밖에 없다. 문제는 대부분의 조직에서 리더들이 조직의 문제를 진득하게 바라보고 깊이 숙고할 시간이 없다는 것이다. 온갖 압박에 시달리며 빠른 성과를 내야 하는 까닭에 리더에게 진중한 관찰과 여유로운 사색은 그저 사치스러운 행위가 되기 쉽다.

그러나 앞에서도 언급했듯 모든 위대한 창조는 진득한 관찰을 통해 이뤄진다. 진득하게 바라볼 수 없다면 혁신적이고도 강력한 대안은 찾기 어렵다. 혁신을 원한다면 진지하게 몰입해서 바라보아야 한다. 그래야 상상력과 직관이 작동하고 혜안이 열려 남이 보지 못하는 것을 보게 된다.

미술가들만큼 남이 보지 못하는 것을 잘 보는 사람도 드물다. 화가 파울 클레는 말했다.

미술은 우리가 본 것을 재생산하는 것이 아니다. 그보다는 우리로 하여금 (새롭게) 보게 하는 것이다.

관찰은 상상을 촉발하고 상상은 대안을 제시한다

몰입해서 바라보는 것과 창조적인 성취의 상관관계를 잘 보여주는 그림이 영국 화가 윌리엄 다이스[1806~64]의 「티치아노의 첫 색채실험」[61]이다.

훗날 위대한 화가로 성장할 어린 티치아노가 성모상을 뚫어져라 바라보고 있다. 그 자세나 눈매로 보아 그는 어린아이답지 않게 오랜 시간 성모상을 관찰하는 중이다. 그런 티치아노의 손에는 꽃이 쥐어져 있고 발밑에도 꽃이 흩뿌려져 있다. 이 꽃들에서 알 수 있듯 그는 지금 성모상을

6-1. 윌리엄 다이스, 「티치아노의 첫 색채실험」, 캔버스에 유채, 91×70cm, 1856~57, 애버딘 미술관
티치아노는 진지한 관찰로 색의 본질을 이해하고 새롭고 창의적인 배색의 세계를 열었다.

바라보며 어떤 색채로 성모를 그리면 최상의 아름다움을 창출해낼 수 있을까 골똘히 생각하고 있다. 관찰이 상상을 촉발하고 그 상상이 새로운 대안들을 제시함으로써 그의 머릿속에서는 '창조적인 색채의 조합과 배열'이 이뤄지고 있다. 그렇게 그는 독보적이고도 혁신적인 색채감각을 키워냈다.

다이스는 예부터 전해져오는 이야기를 토대로 이 그림을 그렸다. 소년 티치아노는 꽃잎을 찧어 즙을 낸 뒤 그 즙으로 성모상을 그렸다고 한다. 티치아노 주변의 꺾인 꽃들은 바로 즙을 내기 위해 채집한 것이다. 티치아노가 일찍부터 색채에 대해 얼마나 큰 관심을 지니고 있었는지 잘 일러주는 에피소드다.

16세기 베네치아파의 거두인 티치아노[?1488~1576]는 화가들 사이에서도 그림 잘 그리기로 유명했다. 별명이 '회화의 제왕'이었다. 특히 그의 색채 구사는 독보적이었다. 그때까지의 그 어떤 화가와도 달랐다. 매우 신선하고 선명하며 창의적이었다. 이렇듯 뛰어난 색채 구사로 훗날 모든 색채 화가들의 모범이 되었다. 그래서 유럽 화단에서는 "형태는 미켈란젤로에게서, 색채는 티치아노에게서 배워라"라는 격언이 수백 년 동안 전해져왔다. 다이스의 그림은 그 탁월한 성취가 바로 티치아노의 진득하고 진지한 관찰에서 왔음을 보여주고 있다.

이처럼 '남다르게 본' 화가 티치아노의 그림 가운데 보는 행위 자체를 인상적으로 그려 유명해진 그림이 「누비 소매 옷을 입은 남자」[6-2]다. 난간 같은 곳에 손을 얹은 남자가 고개를 돌려 관객 쪽을 바라보고 있다. 그의 시선이 얼마나 생생한지 마치 마주보는 이의 속마음까지 다 꿰뚫어볼 듯

6-2. 티치아노, 「누비 소매 옷을 입은 남자」, 캔버스에 유채, 81.2×66.3cm, 1510년경, 런던 내셔널갤러리

하다. 그 시대에 그려진 어떤 그림도 이 그림만큼 날카로운 통찰의 시선을 보여주지는 못한다. 수많은 미술사가들이 이 그림을 걸작 중의 걸작으로 칭송해온 데는 다 그만한 이유가 있는 것이다.

그림의 주인공은 대서사시 『광란의 오를란도Orlando Furioso』를 쓴 시인 루도비코 아리오스토로 추정되기도 하고, 베네치아의 귀족 가문인 바르바리고가의 일원을 그린 것으로 추정되기도 한다. 그러나 저명한 미술사학자 케네스 클라크는 문제의 인물이 바로 티치아노 자신일 거라고 보았다. 자화상이라는 것이다. 만약 그것이 사실이라면 세계의 본질을 꿰뚫는 듯한 남자의 저 생생한 눈빛을 우리는 충분히 이해할 수 있다. 어릴 적부터 진지하고 진득한 눈으로 대상과 색채를 관찰해온 티치아노의 눈빛이 분명 저랬을 것이라 믿어지기 때문이다.

선택과 집중의 힘을 보여주는
티치아노의 색채 구사

티치아노의 색채 구사가 왜 그렇게 창의적인지 좀더 파헤쳐보자. 르네상스의 발원지인 피렌체에서는 그 대표주자인 미켈란젤로가 시사하듯 형태를 중시하는 미술 전통을 발달시켰다. 한마디로 소묘, 데생을 중시하는 미술이었다. 색채는 형태의 윤곽 안에 철저히 복속되는 것이었고, 그 한계 안에서 아름다움을 발산하는 것이었다. 하지만 티치아노를 중심으로 한 베네치아에서는 형태보다 색채가 더 중요한 조형요소로 자리잡았다. 색채가 형태보다 근원적인 시각 경험이라고 생각했고, 형태는 색채의 패치들이 이뤄낸 구성으로 여겼다. 자연히 화면에서는 색채의 조화가 제일 중요한 요소로 취급되었다.

그 가운데서도 티치아노는 일찍부터 자신만의 독특한 세 가지 색채 구사의 원칙을 확립했다. 첫째, 색채를 중시한다 해서 색채를 무조건 많이 사용하는 게 아니라 오히려 제한적으로 쓰는 것이었고, 둘째, 가장 순수한 색채를 선택해 그것을 극도로 풍부하게 활용하는 것이었으며, 셋째, 이를 위해 매우 단순하고 지적인 방식으로 화면 전체의 조화를 찾아 색채를 배열하는 것이었다. 한마디로 선택과 집중의 효과를 극대화하는 것이었다.

요즘 비즈니스 분야에서도 선택과 집중의 중요성을 강조한다. 티치아노는 색채 구사에 있어서 그 중요성을 누구보다 일찍 간파했고, 그 창조적인 적용으로 자신의 그림을 회화의 왕좌에 올려놓았다. 아름다운 색채를 많이 사용한다고 아름다운 그림이 되는 게 아니다. 색채 효과에 있어서 중요한 것은 색채 자체가 아니라 색채들 사이의 관계다. 뛰어난 솔로들이 많다고 뛰어난 합창대가 되는 게 아닌 것과 같다. 지나치게 많은 색채보다는 제한된 색채를 써서 색채들 사이의 조화를 찾아나가는 게 색채를 잘 구사하는 핵심적인 요령이다. 티치아노는 이를 일찍부터 간파했다.

이에 더해 티치아노는 선택된 색채의 가능성을 극단까지 밀고 나갔다. 하나의 색채를 구사해도 풍부하다 못해 포만감이 들 정도로 집중적으로 구사하면 감상자는 색채의 무한한 에너지 속으로 깊이 빠져들게 된다. 색채의 가짓수는 줄이고 그 가능성에 집중한다는 것은 한마디로 양

6-3. 티치아노, 「바쿠스와 아리아드네」, 캔버스에 유채, 175×190cm, 1520~23년, 런던 내셔널갤러리

보다는 질을 중시한다는 이야기다. 이렇게 질에 집중할 때 색채는 그 신비한 힘을 더욱 풍성히 발휘한다. 지금으로부터 400여 년 전에 선택과 집중의 효과에 대해 이처럼 날카롭게 파악을 할 수 있었던 데서 티치아노의 천재성을 엿볼 수 있는데, 이는 그가 그만큼 색채현상 자체를 깊이 관찰했기에 가능했던 것이다.

티치아노의 창의적인 색채 구사가 돋보이는 작품 가운데 하나가 「바쿠스와 아리아드네」[63]다. 오늘의 시선으로 보아도 탁월해 화가가 자신의 시대를 초월한 느낌을 준다. 이 그림을 그릴 무렵 티치아노는 빨강과 파랑, 초록의 세 가지 색을 중심으로 화면을 구성했는데, 이 그림에서도 그 선택과 집중의 효과가 선명히 나타나는 것을 볼 수 있다. 아쉬운 것은 세월이 흘러 초록색이 갈색조로 바랜 까닭에 원래의 조화를 충분히 느낄 수 없다는 것이다.

이 그림은 바쿠스의 축제 행렬을 그린 그림이다. 반은 사람이요, 반은 염소인 사티로스와 바쿠스를 따라다니는 여자들인 바칸테가 보인다. 행진 도중 갑자기 바쿠스가 전차에서 일어섰다. 그림 왼편의 여인을 발견했기 때문이다. 여인은 크레타의 공주 아리아드네다. 아리아드네는 영웅 테세우스를 사랑했으나 그에게 배신을 당했다. 홀로 버려진 아리아드네는 넋을 놓고 울었다. 바로 그때 바쿠스의 행렬이 나타난 것이다. 바쿠스는 그녀를 사랑하게 되어 자신의 신부로 삼았다. 훗날 그는 공주가 반짝이는 하늘의 성단이 되게 했다. 그림 상단 왼편에 빛나는 별무리가 바로 아리아드네 성단이다.

이 특별한 사랑 이야기가 선명하고도 조화로운 색채의 구성을 통해

6-4. 앙리 마티스, 「푸른 누드 IV」, 종이에 색지, 103×74cm, 1952, 니스 마티스 미술관

전해지니 보는 이의 마음도 그만큼 화사한 빛깔로 물이 든다. 두 영혼의 사랑이 저 푸른 하늘 위의 빛나는 별처럼 영원히 빛날 것이라 믿게 된다.

티치아노의 이런 색채 구사는 근대와 현대에 들어 많은 색채 화가들에게 영향을 끼친다. 특히 야수파의 창시자 앙리 마티스[1869~1954]는 티치아노의 선택과 집중의 효과를 매우 효율적이면서도 세련되게 활용했다. 그런 점에서 마티스는 20세기의 티치아노라고 할 수 있다. 마티스의 유명한 색종이 걸작 「푸른 누드 IV」[6-4]는 목탄 선을 제외하면 오로지 푸른색 한가지로만 이뤄져 있는 그림이다. 그러나 그 푸른색은 단일하고 융통성이 없는 색이 아니다. 부분부분 미묘하게 달라져 다양하고도 풍성한 인상을 연출한다. 색채를 제한하되 그것을 풍부하게 활용한다는 선택과 집중의 효과를 기가 막히게 잘 구사한 것이다.

리더는 사물의 질서와 패턴을
명료하게 꿰뚫어보는 사람

노년에 들어 티치아노는 이전과는 다른 방식으로 그림을 그렸다. 더 이상 젊을 때처럼 색면 단위로 선명하게 색채를 구사하지 않았다. 노쇠해져 젊었을 때처럼 꼼꼼하고 반듯하게 채색을 하기 어려웠을 수도 있겠지만, 의도적으로 붓을 많이 풀어서 썼다. 이 스타일 역시 그의 독창성을 잘 보여주는데 이렇게 붓을 풀어 쓰면 붓이 오가는 길에 색채들이 자주 뒤섞여 미묘한 중간색이 다채롭게 만들어진다. 그만큼 화면은 뉘앙스가 풍부한 색깔들로 풍성해지고 이로 인해 그의 그림의 회화성 또한 매우 높아진다.

티치아노 이전에는 이처럼 붓을 느슨하게 놀린 화가가 없었다. 이렇게 그리면 형태가 흔들리거나 풀어져버려 선명한 이미지로 메시지를 전달하는 것을 지고의 가치로 여기는 고전적 표현형식에 배치된다. 하지만 미묘한 색채의 혼합과 다양한 터치의 부각으로 조형적 특질은 크게 살아난다. 이럴 때 미술인들은 '그림의 회화성이 높다'고 말한다. 이 같은 회화성에 대한 인식은 매우 근대적인 것으로, 인상파 화가들에 이르러서야 크게 부상하는 것이다. 그만큼 티치아노는 수백 년 앞서 그 선구적인 모

6-5. 티치아노 베첼리오, 「에우로페의 납치」.
캔버스에 유채, 178.7×202.5 cm, 1559~62. 보스턴 이사벨라 스튜어트 가드너 박물관
소로 변신한 제우스에 의해 크레타섬으로 납치되는 페니키아의 공주 에우로페를 그린 그림이다. 노을이
져 미묘하게 변하는 하늘과 바다의 색조로부터 빛의 풍부한 뉘앙스를 느낄 수 있고 풀어지는 공주의 옷
과 소 주름, 털의 표현으로부터 터치의 회화성을 느낄 수 있다.

범을 보인 셈이다. 인상파 회화에서 이런 효과가 빛을 느끼게 하듯 티치
아노의 그림에서도 빛이 느껴진다. 오늘날과 같은 광학적 지식을 갖고
있지는 않았지만, 색채의 본질이 빛임을 본능적으로 깨우치고 있었기에
티치아노는 죽을 때까지 색채를 깊이 관찰하며 이처럼 다른 화가들이 꿰
뚫어보지 못한 것을 보고 그것을 표현했다.

뛰어난 리더는 티치아노처럼 날카로운 눈으로 현상을 꿰뚫어 본질을 본다. 현상은 복잡하지만 본질은 단순하다. 본질을 파악하면 사물의 고유한 질서와 패턴이 명료하게 보이고 그 질서와 패턴을 처음으로 세상에 드러내면 그것이 바로 창조가 된다. 그러므로 리더는 진득한 관찰로 문제의 본질을 발견하고 공동체로 하여금 해결의 실마리를 찾아 창의적인 대안을 도출하도록 이끄는 사람이다. 그렇게 본질을 꿰뚫어보는 사람이 창의적인 리더이며 유능한 리더다.

7

몰입은 독창성과
창조성을 꽃피운다

조반니 파올로 파니니의 「고르디우스의 매듭을 자르는 알렉산드로스」

몰입

진득한 관찰은 우리로 하여금 대상의 외피를 넘어 본질을 들여다보게 하고 새로운 창조의 길을 열어준다. 이 진득한 관찰로 인해 우리 내면에서 일어나는 현상이 몰입이다. 무언가에 깊이 몰입하게 되면 '나'를 잊게 된다. 이른바 무아지경無我之境에 이른다. 이 '무아지경'의 '아我'는 한마디로 '남을 의식하는 나'다. 사회의 요구, 회사의 기대, 고객의 요청, 가족의 필요 등 세상의 이런저런 요구와 요청을 의식하는 나다. 몰입은 이 의식의 포로 상태에서 나를 벗어나게 해주는 것이다. 이 의식의 포로 상태에서 벗어나지 못해 그것이 그대로 내면화한다면 결국 내 삶의 주인은 내가 아니라 남이 된다.

코칭 컨설턴트 킴 조지는 이런 현상을 꼬집어 우리의 가치관과 태도의 상당 부분이 알고 보면 내 안에서 발생한 게 아니라 주위 환경의 산물이라고 말한다. 자신의 생각이라고 믿는 것이 사실은 남의 것이라는 이야기다. 남이 나의 주인 노릇을 하니 이게 억압으로 작용해 우리의 인생을 모순과 불행의 구렁텅이에 빠뜨린다.

사회적 평균화 과정을 거치면서 우리는 자신만의 위대한 가치와 고유성을 잊고 만다. 대세를 따라 기존의 통념을 받아들이는 편이 쉽고 안전하게 느껴지기 때문이다. 어린아이가 유별나게 굴면 사람들은 웃거나 놀려대며, 심지어 욕하고 벌을 가한다. 게다가 또래집단으로부터 따돌림을 당하기 십상이다. 이처럼 남과 다른 특별한 사람이 되는 것은 어렵고도 고통스럽다.

본연의 자아를 망각한 사람은 자신의 참모습이 아닌 다른 사람인 척 자신을 위장한다. 무조건 사회적으로 호감을 주고 인정받는 타인의 행동과 차림새를 그대로 따라하게 되는 것이다.

_킴 조지, 『코칭』(영림카디널, 2007)에서

자신의 기원으로 돌아가면
차별화는 저절로 이뤄진다

이처럼 '남을 의식하는 나', 그래서 '남으로 이루어진 나'로 인해 나는 나 자신이 진정으로 원하는 게 무엇인지, 내가 어떤 가능성과 잠재력을 가진 존재인지조차 모르고 살아간다. 몰입이란 이렇게 나를 둘러싸고 억압하며 주인 노릇을 하는 '가짜 나'를 벗어나 진정한 나를 만나는 행위다. 진정한 나는 스스로의 근원인 까닭에 기원^{origin}으로서의 나, 본질로서의 나라 할 수 있다. 이렇게 기원으로서의 나를 회복하게 되면 나의 오리지널리티^{originality}, 곧 나의 고유성도 회복하게 된다. 자신의 고유성을 회복한 사람은 자신다운 시선으로 세계를 바라보고 자신다운 생각으로 사물을 통찰하게 된다. 누가 차별화하라고 하지 않아도 생각과 행동이 저절로 차별화된다. 이렇게 차별된 삶을 살며 고유한 가치를 창조하기에 그는 진정한 창조자가 된다.

몰입을 통해 자신의 기원으로 돌아가 세계를 변화시킨 위대한 창조자의 한 사람이 구텐베르크다. 구텐베르크는 금속활자를 발명한 이로 유명하다. 그의 금속활자는 한국을 비롯한 동아시아의 금속활자와 달리 인쇄술의 커다란 혁신을 가져와 서양사회에 '지식혁명'으로 불리는 엄청난 변화를 야기했다. 대량 인쇄가 가능해져 지식의 급속한 확산이 이뤄진 것이다.

구텐베르크가 금속활자에 발맞춰 발명한 것이 평압식平壓式 인쇄기다.[7·1] 이 인쇄기는 프레스를 이용해 빠른 속도로 다량의 출판물을 인쇄할 수 있다. 한국을 비롯한 동아시아에서는 이런 인쇄기가 발명되지 않았다. 구텐베르크는 금속활자를 발명한 뒤에도 한동안 활판 위에 종이를 올려놓고 사람이 직접 구석구석 문지르는 종전의 인쇄 방식을 따랐다. 힘이 많이 들고 효율성도 떨어지는 방식이었다. 그러던 어느 날 우연히 포도주 축제에 참가했다가 포도주를 짜는 압착기를 보게 되었다. 흥미를 느껴 계속 몰입해 보던 중 그는 자신의 기원으로 돌아가 인쇄인으로서

7-1. 평압식 인쇄기로 인쇄한 유인물을 들여다보는 구텐베르크

자신만의 오리지널한 시선으로 압착기를 바라보게 되었다. 압착기처럼 프레스로 압력을 주는 방식을 인쇄술에 적용하면 수고스럽게 문지르는 일 없이 단숨에 인쇄할 수 있겠다는 생각이 든 것이다. 이렇게 해서 획기적인 평압식 인쇄기가 탄생했다. 인쇄의 양과 속도가 엄청나게 개선되었다. 오늘날 인쇄기뿐 아니라 언론 자체를 '프레스'라고 부르는 데는 포도 압착기를 오리지널한 시선으로 꿰뚫은 구텐베르크의 남다른 통찰이 자리하고 있다.

풀 수 없을 때는
잘라라

알렉산드로스 대왕도 몰입에 뛰어난 리더였다. 몰입을 통해 자신만의 시선으로 문제를 통찰하고 남들이 생각지 못한 방식으로 이를 해결했다. 18세기 이탈리아 화가 조반니 파니니[1691~1765]의 「고르디우스의 매듭을 자르는 알렉산드로스」[72]는 알렉산드로스의 그런 창의력을 잘 보여주는 그림이다.

전하는 바에 따르면, 기원전 333년 알렉산드로스와 그의 군대는 프리기아의 수도 고르디움에 당도했다. 그곳의 궁궐 기둥에는 고르디우스(혹은 고르디아스) 왕의 전차가 묶여 있었는데, 그 묶은 매듭을 푸는 자가 아시아의 지배자가 될 것이라는 신탁이 내려져 있었다. 신탁에 흥미를 느낀 알렉산드로스는 고르디움에 입성하자마자 궁궐로 가서 매듭을 살폈다. 그 매듭은 특이하게도 첫머리가 없었다. 그러니 어디서부터 풀어나가야 할지 실마리를 찾을 수 없었다. 그때까지 수많은 영웅호걸들이 매듭을 풀려 했어도 풀지 못한 이유가 거기에 있었다. 알렉산드로스 역시 어떻게든 매듭을 풀어보려 애썼으나 여의치 않았다. 하지만 그는 포기하지 않았다.

집중해서 매듭을 바라보던 알렉산드로스는 갑자기 칼을 꺼내들더니 단숨에 매듭을 베어버렸다. 매듭이 끊어지면서 전차가 풀려나왔다. 누구도 생각하지 못한 방법으로 매듭을 해체시켜 버린 것이다. 알렉산드로스는 이처럼 오리지널한 발상으로 문제를 해결했다. 깊이 몰입해 자신만의

7-2. 조반니 파올로 파니니, 「고르디우스의 매듭을 자르는 알렉산드로스」,
캔버스에 유채, 73.3×59.7cm, 1718~19년경, 볼티모어 월터스 미술관
알렉산드로스는 평생 자신의 위대한 가치와 고유성을 잃지 않은 인물이다. 몰입을 통해 부단히 자신의
기원으로 돌아갈 줄 알았기 때문이다.

7-3. 조반니 파올로 파니니, 「고르디우스의 매듭을 자르는 알렉산드로스」의 부분

시선으로 대상에 다가가니 매듭 푸는 방법을 끄르는 것 하나에 국한하지 않고 자르는 행위로 확장할 수 있었던 것이다. 우리가 대상에 깊이 몰입 하면 영혼의 시야가 확장된다. 보이지 않던 것이 보이고 창의적인 대안 이 떠오른다.

　파니니는 이 주제를 그리면서 주인공을 클로즈업하지 않고 보다 넓은 시야로 화면을 구성했다. 사람은 작게 그리고 건물은 높은 부분까지 화 면에 잡았다. 사람이 아니라 공간이 주인공인 것 같다. 그래서 주목해 보 지 않으면 지금 화면 안에서 일어나는 사건이 별것 아닌, 그저 소소하고 평범한 일상사처럼 느껴진다.

　👁 리더의 눈

그러나 사람들의 제스처나 표정에 주목해서 보면 그들은 지금 하나같이 놀라는 모습을 하고 있다. 그들의 그런 모습을 발견하고서야 비로소 관객도 살짝 긴장하게 된다. 그들의 시선이 모이는 곳을 따라가보면 황금색 갑옷을 입은 남자가 서 있고 그의 손에는 칼이 들려 있다. 바로 알렉산드로스다. 그가 손으로 기댄 고르디우스의 전차 끝에는 돌돌 말린 매듭이 있는데, 밑으로 몇 가닥 줄이 풀린 게 보인다. 칼로 잘라낸 것이다.

아무도 예상하지 못한 방식으로 문제를 해결한 알렉산드로스. 그런 그를 보며 주변 사람들 모두 경악하거나 감탄하고 있다. 이렇게 신탁은 한 창조적인 인물에 의해 사람들의 예상을 초월하는 방식으로 이뤄졌다. 오늘도 어디선가 이런 평범한 풍경 속에서 누군가 독창적인 발상으로 세계를 바꾸고 있을지 모른다. 위대한 혁신이나 창조가 일어나는 곳은 특별히 색다르고 유별난 시공간이 아니다. 다만 남다르고 특별한 시선이 더불어 있을 뿐이다. 그 특별한 시선은 대부분 몰입을 통해 자신만의 기원으로 돌아간 사람의 것이다.

죽음에 이를 정도로 몰입했던
아르키메데스

이번에는 또다른 고대의 위인 아르키메데스를 그린 그림에 눈길을 주어보자. 헤라르트 더레레서[1641~1711]가 그린 것으로 전해 오는 「시라쿠사 약탈 때의 아르키메데스」[74]다.

7-4. 전(傳) 헤라르트 더레레서, 「시라쿠사 약탈 때의 아르키메데스」,
캔버스에 유채, 17세기 말~18세기 초, 개인 소장

아르키메데스는 몰입을 통해 오리지널한 발견이나 창안을 많이 한 것
으로 이름난 고대의 천재다. 목욕을 하다가 순금과 합금을 구별하는 방
법을 찾아내 '유레카'라고 외쳤다는 일화는 너무나 유명하다. '아르키메데
스의 원리'로 일컬어지는 부력의 원리를 발견한 것 외에도 그는 구球의 표
면적이 구의 반지름으로 계산한 원 넓이의 네 배라는 사실을 증명했고,

리더의 눈

'아르키메데스의 나선 펌프'로 불리는 양수기를 발명해 물을 밑에서 위로 쉽게 길어올리는 방법을 찾아냈다. 그가 살던 그리스의 자치식민지 시라쿠사가 로마의 공격을 받았을 때는 매우 효율적인 투석기를 발명해 방어에 힘을 보탰고, 거울을 이용해 빛을 집중시킴으로써 로마 함대를 불태웠다는 믿기 어려운 (그러나 과학적으로는 가능한) 이야기도 전해져 온다.

아르키메데스는 깊은 몰입의 습관으로 이렇듯 독창적인 발견이나 발명을 수없이 해냈다. 안타까운 것은, 그가 무엇엔가 몰입하면 워낙 몰입도가 높아 주변에서 무슨 일이 일어나는지 잘 몰랐는데, 결국 그게 죽음의 빌미가 되었다는 사실이다.

연구에 몰입하다가 죽었다는 사실 자체가 워낙 특이해 이 주제는 예부터 많은 화가들의 관심을 샀다. 고대 로마시대에는 모자이크로 제작된 바 있고, 르네상스 이후에도 루카 조르다노, 도메니코 우디네, 헤라르트 더레레서 등이 이 주제를 그렸다. 그중 헤라르트 더레레서가 그린 것으로 전하는 그림을 보자.

아르키메데스의 집이 지금 로마 군인들의 침입으로 아수라장이 되었다. 당시는 제2차 포에니전쟁 중이어서 이런 혼란이 벌어졌다. 이렇게 난리가 났는데도 아르키메데스는 주변 상황에 아무 관심이 없다. 발을 꼬고 손으로 턱을 괸 채 깊은 생각에 잠겨 있다. 손가락 사이로 컴퍼스가 삐쳐 나와 있고 발아래 원이 그려져 있는 것으로 보아 그는 지금 기하학 문제를 풀고 있는 것으로 보인다. 죽고 죽이는 상황조차 눈에 들어오지 않을 정도로 깊이 몰입하고 있는 것이다. 급기야는 그의 뒤에 있던 군인이 그를 칼로 내려치려 한다. 목숨이 경각에 달려 있는데도 그는 그저 무념무상의 표정으로 발아래의 원을 응시한다.

전하는 이야기에 따르면, 그의 집으로 쳐들어온 로마 군인은 그에게 그들의 장군 마르켈루스를 알현하라고 요구했다고 한다. 그러자 아르키메데스는 자신은 지금 문제를 풀어야 한다며 이를 거절했다고 한다. 이에 화가 난 로마 군인이 그 자리에서 그를 죽였다는 것이다. 혹은 그가 모래바닥에 그려 놓은 원을 로마 군인이 밟으려 하자 "원을 밟지 마라"라고 외쳤다가 죽임을 당했다고도 한다.

어쨌든 죽음을 불러올 정도로 깊었던 그의 몰입은 이후 창조성과 천재성의 원천으로 두고두고 경외의 대상이 되었다. 몰입을 통해 얻는 영감이 창조성의 가장 중요한 뿌리임을 누구보다 잘 아는 화가들 또한 이 이야기에 매력을 느껴 이렇듯 생생한 이미지로 이를 기록해두었다.

몰입은 존재를
증명해내는 힘

몰입은 이처럼 창조성을 끌어내는 중요한 동력이다. 몰입은 우리로 하여금 '남을 의식하는 나'로부터 벗어나 우리의 기원으로 돌아가 '진정한 나' '나다운 나'가 되게 하기 때문이다. 그럴 때 우리는 독창적인 존재가 된다. 새로운 가치를 창조하는 창조자가 된다. 그래서 킴 조지는 이렇게 말했다.

...... 최적의 경험으로서 몰입을 위대한 자아의 발현이라고 보고 싶다. 몰입은 육체적 실존 이상의 단계로서 자기표현의 능력이자, 몰개성화와 관습 준수에 대한 요구를 물리치고 자신의 존재를 증명해내는 힘이다.

_킴 조지, 『코칭』에서

테니스 코치이자 기업교육 전문가인 티모시 갤웨이는 "의식에 의해서 지시를 받는 의식적인 노력은 종종 부정적인 결과를 낳는다"라고 말한다. 경기에 들어가는 운동선수에게 코치가 갖가지 지시사항을 늘어놓는 것은 오히려 선수의 몰입을 방해한다고 한다. 갤웨이에 따르면 테니스 선수가 코트에 나갈 때 실제로 나가는 사람은 한 사람이 아니라 두 사람이다. 하나는 의식적으로 가르치고 동기를 부여하고 계산하려는 자아(자아 1)이고 다른 하나는 실제로 경기를 하는 자아, 곧 순간순간 몸으로 실행하는 자아(자아 2)다. 후자에 대한 전자의 개입이 없을 때 경기는 훨씬 잘 풀린다고 한다. 선수에게 시시콜콜 갖가지 지시사항을 늘어놓는 코치는 전자의 힘을 강화시켜버린다. 그러면 게임은 오히려 어렵게 전개된다.

갤웨이는 선수에게 하나하나 방법을 일러주는 대신 "공을 겨누는 스스로의 모습을 지켜보라"라고 단순하게 충고해주는 편이 훨씬 낫다고 이야기한다. 홈런왕 행크 에런도 비슷한 이야기를 한 적이 있다. 한 기자가 그에게 "타석에 들어설 때마다 홈런을 치겠다고 의식하느냐"라고 묻자 그는 "의식하지 않는다"라며 "다만 타석에 들어설 때마다 외야석에 앉아서 타석에서 공을 치려는 나의 모습을 바라본다"라고 답했다. 마음속으로 이것저것을 의식하고 수없이 계산하는 것보다 그 모든 것을 떨치고 그저 그 순간, 그 상황에 몰입하는 것이 훨씬 효과적이라는 이야기다. 그럴 때 존재는 최고의 잠재력을 발휘한다. 그런 까닭에 일본의 저명한 불교학자 스즈키 다이세쓰는 "인간은 생각하는 갈대이지만, 가장 위대한 작품은 그가 셈을 하거나 생각하지 않을 때 이뤄진다"라고 말했다. '의식하는 나'로부터 벗어나 몰입을 통해 나의 기원으로 돌아갈 때 우리는 가장 창조적인 성취를 이룰 수 있다.

8

편협한 시선을 버리고
전체를 통찰하라

자크루이 다비드의 「소크라테스의 죽음」을 위한 인물 습작

통찰력

리더는 전체를 통찰하는 사람이다. 그만큼 보아야 할 게 많다. 그러나 그 봄이 체계 없이 산만하게 흩어진 것이어서는 곤란하다. 그는 큰 틀에서 볼 줄 알아야 하고, 전체의 흐름과 맥을 짚을 줄 알아야 한다. 축구와 같은 운동경기에서 감독이 경기의 내용과 흐름을 통찰하지 못한다면 그는 감독으로서 자격이 없다. 시인 괴테는 "통찰하지 않고 행동하는 것만큼 끔찍한 것은 없다"라고 말했다. 통찰한다는 것은 전체를 보는 것이고, 인과관계를 보는 것이며, 단순히 드러난 외피만 보는 게 아니라 드러나지 않는 심층과 본질까지 꿰뚫어보는 것이다. 안으로 들어가 그 핵심적인 구조를 이해하고 밖으로 나와 그 전체를 조망하는 것이다.

기업가 정신을 연구해온 진 랜드럼은 기업가들의 세계가 "예산이나 재무 전망, 시장 분석보다는 영감에서 시작된 것"이라며 "기업가로서 성공하고자 한다면 세부적인 요소를 통합해 총체적이 되어야 한다"라고 말

리더의 눈

했다. 단순히 현상에만 매몰되지 말고 전체를 꿰뚫는 통찰력을 발휘해야 한다는 것이다.

사실 모든 일의 원리는 유사하다. 모든 분야와 상황에 적용할 수 있는 단일한 성공방정식은 존재하지 않지만, 한 분야에서 성공한 사람은 다른 분야에서도 성공할 가능성이 높다. 일의 원리를 이해하고 있기 때문이다. 화가 반 고흐는 그래서 이렇게 말했다.

한 분야를 잘 이해하고 그 분야에서 달인인 사람은 그와 동시에 많은 분야에 대한 통찰과 이해를 갖고 있다.

통찰이란 이처럼 사물과 세계에 내재한 본질적인 요소들과 체계를 이해하는 것이다.

전자상거래의 잠재력을 통찰한
아마존 CEO 베조스

아마존 서점을 개설해 전자상거래의 새 혁명을 일으킨 제프 베조스의 가장 큰 밑천도 그런 통찰력이었다. 아마존 서점을 만들기 전 베조스는 테크놀로지를 기반으로 금융을 다루는 D.E.쇼앤드컴퍼니라는 회사에서 연봉 100만 달러를 받고 부사장으로 일했다. 1990년대 초반 20대의 젊은 이로는 대단한 출세를 한 셈이었다. 그러나 온라인으로 책을 팔자는 그의 제안을 회사가 거절하자 그는 과감하게 사표를 던지고 나왔다. 회사는 그를 붙잡으며 그게 100만 달러나 받는 사람이 벌일 사업이냐고 달랬지만, 그의 생각은 전혀 달랐다. 그에게 그것은 남들이 생각하는 것처럼 그렇게 작은 사업이 아니었다. 그는 인터넷 시대의 개막과 함께 전자상거래가 커다란 잠재력을 지니고 있음을 깊이 통찰했다. 특히 책과 음반 같은 상품의 거래가 전자상거래를 통해 폭발적으로 증가할 것이라고 굳게 확신했다. 그는 자신의 통찰력을 믿었다.

베조스가 자신의 인터넷 서점에 '아마존'이라는 이름을 붙인 것도 이 서점이 향후 얼마나 크게 성장할 것인가를 정확히 꿰뚫어보았기 때문이다. 아마존 강(6,992km)은 세계에서 가장 긴 강이자, 세계에서 두 번째로 긴 나일 강(6,853km)보다 방류량이 10배나 더 많다. 그는 자신의 회사가 이 아마존 강처럼 크게 번창하리라 확신했고, 직관과 분석, 통찰의 혼합물인 그 확신은 끝내 현실이 되었다. 2015년 아마존은 시가 총액이 2,670억 달러를 기록하면서 2,335억 달러를 기록한 월마트를 넘어 미국에서 가장 기업가치가 높은 소매기업이 되었고, 베조스의 개인 자산은 2017년 1월을 기준으로 718억 달러(약 82조 원)에 달해 빌 게이츠와 워런 버핏에 이어 세계에서 세 번째로 부유한 사람이 되었다. 베조스는 말했다.

진정한 의미의 혁신을 고려하는 대기업들이 염두에 두어야 할 가장 중요한 사항은 당장의 성과가 눈에 보일지라도 대단히 장기적인 시각을 견지해야 한다는 점이다. 장기적으로 보면 눈앞의 성과는 회사 전체에서 아주 작은 부분에 불과하기 때문이다. 5년, 7년 또는 10년을 기꺼이 기다릴 수

리더의 눈

있느냐가 관건이다. 그리고 대부분의 기업은 10년을 기다리지 못한다.

_리처드 L. 브랜튼, 『원클릭』(자음과모음, 2012)에서

모든 걸작은 뛰어난
통찰력의 소산

통찰력은 전체를 보는 능력이다. 그런 까닭에 일과 조직, 사람들에 대한 책임의식이 강한 사람이 대체로 통찰력이 뛰어나다. 중요한 일이든 그렇지 않은 일이든 주어진 것을 주어진 만큼만 하려는 사람에게는 전체가 잘 보이지 않는다. 내가 하는 일이 전체 중 어떤 부분을 차지하고 그것이 전체에 어떤 영향을 끼칠지에 대해 끝없는 호기심과 관심, 책임의식을 가질 때 전체가 보이고 맥락이 보인다. 자연히 일의 효율과 보람을 높일 방법을 찾을 수 있다.

그런 점에서 일을 이해타산으로만 계산하는 것은 통찰의 기회를 가로막는 어리석은 행위다. 이익의 관점에서만 보기 때문에 자기중심적이고 편협한 시선을 벗어날 수 없다. 전체에 대한 통찰이 어려워진다. 그런 까닭에 우리에게 일은 그 자체로 호기심의 대상이자 흥미와 즐거움의 이유가 되어야 한다. 그럴 때 직관이 작동하고 통찰이 이뤄진다.

미국의 법률가 올리버 웬델 홈스는 "인생은 계산하는 게 아니라 그림 그리는 것"이라고 했다. 인생을 이해타산에 기초한 계산의 대상으로 삼기에는 인생이 너무 소중하고 아깝다. 삶은 우리가 매순간 창조해나가는

8-1. 드로잉 클래스 © 2009 Provincetown Art Association and Museum
그림 그리기에 익숙해진 사람은 그림을 그릴 때 세부에 매이지 않고 맥락 위주로 전체를 통찰한다. 그래야만 짜임새 있고 완성도가 높은 그림이 만들어지기 때문이다.

위대한 예술이다. 위대한 예술은 잔기교와 얄팍한 계산으로 만들어지지 않는다. 위대한 통찰만이 위대한 예술을 가능하게 한다. 그래서 홈스는 또 "순간의 통찰이 때로 평생의 경험보다 가치가 있다"라고 말했다.

그런 점에서 실제로 미술작품을 제작해 보는 것은 통찰력을 기르는 데 많은 도움을 준다. 굳이 화가가 될 필요는 없다. 즐기는 마음으로 조금이라도 시간을 투자해보면 미술작품 제작이 통찰력 향상에 얼마나 큰 도움이 되는지 깨달을 수 있다.

그림을 별로 그려보지 않은 사람들은 그림을 그릴 때 중요하다고 생각되는 디테일을 먼저 그린다. 이를테면 사람을 그릴 때 얼굴, 그것도 눈, 코, 입 따위를 먼저 그린다. 그러고 나서 나머지를 그리다보면 신체

◑ 리더의 눈

각 부위의 조화가 맞지 않거나 심지어는 신체 일부가 화면 밖으로 잘려 나가기 일쑤다. 이를 피하려다 보면 해부학적인 구조를 무시하고 억지로 화면 안으로 구겨넣는 수밖에 없다. 전체를 통찰하지 않았기 때문에 이렇듯 맥락 없이 그리게 되고, 그러다보면 모순이 발생해 그 모순을 보완하느라 다른 모순을 야기하게 된다. 계속 실수가 드러나고 고쳐야 할 일이 자꾸 생기니 시간이 갈수록 힘이 들고 그림 그리기가 싫어진다.

그림을 잘 그리는 사람들은 먼저 전체를 통찰한다. 그려야 할 대상과 공간과의 관계, 그리고 대상의 사이즈와 비례를 고려해 대상 전체를 화면 어디에 어떻게 포치해야 할지부터 생각한다. 기본적인 동세, 구조의 파악과 함께 명암의 흐름도 고려한다. 이렇게 맥락 위주로 전체를 통찰해나가다가 어느 정도 통일적인 공간감과 덩어리감, 형세가 잡히면 그제야 디테일에 신경쓴다. 그러나 그것도 점진적으로 진행되어 세밀한 디테일은 작업 말미에 가서야 본격적으로 드러난다. 그림 초보가 가장 먼저 그리는 것을 화가는 가장 늦게 그리는 것이다.

그림을 그릴 때 전체와 맥락을 통찰하는 게 이렇듯 중요하다. 신고전주의의 거장 자크루이 다비드의 드로잉 「「소크라테스의 죽음」을 위한 인물 습작」[8-2]을 보면 전체를 통찰해 그린다는 게 어떤 것인지 쉽게 확인할 수 있다. 제목이 시사하듯 이 그림은 유명한 유화 「소크라테스의 죽음」[8-3]을 위해 그린 습작 드로잉이다. 두 작품의 관계를 이해하기 위해 먼저 「소크라테스의 죽음」부터 보자.

「소크라테스의 죽음」은 프랑스대혁명이 발발하기 2년 전인 1787년에 그려졌다. 다비드가 다가올 혁명의 파고를 느끼며 그 격랑에서 지켜

8-2. 자크루이 다비드, 「소크라테스의 죽음」을 위한 인물
습작, 종이에 초크, 53.6×41.4cm, 1786~87년경, 뉴욕
메트로폴리탄 박물관

8-3. 자크루이 다비드, 「소크라테스의 죽음」, 캔버스에 유
채, 129.5×196.2cm, 1787, 뉴욕 메트로폴리탄 박물관
명화는 겉으로 드러난 세부만 뛰어난 그림이 아니라 구성과
구도, 공간감, 질감, 명암, 대상의 세부에 이르기까지 전체
적인 통찰이 뛰어난 그림이다.

야 할 신념에 대해 이야기하고자 만든 작품이다. 당시의 프랑스 관객들은 이 작품을 보며 좌절된 개혁 시도들과 왕에게 도전한 명사회名士會의 해산, 감옥에 갇힌 정치범들과 망명객들을 떠올렸다. 제아무리 권력이 무섭고 억압이 두렵다 해도 언제까지고 굴종의 삶을 받아들일 수는 없는 노릇이다. 화가는, 소크라테스가 신념을 지키기 위해 죽음을 마다하지 않았듯 프랑스 시민들도 자유롭고 평등한 삶에 대한 신념으로 낡은 체제에 온몸으로 저항해주기를 바랐다.

널리 알려져 있듯 소크라테스는 신에 대한 불경을 조장하고 젊은이들의 타락을 부추겼다는 죄목으로 아테네의 법정에서 사형선고를 받았다. 그림에서 침상에 앉아 한 손으로 하늘을 가리키고 다른 손으로 독배를 잡으려는 이가 바로 소크라테스다. 그는 흔들림이 없어 보인다. 강한 의지와 내적 평화를 드러내며 영혼의 불멸에 대해 이야기한다. 주위에는 슬픔에 빠진 제자들이 보인다. 침상 끝에 묵묵히 앉아 있는 이가 플라톤이다. 소크라테스의 아내 크산티페는 공간 뒤편 계단으로 나가고 있다. 비극적인 장면을 보고 충격으로 쓰러질까봐 지인들이 내보낸 것이다.

소크라테스 곁에 앉아 그의 무릎에 손을 얹고 얼굴을 바라보는 이가 바로 습작 드로잉의 주인공인 크리톤이다. 크리톤은 소크라테스의 동갑내기 친구로 매우 부유했다. 크리톤은 법정에서 소크라테스가 사형을 받는 대신 자신이 보석금을 내겠다고 나서기도 했고, 형이 확정되자 탈옥을 준비하고 이에 필요한 비용까지 다 댔다. 그만큼 진심으로 소크라테스를 아꼈다.

유화와 드로잉을 비교해 보면, 두 그림의 크리톤은 자세와 표정이 서로 정확하게 일치한다. 유화를 제작할 때 형태를 정확하게 옮기기 위해

드로잉에 미리 그어놓은 모눈 선이 이를 확인해준다. 다만 드로잉에서는 유화의 이미지와 달리 크리톤이 머리에 띠를 둘렀다. 유일한 차이점이다. 드로잉에서 다비드는 크리톤을 초크로 그리면서 디테일에는 큰 관심을 두지 않았다. 그래서 얼굴과 손도 충실히 그리지 않았다. 그런 세부보다는 옷으로 덮인 몸 전체의 흐름을 주시했다. 덩어리와 명암의 맥락을 찾는 데 주력한 것이다.

이처럼 전체와 맥락이 중시되어 포착되었기에 드로잉 속의 크리톤이 실재하는 육신처럼 자연스럽게 부각된다. 평면 이미지이지만 입체적인 존재로 살아오르는 듯 느껴진다. 이 표현법에 기초해 화가는 유화에서 크리톤의 세부적인 생김새와 성품, 개성까지 부각되도록 그렸다. 전체의 덩어리와 양감, 구성에서 시작해 형태의 세부를 묘사하고 나아가 인물의 성품과 개성까지 표현한 다비드의 유화가 보여주듯 모든 뛰어난 그림은 궁극적으로 훌륭한 통찰력의 소산이다. 통찰하지 못하면 이처럼 완벽하리만치 자연스러운 그림은 결코 그릴 수 없다.

자신의 무지를 통찰해
현자가 된 소크라테스

통찰에 대해 살피는 자리이니 이왕 이야기가 나온 소크라테스의 통찰력에 대해서도 생각해보자. 소크라테스는 인간과 세계에 대한 위대한 통찰로 성현의 반열에 오른 사람이다. 살아 있을 때 세상에서 가장 지혜로운 사람이라는 신탁까지 들었다.

소크라테스는 스스로 지혜롭지 못하다고 생각했는데, 자신의 생각과 배치되는 그런 신탁이 있다 하니 신탁이 틀렸음을 확인하기 위해 지혜롭다는 사람들을 찾아다녔다고 한다. 그들과 대화를 하면서 마침내 그가 깨달은 것은, 그들은 스스로 무지함에도 대단한 것을 알고 있는 양 생각하는 반면, 스스로 자신의 무지를 인식하고 있다는 사실이었다. 소크라테스가 성현의 반열에 오를 수 있었던 것은 이렇듯 자신의 모자람을 철저히 인식할 줄 알았기 때문이었다.

여기서 우리는 통찰력이 뛰어난 사람들이 지닌 중요한 특질을 하나 더 만나게 된다. 통찰력이 뛰어난 사람들은 소크라테스처럼 자신의 모자람을 확실히 안다. 그래서 스스로를 객관화해 볼 줄 알고 자신을 비워 세상을 바라볼 줄도 안다. 자신에 대해 지나치게 과신하거나 자신의 이해와 욕심에 사로잡히면 통찰은 쉽지 않다. 아집과 편견에서 벗어나야 전체를 제대로 꿰뚫어볼 수 있다. 소크라테스는 그처럼 아집과 편견에서 벗어나 자신과 세상을 통찰해 볼 줄 알았다. 아이러니한 것은, 이런 통찰은 역으로 아집과 편견에 사로잡힌 사람들로부터 비판과 공격의 대상이 되곤 한다는 것이다. 소크라테스가 죽은 이유가 바로 거기에 있었다.

19세기 프랑스 화가 루이 르브룅[1844~1900]의 「소크라테스가 말하다」[8-4]는 소크라테스가 사람들에 둘러싸여 자신의 통찰을 전하는 모습을 그린 그림이다. 그림 중앙의, 주황색 옷을 입은 이가 소크라테스다. 청중 중에는 소크라테스의 이야기를 묵묵히 듣는 사람도 있지만, 그를 비난하거나 야유하는 사람도 적지 않다. 그들은 소크라테스를 어떻게 해서든 죽음

8-4. 루이 르브룅, 「소크라테스가 말하다」, 캔버스에 유채, 109×145.5cm, 1867, 개인 소장

의 구렁텅이에 빠뜨리고자 안달이 난 사람들이다. 그림에도 불구하고 소크라테스는 굴하지 않고 당당히 자신의 생각을 전한다. 자신의 진정성을 알아달라는 제스처로 왼손을 가슴에 얹었고 자신의 확신을 전하느라 오른손을 위로 뻗었다. 이 장면은 플라톤의 「소크라테스의 변론」에 나오는 다음과 같은 그의 언급을 떠올리게 한다.

(현자로 여겨지는 사람 중 하나를 찾아가서) 그와 대화를 해본 즉, 이 사람이 다른 많은 사람한테는 현명한 것으로 여겨지고 있었지만, 특히 자신이 그렇게 여기고 있었지만, 사실은 그렇지 못한 것으로 제게는 생각이

되었습니다. 그래서 저는 그에게 그가 자신이 현명한 것으로 생각하겠지만, 실은 그렇지 못하다는 것을 밝히어 보여주려고 했습니다. 아무튼 그 결과로 이 사람한테서도 그리고 같이 있던 사람들 중의 많은 이한테서도 제가 미움을 사게 되었습니다.

_플라톤(박종현 역주), 『에우티프론, 소크라테스의 변론, 크리톤, 파이돈』
(서광사, 2003)에서

통찰은 진실을 드러내준다. 문제는 진실을 사랑하는 사람도 있지만 진실을 미워하는 사람도 있다는 것이다. 소크라테스는 진실을 통찰하고 이를 드러내려다가 많은 이들로부터 미움을 사게 되었다. 그리고 그로 인하여 죽음에 이르게 되었다. 그러나 소크라테스는 자신에 대한 부당한 편견이나 잘못된 평결이 자신의 통찰과 진실을 영원히 가로막을 수 없다는 사실을 잘 알고 있었다. 그래서 일신의 안위를 위해 진실을 포기하지 않았고 끝까지 신념을 지켜 독배를 들었다. 결국 그는 위대한 성현으로 기려지게 되었고, 이처럼 화가들의 캔버스 위에서 인류의 영원한 리더로 추앙받게 되었다.

긍정적인 해결책을
유도하는 통찰

전체와 맥락을 보는 능력이라는 점에서 통찰력은 연륜이나 경험과 관련이 있다. 나이를 먹고 경험이 쌓이면 아무래도 전체와 맥락을 보는 능력이 향상된다. 흥미롭게도 음악 분야에서는 일찍부터 뛰어난 신동이 많이 나오는 편이지만, 미술 분야는 그렇지 않다. 어린 나이에 세계적으로 이름이 나 어른이 되어서도 여전히 유명한 음악가는 자주 볼 수 있어도 그런 식으로 성장한 미술가는 찾아보기 쉽지 않다. 이는 음악이 통찰력도 중요하지만 타고난 재능과 기술 습득이 매우 중요한 예술인 데 반해 미술은 기술보다는 통찰력처럼 경험이나 연륜에 의해 얻어지는 능력이 훨씬 중요한 예술인 것과 밀접한 관련이 있다.

그런 점에서 보면 유머도 통찰력과 관계가 깊다 하겠다. 유머는 기본적으로 '거리 두기'에 기초한다. 지금 내가 황당하고 다급한 상황에 처해 있다면, 그래서 거리를 두고 그 상황을 바라볼 수 없다면 거기에 유머는 있을 수 없다. 하지만 시간이 지나 그런 경험을 사람들에게 이야기할 때 우리는 당시의 상황과 시간적·심리적 거리를 두고 있어 얼마든지 이를 유머러스하게 표현할 수 있다. 이처럼 유머는 삶과 사람, 세상에 대해 거리를 두고 바라봄으로써 비로소 발생하는 것이다.

거리를 두고 대상을 바라봄으로써 맥락과 흐름을 이해하는 게 통찰이라는 점에서 통찰과 유머는 태생적으로 한동아리라고 할 수 있다. 그래서 비슷한 유머감각을 갖고 있다면 경험이 많고 통찰력이 뛰어난 사람일수록 더 매력적인 유머를 구사한다. 지적으로 자극적이며 보다 긍정적인 반응을 이끌어낸다. 그게 통찰의 힘이다. 통찰은 우리로 하여금 세상을 보다 지혜롭게 바라보고 문제에 대한 보다 근본적인 해결책을 찾게 만든다.

II.

리더의 귀

9
훌륭한 리더는
훌륭한 청자다

조지 헐리의 「에이프리행 링컨」

경청

리더는 경청하는 사람이다. 훌륭한 리더는 훌륭한 청자^{聽者}다. 리더는 말하는 사람이라기보다는 듣는 사람이다. 지위의 관점에서 리더를 보면, 그는 무엇보다 말하는 위치에 있는 사람 같다. 하지만 최상의 리더십은 지위에서 나오는 것이 아니라 헌신에서 나오는 것이다. 사람들은 지위가 높다고 무조건 그 사람을 따르지 않는다. 리더가 공동체를 위해 진정으로 헌신한다고 확신할 때 사람들은 그를 믿고 따른다. 헌신하는 리더는 무엇보다 다른 이의 이야기를 듣는 사람이다. 헌신이란 대의와 명분, 공동체 혹은 남을 위해 자신을 바치는 것이다. 다른 사람의 이야기조차 제대로 듣지 않으면서 어떻게 남을 위해 나를 바칠 수 있을까? 리더는 그러므로 성실히 듣는 사람이다.

타인과 어우러져 사는 사회적 존재로서 사람들이 가장 원하는 게 무엇일까? 바로 주변 사람들로부터 사랑을 받는 것이다. 사랑을 받지 못한다면 최소한 존중받기를 원한다. 존중조차 받지 못한다면 다른 사람들이 아예 자신을 두려워하기를 바란다. 그것도 불가능하다면 다른 사람들이 자신을 미워하기를 바란다. 다른 사람들이 나를 미워하지조차 않는다면 나는 한마디로 철저한 무관심의 대상이라 할 수 있다. 우리가 살면서 경험하는 최악의 상황이 바로 이런 무관심의 대상이 되는 것이다.

공동체의 리더는 구성원에 대해 무관심할 수 없다. 미워하거나 두려워해서도 안 된다. 최소한 존중해야 한다. 한 발 더 나아가 귀히 여기고 사랑해야 한다. 리더가 자기 말만 해서는 구성원에 대한 존중과 관심을 표현할 수 없다. 그는 구성원의 말을 귀담아들어야 한다. 그래야 구성원이 존중받고 있다는 느낌을 가질 수 있다. 나아가 그는 구성원의 말을 진심으로 경청해야 한다. 그래야 구성원이 "아, 이 사람은 나에게 진정으로 관심이 있구나, 나를 신뢰하고 있구나!" 하는 확신을 가질 수 있다.

"가만히 앉아 듣는 것도 용기가 필요하다"

경청하는 리더는 한마디로 밝은 귀를 가진 사람이다. 그의 귀는 세상을 향해 활짝 열려 있다. 물론 그가 듣는 이야기 가운데는 하찮은 이야기도 있고 마음을 무겁게 하거나 듣기 괴로운 이야기도 있다. 자신을 비난하거나 진심을 다해 추구하는 가치를 매도하고 폄훼하는 이야기도 있다. 그러나 그 모든 이야기가 그의 열린 귀를 통해 그의 영혼에 스며들 때,

바로 그 경청의 자세로 그는 위대한 리더가 된다. 진심을 다해 듣는 행위 자체가 위대한 예술이요, 창조행위다. 그래서 미국의 정신의학자 칼 메닝거는 말했다.

경청은 자력磁力을 지닌 기묘한 것이다. 창조하는 힘이다. 우리는 우리의 말을 경청하는 친구에게로 이끌리게 된다. 누군가 내 말을 들어줄 때 그것은 나를 확장시키는 창조행위다.

이처럼 누군가 내 말을 들어주었다는 것만으로 우리는 감동을 받고 감사하는 마음을 갖게 된다. 좋은 대화를 나눴다는 느낌을 갖게 된다. 리더는 그렇게 최고의 대화 상대가 된다.

경청하는 사람이 소통을 잘하리라는 것은 불문가지의 일이다. 이런 리더는 대부분 이해와 공감, 배려심이 많다. 이는 태도의 측면에서 관용과 포용력으로 이어진다. 그 바탕에는 진득한 인내심이 있다. 그것들이 쌓이면 지혜가 솟아난다. 이 같은 장점을 지닌 리더는 서번트 리더십servant leadership, 즉 '섬기는 리더십'과 같은 신뢰관계를 형성하는 데 뛰어나다. 이렇게 배려하고 섬기는 리더십은 얼핏 소극적이고 유약해 보일 수 있지만, 실은 그 어떤 리더십 못지않은 용기와 자신감을 필요로 하는 것이다. 처칠은 말했다.

일어서서 외치는 것도 용기를 필요로 하는 일이지만, 가만히 앉아 듣는 것도 용기를 필요로 하는 일이다.

미국의 제30대 대통령 캘빈 쿨리지의 언급도 처칠이 한 말의 맥락과 유사하다.

위대한 자만이 훌륭한 청자가 될 수 있다.

경청하는 지도자로
그려진 링컨의 초상

화가들 또한 귀 밝은 리더를 즐겨 그렸다. 그들의 붓끝에서 형상화된 대표적인 귀 밝은 리더의 한 사람이 미국의 제16대 대통령 에이브러햄 링컨이다. 미국 화가 조지 힐리[1813~94]의 「에이브러햄 링컨」[91]은 누군가의 이야기를 경청하는 링컨의 모습을 그린 초상화다. 링컨의 아들 로버트 토드 링컨이 "아버지를 그린 초상화들 가운데 이 초상화에 비교할 만한 것을 본 적이 없다"라고 평했을 정도로 링컨의 실제 모습과 분위기, 정신을 잘 담아 표현한 수작이다.

얼굴에 집중해보자. 경청을 중시하는 링컨의 성품을 선명하게 느낄 수 있다. 귀를 종긋 세워 듣는 것도 인상적이지만 화자를 향한 링컨의 눈빛도 매우 진중하다. 한마디로 깊이 들여다보는 눈빛이라 할 수 있는데, 이는 말하는 이의 마음을 정확하게 읽기 위한 것이다. 흔히 행간을 읽는다고 하듯 겉으로 드러난 말 못지않게 화자의 진정한 속마음을 파악하려는 것이다. 그만큼 눈빛만으로도 높은 집중도를 보여주고 있다.

9-1. 조지 피터 알렉산더 힐리, 「에이브러햄 링컨」, 캔버스에 유채, 187.3×141.3cm, 1869, 워싱턴D.C. 백악관
경청하는 링컨의 모습을 포착한 대표적인 링컨 초상화다.
화자의 이야기뿐 아니라 속마음까지 읽는 링컨의 표정이 잘 묘사되어 있다.

반듯하게 다문 입술과 안정감 있게 턱을 받친 손도 링컨의 성품을 잘 드러내준다. 이런 자세는 말하기에 편한 자세는 아니다. 그러므로 지금 이 포즈를 취한 것은 '나는 말할 의사가 없다, 나에게는 당신의 말을 듣는 것이 중요하다, 그러니 하고 싶은 말을 다 하라'라는 메시지를 전하는 것이다. 충분히 듣고 완전히 이해한 다음 자신의 말을 하겠다는 의지의 표현이다. 상대에 대한 배려와 절제된 의식, 균형 잡힌 사고가 두루 느껴진다.

링컨의 인격과 성품까지 생생히 느낄 수 있는 이 초상화는 그러나 링컨 살아생전 그려진 그림이 아니다. 링컨은 1865년 4월 14일 암살되었고, 이 초상화는 1869년에 제작되었다. 사후 초상화인 셈이다. 당시 힐리는 미국을 떠나 프랑스 파리에 체재하고 있었는데, 링컨 사후에도 이 초상화의 제작이 가능했던 것은 다행히도 1864년에 링컨이 바쁜 일정에도 짬을 내 힐리를 위해 포즈를 취해준 적이 있었던 덕분이다. 화가는 그때의 스케치들을 토대로 이 그림을 그렸다. 완성된 초상화는 링컨의 아들 로버트 토드 링컨이 구입해 소장했다.

이 그림이 백악관으로 가게 된 것은 1939년 로버트 토드 링컨의 부인인 메리 토드 링컨이 백악관에 유증한 덕이다. 그때 이래 백악관의 국무 식당에 걸려 있었다가 한때 닉슨에 의해 철거되었으나 닉슨이 워터게이트 사건으로 하야하면서 포드 대통령이 다시 제자리로 돌려놓았다. 백악관 국무식당은 최대 140명까지 수용해 연회를 베풀 수 있는 연회장으로, 초대된 외국 정상 등 귀빈들이 이 경청하는 링컨의 이미지와 자연스레 만나게 된다. 이곳을 방문한 세계 각국의 지도자들은 링컨이 어떻게 그토록 위대한 리더가 될 수 있었는지 한눈에 알아볼 수 있었을 것이다.

이상적인 리더의 전형을
표현한 '평화를 만드는 사람들'

화가 힐리는 이 유명한 초상화를 그리기 전에 초상화의 포즈 그대로 링컨을 묘사한 적이 있다. 바로 역사화 「평화를 만드는 사람들」[9·2]에서다. 「평화를 만드는 사람들」은 남북전쟁이 막바지를 향해 가던 1865년 3월 28일, 증기선 리버퀸호 선상에서 열린 북군 수뇌부의 전략회의를 묘사한 작품이다. 윌리엄 셔먼 장군과 훗날 미국 제18대 대통령이 되는 율리시스 그랜트 총사령관, 데이비드 포터 해군 제독이 링컨과 함께 그려져 있다.

그림을 보면, 화면 왼편에서 셔먼 장군이 무언가를 열정적으로 설명하고, 나머지 세 사람은 그의 말에 귀를 기울이고 있다. 링컨은 초상화에 나오는 예의 그 자세와 표정으로 셔먼의 이야기를 주의 깊게 경청하고 있다. 보통 이런 주제의 그림이 그려지면, 리더는 가장 윗자리에 앉아 직접 발언하며 회의를 주재하는 모습으로 형상화되거나 보고를 받더라도 좌중을 압도하는 위치에서 위세와 권위를 드러내는 모습으로 그려진다. 하지만 이 그림에서는 링컨이 그저 회의에 참석한 한 사람으로서 몸을 앞으로 기울여 누구보다 진지하게 경청하고 있다. 평소에 화가와 주변 사람들이 인식한 링컨의 모습이 이와 같았기 때문이다. 그런 헌신이 결국 위기에 빠진 미국을 구했다. 힐리는 이 그림에서 바로 그 점을 강조하고 싶었다.

그림의 회의는 링컨이 암살당하기 반달쯤 전에 열렸다. 총사령관 그랜트가 링컨에게 자신의 사령부가 있는 버지니아 주 시티포인트로 방문

9-2. 조지 피터 알렉산더 힐리, 「평화를 만드는 사람들」, 캔버스에 유채, 119.7×159.1cm, 1868, 워싱턴D.C. 백악관

9-3. 2009년 10월 22일 백악관 대통령 전용 식당에서 오찬을 갖는 오바마 미국 전 대통령과
민주당 하원 원내대표 낸시 펠로시
벽에 힐리의「평화를 만드는 사람들」이 걸려 있다.

해달라고 요청해서 열린 회의였다. 이 회의가 있은 지 12일 뒤인 1865년
4월 9일 애퍼매턱스 코트하우스에서 마침내 남군의 로버트 리 장군이 북
군의 그랜트 장군에게 항복했다. 그리고 그 닷새 뒤인 4월 14일 링컨은 암
살자 존 윌크스 부스의 총을 맞았다. 그 이튿날 링컨은 세상을 떠났다.

비보를 들은 힐리는 크게 비통해하면서 이 그림을 구상했다. 앞에서
도 언급했듯 힐리는 링컨 생전에 링컨에게 이 포즈를 취하게 해 스케치
를 했을 뿐 아니라 다른 세 사람의 초상화도 그린 적이 있었다. 그만큼
기초 자료가 충실했다. 그럼에도 불구하고 힐리는 작고한 링컨을 제외한
나머지 세 사람에게 각각 시간을 내어 다시 포즈를 취해줄 것을 요청했

리더의 귀

다. 이런 성실한 모델링과 스케치에 더해 자료사진, 셔먼 장군이 회의에 대해 쓴 기록 등을 참고하고 당사자들에게 직접 들은 내용을 토대로 완성한 것이 이 작품이다. 엄밀히 말하면 이 작품이 아니라 이 작품의 원본을 완성했다. 힐리는 원본 완성 뒤 보다 작은 사이즈로 동일한 그림을 몇점 더 그렸고, 이 그림은 그 가운데 하나다. 원작은 안타깝게도 1893년 화재로 망실되었다. 이 재현 작품은 트루먼 대통령 시절인 1947년 백악관에서 구입했다.

셔먼 장군은 이 작품을 보고 자신이 본 링컨 그림 가운데 최고로 닮은 그림이라고 찬사를 보냈다. 자신을 포함한 다른 등장인물들과 실내도 매우 유사하고 충실하게 그렸다고 평했다. 다만 셔먼의 기억에 따르면, 힐리의 그림에는 창밖에 무지개가 보이지만, 실제로는 당일 무지개가 뜨지 않았다고 한다. 화가가 사실과 달리 굳이 그림에 무지개를 그려 넣은 것은 다가오는 평화를 상징하고 싶었기 때문이었을까? 그 평화의 상징이 있어 셔먼 장군의 말을 골똘히 경청하는 링컨이 더욱 이상적인 리더의 이미지로 다가온다.

미국 대통령 평가순위에서
1위를 차지한 링컨

리더십 전문가들이 링컨의 리더십에 대해 이야기할 때 가장 으뜸에 놓는 것이 '경청과 소통의 리더십'이다. 영화 「링컨」의 원작자이자 전기

작가, 정치평론가인 도리스 컨스 굿윈이 위대한 지도자로서 링컨의 자질 열 가지를 꼽는 가운데 제일 먼저 짚은 것이 그의 경청 능력이었다. 굿윈에 따르면 링컨은 자기와 다른 견해를 말하는 이들에게 열심히 귀를 기울였는데, 국무회의를 할 때 어느 누구도 그의 눈 밖에 나거나 밉보일까 두려워하지 않고 자유롭게 반대 의견을 개진할 수 있었다고 한다. 동시에 그는 다양한 의견을 청취한 뒤 적절한 시점에 토론을 종결하고 명확한 결정을 내릴 줄 알았다고 한다. 이와 관련해 링컨의 아래와 같은 언급은 매우 시사하는 바가 크다.

누군가를 논리적으로 설득하기 위해 준비해야 한다면, 나는 그 준비시간의 3분의 1을 나 자신과 내가 무슨 말을 할 것인가를 생각하는 데 쓸 것이다. 그리고 나머지 준비시간의 3분의 2는 그 사람과 그가 무슨 말을 할 것인가를 생각하는 데 쓸 것이다.

이처럼 링컨은 듣는 것을 매우 중시했다. 힐리의 그림들에서도 우리는 입은 굳게 다문 채 몸을 앞으로 기울임으로써 귀를 상대에게 보다 가까이하려는 링컨의 진정 어린 모습을 볼 수 있다. 그러나 이런 링컨도 간혹 상대방의 이야기를 잘 들으려 하지 않을 때가 있었다고 한다.

나는 친구들이 서로 비방하는 것을 듣는 데 게으르다. 그리고 그들의 불평을 어느 쪽에도 전하지 않는다. 지나간 것은 그냥 잊는다. 오로지 현재와 미래에만 집중한다.

이런 지혜로운 예외를 제외하고는 링컨은 부단히 상대의 이야기를 경청했다. 바로 그 행위로 미국을 국민의, 국민에 의한, 국민을 위한 나라로 반석 위에 굳게 세워놓았다. 2017년 미국 의회방송 C-스팬이 역사가들을 상대로 조사한 결과, 역대 대통령 평가순위에서 44명 중 1위를 차지한 사람이 링컨이었다. 2위 워싱턴, 3위 프랭클린 루스벨트가 그 뒤를 이었다.

10
경청이
세상을 바꾼다

엘 그레코의 「수태고지」

경청

다른 사람의 이야기를 들을 때 가장 바람직한 자세는 어떤 것일까? 리더십 컨설턴트 엘리자베스 스틴첼리는 "미리 마음에 답을 두지 않고 듣는 것"이라고 말한다. 백짓장처럼 아무 선입견이나 예단 없이 상대의 이야기를 있는 그대로 순수하게 듣는 것이다.

가장 바람직하지 않은 자세는 내가 정한 정답을 확인하기 위해 상대의 이야기를 듣는 것이다. 이는 확증 편향을 초래할 수 있어 현상에 대한 이해를 왜곡하고 종국에는 큰 낭패를 부르곤 한다. 중요한 결정을 해야하는 리더가 가장 피해야 할 태도는 이렇듯 답을 정해놓고 듣는 것이다. 부하직원이 천성이 게을러 일의 능률이 떨어진다고 단정하고 그가 하는 말이 모두 변명에 불과하다고 예단한다면 상사가 그의 말을 아무리 들어준다 하더라도 그것은 진정으로 듣는 게 아니다. 이는 상호 불신과 불통의 악순환을 낳을 뿐이다.

듣는 이는 말하는 이가 무엇을 이야기하고 싶어하는지, 무엇을 나누고 싶어하는지 세심히 들어야 한다. 나아가 '무엇을 이야기하고 싶어하지 않는지'도 주의해서 들어야 한다. 이렇게 순수한 마음과 세심한 주의로 들을 때 상대에 대한 진정한 이해가 가능하다. 경청의 첫 번째 목표가 바로 이런 이해다. 이런 이해가 신뢰를 낳고 그 신뢰에 기초해 이뤄진 네트워크가 튼실한 공동체를 만든다. 공동체^{community}는 다른 무엇보다 소통 communication에 기초한 구성체이고, 이는 궁극적으로 잘 들어주는 귀가 그 골간이다.

경청을 위한
열 가지 기술

미국의 교육 카운슬러 다이앤 실링은 효과적으로 잘 듣기 위한 열 가지 기술을 다음과 같이 소개했다.

- 화자의 얼굴을 바라보고 줄곧 눈을 맞춰라.
- 경청하되 긴장을 풀라.
- 열린 마음을 유지하라.
- 하나하나 새겨듣고 화자가 말하는 바를 마음속에 그려라.
- 중간에 끼어들지 말고 해결책을 제시하지도 마라.
- 이해가 안 되는 부분에 대해 물을 때는 화자가 말을 멈출 때까지 기다

려라.

- 질문할 때는 이해를 돕기 위한 것만 하라.
- 화자가 느끼는 바를 그대로 느끼도록 노력하라.
- 화자에게 규칙적으로 피드백을 주라.
- 말해지지 않은 비언어적 신호들에 주의를 기울이라.

'화자와 줄곧 눈을 맞추라'라는 권고는 우리 문화에서는 다소 부담스러운 것일 수 있다. 특히 나이 차가 나는 사람들이 대화할 때 후배가 선배의 눈을 빤히 쳐다보면 '건방지다'는 느낌을 줄 수 있다. 그러나 실링이 이야기하고자 하는 바는 대화의 집중도다. 서로에게 집중하지 않고 주의가 분산된 상태에서 나누는 대화는 움직이는 과녁을 맞추려는 것처럼 소통의 효율성을 떨어뜨린다. 그래서 실링은 상대가 당신을 보지 않더라도 당신은 상대를 바라보라고 권한다. 당신이 상대에게 집중하는 태도를 보이는 것이 경청의 첫걸음이라는 것이다.

더불어 실링은 '열린 마음을 유지하라' 또 '중간에 끼어들지 말고 해결책을 제시하지도 마라'라고 한다. 대화 중에 선입견이나 편견을 갖고 서둘러 판단하는 태도의 가장 큰 특징은 상대의 말을 중간에 끊는 것이다. 이는 당신이 화자에게 충분히 마음을 열지 않고 있음을 방증한다. 뿐만 아니라 은연중 당신이 화자보다 우월하다고 과시하는 행위다. 혹은 부지불식간 대화를 콘테스트 같은 것으로 생각해 자신이 승자가 되려고 하는 것이다. 설령 고민거리가 있어 당신과 대화를 할 때에도 상대는 자기 스스로 답을 찾기를 원한다. 그것이 인간의 본성이다. 열린 마음으로

10-1. 조반니 바티스타 살비다 사소페라토, 「기도하는 성모」, 캔버스에 유채, 73×58cm, 1640~50년, 런던 내셔널갤러리
가장 높은 단계의 기도는 자신의 말을 하는 기도가 아니라 신의 말씀을 듣는 기도라고 한다. 성모는 기도 속에서 늘 발화(發話)하는 이가 아니라 경청하는 이로 형상화된다.

들어주는 것만으로도 상대는 큰 도움을 얻을 수 있다.

'화자가 느끼는 바를 그대로 느끼도록 노력하라'라는 것은 경청의 핵심이 '공감'에 있음을 보여준다. 타인의 이야기에 공감하는 데는 많은 에너지와 집중력이 필요하다. 그만큼 쉽지 않다. 당신이 공감하는지 그렇지 않은지는 말 표현을 넘어 부지불식간 표정과 제스처로도 나타난다. 그러므로 진심을 다해 들어야 한다.[10-1] 진심을 다해 들으면 상대에게 깊이 공감해줄 수 있을 뿐 아니라 말로 드러내지 않은 상대의 속내도 간취할 수 있다. 대화에서 말로 전달되는 것은 메시지의 일부분일 뿐이다. 말해지지 않은 것을 포함해 전체를 들으려면 진심을 다해야 한다.

경청과 신뢰가 낳은
선구적인 미술 컬렉션

지인의 조언이나 주위의 이야기에 진심을 다해 귀를 기울여 중요한 성취를 하거나 발자취를 남긴 사람들을 우리는 역사에서 어렵잖게 찾아볼 수 있다. 일본 미술 컬렉션의 역사에 큰 족적을 남긴 오하라 마고사부로[1880~1943]도 그런 사람 중 하나다. 그는 1930년 오카야마 현 구라시키 시에 일본 최초의 서양미술관인 오하라미술관을 설립했다.

오하라 마고사부로가 이런 역사적 발자취를 남기는 데 결정적인 기여를 한 사람이 화가 고지마 도라지로[1881~1929]다. 비록 부호였지만 오하라의 입장에서도 당시 일본인들에게는 생소한 서양 미술품을 막대한 돈을

10-2. 오하라 마고사부로(왼쪽)와 고지마 도라지로(오른쪽)

리더의 귀

들여 구입한다는 게 쉬운 일은 아니었다. 그럼에도 불구하고 그는 고지마의 권유를 경청하고 그를 전적으로 신뢰해 작품 수집을 시작했다. 고지마는 당시 일본에 서양회화라고는 유학을 다녀온 일부 화가들이 모사한 복제품만 있는 현실을 개탄했다. 이에 그는 일본 미술학도들과 화단의 앞날을 위해서라도 오하라가 나서서 서양회화, 특히 당시 유럽 화단을 이끌던 프랑스 대가들의 작품을 수집해줄 것을 요청했다. 고지마의 말을 주의 깊게 경청한 오하라는 고심 끝에 본격적으로 서양회화를 수집하기로 마음먹었다.

고지마는 유럽에 가서 열심히 발품을 팔아 오하라의 돈으로 모네와 마티스, 드니 등의 작품들을 사 모았다. 이 작품들로 1921년 3월 구라시키 초등학교에서 제1회 〈근대 프랑스 화가들의 걸작〉전이 열렸고, 이듬

10-3. 밀레, 「그레빌의 절벽」, 종이에 파스텔, 43.7× 54.1cm, 1871, 구라시키 오하라 미술관
밀레를 우상시했던 고지마가 1922년 발견해 오하라가 구입한 걸작 파스텔화로, 밀레 특유의 서정이 푸근하게 느껴진다.

10-4. 엘 그레코, 「수태고지」, 캔버스에 유채, 109.1×80.2cm, 1590~1603년경, 구라시키 오하라 미술관
가브리엘 천사의 수태고지를 경청하는 성모마리아의 모습. 경청 행위가 얼마나 아름다운 것인지 잘 보여준다.

해 1월 추가된 작품들로 제2회 〈근대 프랑스 화가들의 걸작〉전이 열렸다. 이 두 서양미술 전시를 보려고 일본 각지에서 관람객들이 오카야마현의 작은 도시 구라시키시로 몰려들어왔다. 예상하지 못했던 엄청난 반응에 누구보다 놀란 사람은 오하라 자신이었다. 그는 비로소 자신이 얼마나 중요하고 의미 있는 일을 했는지 깨달았고, 고지마를 다시 유럽으로 보내 보다 많은 작품을 수집하도록 했다.

이때 수집된 작품 가운데 하나가 저 유명한 엘 그레코[1541~1614]의 「수태고지」다.[10-4] 이 그림은 지금도 일본 컬렉션 역사의 기적으로 꼽히는 작품이다. 웬만해서는 시장에 나오기 어려운 16세기 유럽 매너리즘 미술의 걸작이었으나 때마침 제1차 세계대전 이후 유럽의 불경기가 이 작품을 시장으로 밀어냈다. 당시 가격으로도 매우 비싼 그림이었지만 작품을 발견한 고지마는 다급히 편지를 써서 오하라에게 반드시 이 그림을 구입해야 한다고 조언했다. 일본에도 곧 불경기가 올 것을 직감한 오하라는 그만한 돈을 쓰는 데 압박을 느꼈으나 이때가 아니면 다시는 이런 작품을 살 수 없을 것이라는 생각에 결국 고지마의 조언을 따른다. 제1차 세계대전 뒤의 극심한 불경기와 고지마의 진심을 다한 조언, 그리고 그런 조언을 제대로 들을 줄 알았던 오하라의 '황금 귀'가 결국 일본 컬렉션 역사의 기적을 이뤄낸 것이다.

듣는 행위의 고결함을 보여주는
'수태고지'의 마리아

'수태고지受胎告知, Annunciation'는 기독교 미술의 중요한 주제 가운데 하나로, 가브리엘 천사가 마리아에게 성령으로 잉태해 아들을 낳으리라는 소식을 전해주는 장면을 이르는 것이다. 엘 그레코뿐 아니라 헤아릴 수 없이 많은 화가들이 이 주제를 그렸다. 현전하는 가장 오래된 것은 4세기 무렵의 카타콤 벽화이며, 이후 중세와 르네상스에 이르기까지 당대 최고의 유럽 화가 대부분이 이 주제에 손을 댔다. 이 가운데 보티첼리의 「수태고지」와 레오나르도 다 빈치[1452~1519]의 「수태고지」[10-5]가 특히 유명하다. 르네상스 이후에도 이 주제가 무수히 그려졌음은 물론이다.

수태고지를 뜻하는 영어 단어 'Annunciation'은 '알리다'를 뜻하는 라틴어 동사 '아눈티아레annuntiare'에서 왔다. 이런 어원에서 알 수 있듯 엘 그레코 그림의 등장인물은 화자와 청자다. 신의 뜻을 알리는 화면 왼쪽 가브리엘 천사가 화자고 그의 말을 경청하는 화면 오른쪽 동정녀 마리아가 청자다. 그러고 보면 공교롭게도 이 작품 또한 경청을 핵심 모티프로 하고 있다. 경청에 남달랐던 컬렉터가 경청을 주제로 한 작품을 구입한 것이다.

신의 말씀이 전해진다면 누군들 그 말씀을 경청하려 하지 않을까. 하지만 성경을 보면 사람들이 신의 말씀을 업신여기거나 무시하는 모습을 더 자주 볼 수 있다. 그리스도는 온몸으로 신의 말씀을 전했으나 그의 백성은 오히려 그를 십자가에 못 박았다. 사람들은 자신이 듣고 싶은 말만

10-5. 레오나르도 다 빈치, 「수태고지」,
나무에 템페라와 유채, 98×217cm, 1472~75년경, 피렌체 우피치 미술관

레오나르도의 초기작으로 차분하고 우아한 묘사가 인상적이다. 엘 그레코의 그림과 마찬가지로 가브리엘 천사가 백합을 들고 있다. 이는 마리아의 순결을 나타낸다. 그러나 엘 그레코의 그림에서와는 달리 비둘기가 그려지지 않았다. 이 주제의 그림에서 비둘기는 성령을 나타내는데, 마리아가 성령으로 잉태될 것임을 의미한다.

을 듣는다. 귀에 거슬리면 인간은 신의 말씀이라도 쉽게 귀를 닫는다. 그래서 예수는 "들을 귀 있는 자는 들으라"(마가복음 4장 23절)라고 말했다.

동정녀 마리아는 누구보다 신실한 마음으로 신의 말씀을 들을 준비가 되어 있는 영혼이었다. '수태고지' 주제는 듣는 행위가 지닌 고결한 아름다움을 보여준다. 엘 그레코의 그림에서도 우리는 진심을 다해 열린 마음으로 듣는 청자 마리아의 이미지를 본다. 처녀가 아이를 배게 되리라는, 도저히 받아들이기 어려운 이야기 앞에서도 마리아는 지레 귀를 닫

지 않았다. 신은 그녀가 세상에서 가장 순수하게 열린 귀를 가진 자임을 이미 알았던 것이다.

사실 신만큼 경청을 온전히 실천하는 존재도 없다. 온 세상에서 그에게 끝없이 올라오는 기도를 그는 하나하나 경청해야 한다. 철부지 어린 아이의 기도라도 결코 소홀히 할 수 없다. 그는 전력을 다해 듣는다는 것이 무엇인지 누구보다 잘 안다. 그것이 신의 역할이다. 그런 그가 택한 그의 일꾼들은 그래서 모두 진정으로 들을 줄 아는 자들이다. 경청에 약하다면 연단을 받고 시련을 통해서라도 듣는 능력을 키워야 한다. 마리아는 누구보다 신실하게 들을 줄 아는 인간이었고, 그로 인해 구세주 예수 그리스도의 어머니가 될 수 있었다.

그런 마리아에게 신은 하늘의 여왕이라는 지위를 선사했다. 하늘의 여왕이 된 뒤에도 마리아가 하는 일은 사람들을 위해 전구轉求. 나를 대신하여 다른 사람이 은혜를 구하는 것하는 것이었다. 성모마리아는 그렇게 사람들의 변호자요 중재자의 역할을 한다. 타인을 위해 변호하고 중재하는 사람은 누구보다 변호 대상의 이야기를 경청해야 한다. 성모마리아보다 이 일에 더 잘 어울리는 사람은 찾기 어려울 것이다.

경청은 기독교 문명이 중시하는 핵심적인 리더십 덕목

기독교는 대표적인 계시종교다. 사전적 정의에 따르면 계시종교는

10-6. 카를로 돌치, 「계시록을 쓰는 복음서 저자성 요한」, 캔버스에 유채, 39.7×28.9cm, 1640년대 후반, 웰즐리대학 데이비스 미술관
신의 계시를 받고 그 뜻을 마음 깊이 새기는 성 요한.

'인간의 자의지自意志나 깨달음을 통해 구원의 경지에 이르는 종교가 아니라, 오직 신의 계시에 의해 태동되고 신의 계시를 통해서만 구원의 도리를 확인하는 종교'다. 이런 계시종교에서 경청은 매우 핵심적인 덕목일 수밖에 없다. 신은 계시를 통해 자신의 뜻을 드러내므로 신의 뜻을 이해하고 파악하기 위해 인간은 신의 말씀에 진심을 다해 귀를 기울여야 한다. 그래서 '수태고지'에서 보듯 기독교 미술에서 가장 빈번히 그려지는 주제 가운데 하나가 묵상이나 기도 중에, 혹은 성경을 읽는 중에 신의 말씀을 경청하는 성인들의 모습이다.[10-6]

성인들은 기독교의 대표적인 리더들이다. 그들은 위압적으로 권위를 내세우거나 자신의 능력을 과시함으로써 리더의 지위와 권위를 인정받지 않는다. 그들은 누구보다 먼저 무릎을 꿇고 겸손하게 자신을 낮추어 신의 말씀과 사람들의 호소를 귀담아 듣는다. 예수 그리스도는 신의 뜻과, 죄와 사망의 운명에서 절규하는 인간의 목소리를 외면하지 못해 스스로 죄를 뒤집어쓰고 십자가에 매달렸다. 그렇게 중보자中保者가 되었다.

중보자란 '서로 대립 또는 적대관계에 있는 사이에서 화해와 일치를 얻게 하는 자'다. 그러니 예수는 창조주와 죄를 범한 인간 사이에서 양자의 뜻과 호소를 진심으로 경청하고 그 생각과 처지를 완벽하게 이해해야 했다. (안타깝게도 성직자의 지위가 권력화되어 각종 비위 문제가 불거지는 일부 한국 대형 교회의 목사들은 그래 보이지 않지만,) 기독교의 리더들은 그런 예수 그리스도의 모범을 좇아 겸손히 경청하는 것을 제일의 덕목으로 삼게 되었고, 미술작품들 역시 그런 경청의 이미지를 무수히 생산하게 되었다.

'수태고지' 주제가 그 대표적인 것이라면, 겟세마네 동산에서 고뇌하는 예수 그리스도나 호렙산에서 신의 음성을 듣는 모세, 밧모섬에서 하늘의 계시를 받는 사도 요한 같은 주제들도 매우 중요한 경청의 이미지들이라 하겠다. 그만큼 서양문명은 종교미술을 통해서도 리더들에게 무수히 경청하는 자세를 갖출 것을 요구해왔다. "믿음은 들음에서 나며 들음은 그리스도의 말씀으로 말미암았느니라"(로마서 10장 17절)라고 말하는 성경은, 믿음뿐 아니라 리더십 또한 들음에서 나는 것임을 가르쳐준다.

11

'역지사지'할 줄 알아야
신뢰를 얻는다

조제프 웽케르의 「아킬레우스의 발 아래 무릎을 꿇은 은 프리아모스」

공감

'귀가 밝은 리더', 곧 경청하는 리더가 지닌 대표적인 재능이 공감共感 능력, 즉 다른 이의 감정이나 사고를 감지할 줄 아는 능력이다. 우리가 일상에서 광범위하게 쓰는 이 말을 영어로 번역하면 뜻에 따라 크게 두 가지로 나뉜다. 바로 '엠퍼시empathy'와 '심퍼시sympathy'다. 사용하기에 따라 '엠퍼시'와 '심퍼시'는 종종 서로 바꿔 쓸 수도 있지만, 엄밀히 따지면 뜻 이 좀 다르다.

먼저 '심퍼시'부터 살펴보자. '동정' '연민'으로도 번역되는 '심퍼시'는 기본적으로 타인의 감정을 나 자신의 감정처럼 느낄 때 발생하는 심리적 상태다. 타인의 슬픔이 나의 슬픔처럼 느껴지고 타인의 아픔이 나의 아 픔처럼 느껴진다. 그만큼 상대와 나 사이의 감정적 경계가 흐려진다. 그 래서 동감同感이라고도 한다. 주로 타인이 곤경이나 슬픈 상황에 처해 있 을 때 발생하는 감정으로, 주관성이 강한 만큼 때로 과잉될 수 있다.

반면 '엠퍼시'는 이런 강한 주관성을 띠지 않는다. 보다 중립적인 감정의 이입 상태를 말한다. '심퍼시'의 '심^{sym}'이 '함께^{with}'를 뜻한다면, '엠퍼시'의 '엠^{em}'은 '안으로^{into}'를 뜻한다. 그러니까 '엠퍼시'는 타인과 정서적으로 하나가 되는 게 아니라, 타인의 정서 속으로 들어가보는 것을 의미한다. 한마디로 입장을 바꿔놓고 생각할 줄 아는 것이다. 그러므로 '엠퍼시'의 상태에서는 상대의 감정과 나의 감정이 얼마든지 다를 수 있다. 그러나 이는 별로 중요한 게 아니다. 그래도 나는 얼마든지 상대의 정서와 사고를 이해하고 공감할 수 있다. 상대도 서로 생각이 다르다는 사실을 잘 알지만, 무엇보다 자신의 감정과 생각을 알아준다는 자체가 그에게는 일단 고마운 일이다.

구성원들의 신뢰를 이끌어내는 '엠퍼시'

타인을 이끄는 위치에 있는 리더에게 공감 능력은 매우 중요하다. 앞에서 말한, 동정과 연민의 감정으로 공감할 줄 아는 '심퍼시'도 필요하지만, 보다 더 중요한 것은 입장을 바꿔놓고 상대의 정서와 처지에 공감해줄 줄 아는 '엠퍼시'를 충실히 갖추는 것이다. 동정과 연민의 감정, 곧 '심퍼시'는 그 자체로 좋은 것이지만, 거기에 지나치게 빠지면 감정의 과잉을 낳을 수 있다. 감정의 과잉은 리더로 하여금 객관성과 목표를 잃고 표류하기 쉽게 만든다.

11-1. 2009년 의회 취임선서 전 무대 뒤에서 마지막으로 거울을 보고 있는 버락 오바마.
(백악관 공식 사진, photo by Pete Souza)

미국 전 대통령 버락 오바마는 2007년 대선 유세 중 자신의 연방대법원 판사 선임 기준을 이렇게 밝혔다. "우리는 십대에 미혼모가 된다는 것이 어떤 것인지 아는 마음, 가난하게 사는 것, 흑인으로 사는 것, 동성애자로 사는 것, 장애인으로 사는 것, 노인으로 사는 것이 어떤 것인지 이해하는 마음, 곧 '엠퍼시'를 지닌 사람이 필요합니다. 그게 내가 판사들을 선택하는 기준이 될 것입니다."

　　그러나 '엠퍼시', 곧 입장을 바꿔놓고 느끼고 생각하는 태도는, 거기에 제아무리 깊이 빠진다 하더라도 리더를 잘못된 길로 인도하지 않는다. 리더가 다종다양한 구성원들의 생각과 의견에 다 동의해줄 수는 없다 하더라도 이처럼 그들의 정서와 사고를 십분 이해해준다면 구성원들은 그를 확고하게 신뢰하게 된다. 그러므로 이런 공감 능력을 갖추는 것은 무엇보다 구성원들의 신뢰를 이끌어내는 최상의 방책이라 하겠다.

리더십 전문가 콜린 케튼호펀은 공감 능력이 뛰어난 리더들이 보여주는 특질을 크게 세 가지로 나눴다. 첫째, 그들은 경청하는 태도를 지니고 있다. 둘째, 그들은 타인에 대해 함부로 판단하지 않는다. 셋째, 그들은 감성 지능이 뛰어나다.

경청은 공감의 필수적인 전제다. 남의 이야기를 제대로 듣지 않고 어떻게 그의 감정을 온전히 지각할 수 있을까. 이렇게 경청하는 사람은 또 함부로 상대에 대해 판단하지 않는다. 판단한다는 것은 기본적으로 옳고 그름을 가리는 것이다. 상대가 왜 그런 감정을 갖게 되었는지, 왜 그런 생각을 하게 되었는지 이해하는 게 중요하지, 나와 보고 느끼는 게 다르다 해서 그것을 함부로 옳다, 그르다 판단해서는 곤란하다. 이렇게 충실히 듣고 함부로 판단하지 않기에 그는 뛰어난 감성 지능을 지닌 사람이 된다. 그는 뒤로 물러서서 상대와 자신의 기분과 생각을 두루 들여다볼 줄 안다. 그런 능력 덕에 그는 주변 사람들의 정서를 충분히 고려하는 한편 자신의 주관적인 감정이 행위와 결과를 지배하지 않도록 통제할 수 있다. 그만큼 인간적이면서도 합리적이고, 포용적이면서도 현명한 리더가 될 수 있다.

영예의 로마상을 수상한
공감 주제의 작품

프랑스 화가 조제프 웬케르[1848~1919]의 「아킬레우스의 발아래 무릎을 꿇은 프리아모스」[112]는 리더와 공감을 주제로 한 대표적인 서양회화의 하나다. 이 그림은 그리스의 영웅 아킬레우스에게 아들 헥토르의 주검을 돌려달라고 간청하는 트로이의 왕 프리아모스를 그린 것이다. 호메로스의 『일리아드』에서 이 장면은 매우 가슴 아프고도 숭고한 이미지로 다가온다.

트로이의 왕자 헥토르는 자신의 능력이 아킬레우스에 못 미침을 잘 알면서도 조국 트로이를 지키기 위해 그에게 용기 있게 맞서다가 장렬하게 전사했다. 아킬레우스는 그를 죽이고 난 뒤 주검을 전차에 매달고는 처참하게 끌고다녔다.[113] 자신의 절친한 친구를 죽인 원수라는 이유로 복수심에 불타 그런 패악을 행했던 것이다. 비통함을 금할 수 없었던 프리아모스 왕은 수레에 막대한 보화를 챙겨 싣고 신들의 도움을 받아 은밀히 아킬레우스를 찾아갔다. 그러고는 웬케르의 그림에서 보는 것처럼 아킬레우스의 발아래 무너져 아들의 주검을 돌려달라고 간절히 호소했다.

프리아모스는 자신이 왕이라는 사실도 잊은 듯 그저 한 사람의 가련한 노인이 되어 아킬레우스에게 바짝 다가가 빈다. 아킬레우스는 다소 굳은 자세로 의자에 앉아 있다가 점차 노인의 말에 마음이 흔들리는 자신을 발견한다. 화가는 두 주인공을 매우 강렬한 대비로 부각시켰다. 늙은 프리아모스는 허물어져 있고, 젊은 아킬레우스는 우뚝 솟아 있다. 전자는 후자 쪽으로 몸을 기울이고, 후자는 전자에게 거리를 둔다. 전자는 어두운 옷을 입고 있지만, 후자는 맨살과 밝은 천으로 환하게 빛난다. 패자와 승자의 극단적인 대비다.

11-2. 조제프 웬케르, 「아킬레우스의 발아래 무릎을 꿇은 프리아모스」,
캔버스에 유채, 1876, 파리 에콜 데 보자르
아들의 주검을 되찾기 위해 목숨까지 걸고 온 늙은 왕을 보며
아킬레우스는 비로소 복수심에서 벗어나서 상대의 입장을 '역지사지'해보게 된다.

11-3. 프란츠 폰 마치, 「아킬레우스의 승리」, 프레스코, 1892, 코르푸 아킬레이온 궁전
아킬레우스가 헥토르의 주검을 끌고다니며 승리를 자축하는 장면을 그린 것이다.
그는 친구 파트로클로스의 죽음에 대한 원한을 갚고자 이렇듯 잔인한 복수를 마다하지 않았다.

　　호메로스의 『일리아드』에서 두 사람의 만남은 아킬레우스가 식사를
막 끝낸 뒤에 이뤄졌다. 그래서 배경의 인물들은 식사 뒤의 산만한 분위
기를 그대로 반영하고 있다. 그렇게 여유롭게 풀어져 있다가 갑자기 적
의 왕 프리아모스가 등장하니 막사 안에는 일순 긴장이 감돈다. 화가는
분위기가 묘하게 전환되는 바로 그 찰나를 매우 섬세하게 포착했다. 그
실감나는 상황 묘사를 배경으로 그림이 드러내는 중요한 포인트는, 분노
에 찼던 권위적인 지도자가 마침내 타인에게 공감하는 모습을 보이기 시
작했다는 것이다. 아들의 주검을 되찾기 위해 목숨까지 걸고 온 늙은 왕
을 보면서 아킬레우스는 비로소 복수심에서 벗어나 상대의 입장을 '역지
사지'해보고 있다. 프리아모스 왕을 바라보는 그의 표정에서 흔들리는

리더의 귀

내면이 읽힌다. 그렇게 아킬레우스는 프리아모스의 지극한 부성애에 공감하고 있다. 웬케르는 이 작품으로 1876년 왕립 미술아카데미의 최우수 미술학도에게 주는 영예의 로마 상을 수상했다.

방어적인 에너지는 줄이고
긍정적인 에너지는 늘이는 공감

19세기 프랑스의 자연주의 화가 쥘 바스티앵르파주도 '아킬레우스를 찾아간 프리아모스' 주제를 그렸다. 르파주의 그림은 웬케르의 작품과 달리 다른 등장인물은 모두 배제하고 오로지 두 주인공의 감정에만 집중했다.[11-4] 애원하는 프리아모스는 슬퍼하다 못해 거의 탈진할 지경이다. 아킬레우스는 아직 충족되지 않은 복수심과 마음을 울리는 트로이 왕의 간절한 애원 사이에서 심각하게 갈등하고 있다. 화면 전체의 짙은 어둠이 그 갈등을 대변한다. 그러나 빛이 비쳐오는 곳으로 돌린 그의 얼굴이 시사하듯 아킬레우스는 곧 긍정적인 방향으로 해결책을 찾을 것이다. 공감의 힘이 그의 내면에 지금 밝은 빛을 비추고 있다.

두 사람의 만남에서 아킬레우스의 가슴에 가장 강렬하게 꽂힌 프리아모스의 말은 "당신의 아버지를 생각하라"라는 것이었다. 아킬레우스의 아버지도 전쟁에 아들의 목숨을 맡긴 사람이고 자신도 그런 아버지라는 사실, 그러나 아킬레우스의 아버지와 달리 자신은 지금 아들의 주검을 찾기 위해 아들을 죽인 사람의 손에 입을 맞추는 이 비극적이기까지 한

11-4. 쥘 바스티앵르파주, 「아킬레우스와 프리아모스」, 캔버스에 유채, 147 × 117cm, 1876, 개인 소장

현실을 제발 돌아봐달라는 것이었다.

　그전까지 오로지 복수심에 차 있던 아킬레우스는 그 말에 마침내 마음의 빗장을 풀고 부자父子의 정을 생각할 수 있게 되었고, 프리아모스의 비통한 심정에 깊이 공감하게 되었다. 그는 헥토르의 주검을 깨끗이 씻어 프리아모스에게 돌려준 뒤 12일간의 휴전을 선포했다. 헥토르의 장례가 충실히 치러질 수 있도록 해준 것이다. 이 과정에서 아킬레우스는 자신의 감정에만 충실했던 이기적인 리더에서 타인의 감정도 생각할 줄 아

는 성숙한 리더로 거듭나게 된다. 그런 성장이 가능했던 것은, 훌륭한 인격자인 프리아모스와의 대화를 통해 그가 타인에게 공감할 줄 아는 사람이 되었기 때문이다.

『일리아드』에서 아킬레우스는 대단한 영웅으로 칭송받지만, 사실 오늘날 리더십의 관점에서 볼 때 그는 결격 사유가 많은 리더였다. 아킬레우스는 오로지 자신의 명예와 성공에만 관심이 있었지 그를 따르는 이들의 성공과 성장에는 그다지 큰 관심이 없었다. 오늘날 이런 독불장군이 리더가 된다면 조직의 구성원들은 뿔뿔이 그의 곁을 떠나버릴 것이다. 그러나 그런 아킬레우스도 프리아모스를 만나 공감의 힘을 체험하면서 비로소 인간적으로 성숙하게 되었다.

공감은 이처럼 목숨을 놓고 겨루는 적의 감정과 처지까지 생각하고 이해해줄 줄 아는 힘을 불러온다. 공감 능력이 뛰어난 리더를 사람들이 신뢰하고 좋아하는 이유가 바로 여기에 있다. 비록 나와 다른 판단을 하거나 결정을 해도 리더가 나를 이해하기 위해 항상 최선을 다한다는 믿음이 있는 것이다.

그래서 리더십 전문가 스티븐 코비는 "공감이란 상대방을 감정적으로, 지적으로 깊고 완전하게 이해하는 것"이라며 "당신이 다른 사람들에게 깊이 공감해주면 그들의 방어적인 에너지는 줄어들고 긍정적인 에너지가 이를 대체하므로 당신은 문제를 해결하는데 더 큰 창의력을 발휘할 수 있다"라고 말했다.

리더에게 공감 능력은 이처럼 궁극적인 선을 향해 나아가도록 돕는 소중한 정신적 자원이요 동력이다.

친절한 말 한마디가
삶의 행로를 바꿀 수 있다

헥토르의 장례는 성대히 치렀으나 프리아모스의 트로이는 결국 멸망했다. 이 전쟁에서 프리아모스는 많은 자식들을 잃었고 그 또한 아킬레우스의 아들 네오프톨레모스에게 죽임을 당했다. 이 에피소드는 호메로스의 『일리아드』에는 나오지 않는다. 후대의 이야기들에서 찾아볼 수 있다.

비록 신들이 예정한 트로이의 멸망을 막을 수는 없었지만, 프리아모스는 온화하고 덕이 있는 군주였다. 아폴론 신이 "마음속에 동정이라고는 전혀 없고 흉포하기만 하다"라고 한 아킬레우스조차 자신의 슬픔에 공감하게 만든 데서 보듯 프리아모스는 무엇보다 공감의 힘이 출중했다. 타인에게 공감할 줄 알았고, 타인의 공감을 불러일으킬 줄도 알았다.

그의 따뜻한 공감 능력은 『일리아드』에서 며느리 헬레네를 통해 증언된 바 있다. 헬레네로 인해 트로이전쟁이 벌어졌음에도 불구하고 그는 며느리를 원망하거나 미워하지 않았다. 주위의 비난에 가슴이 아팠을 며느리를 다독이며, "네 탓이 아니라 신들의 탓"이라고 위로해주었다.[11-5] 이처럼 자신의 마음을 잘 알아준 시아버지를 가리켜 헬레네는 "항상 친정 아버님처럼 다정하셨다"라고 고마워했다.

헬레네가 그랬던 것처럼 누군가가 나에게 공감해주면 그 고마움은 매우 크게 느껴진다. 그런 반면 내가 남에게 공감하는 것 자체는 그리 대단한 노력과 비용을 필요로 하지 않는다. 프리아모스가 헬레네에게 했듯 따뜻하고 다정한 말 한마디로 충분할 수 있다. 그래서 미국의 교육학자

11-5. 요한 프리드리히 아우구스트 티슈바인,
「파리스의 유약함을 꾸짖으며 전장으로 나가라고 훈계하는 헥토르」, 캔버스에 유채, 1786, 개인 소장
파리스가 헬레네와 사랑에 빠져 스파르타의 왕비인 그녀를 트로이로 데려옴으로써 트로이전쟁은 시작
되었다. 동생 파리스를 못마땅하게 바라보는 헥토르의 표정에 자신과 가족, 나라의 암울한 운명이 스쳐
지나간다. 그럼에도 프리아모스는 헬레네를 배척하지 않고 친정아버지처럼 다정하게 대해주었다.

리오 버스카글리아는 이런 말을 했다.

우리는 접촉과 미소, 친절한 말, 경청하는 귀, 정직한 칭찬, 작은 관심의 힘을 너무 자주 낮게 평가한다. 이 모든 것은 삶의 행로를 바꿀 만한 잠재력이 있다.

12

공감은 내 안에서
다른 이의 메아리를 찾는 것이다

앙투안장 그로의 「자파의 페스트환자를 방문한 나폴레옹」

공감

공감은 조직을 떠받치고 결속시키는 매우 중요한 자산임에도 불구하고 많은 조직에서 쉽게 간과된다. 단기적인 성과를 중시하는 조직에서는 더욱 그렇다. 경쟁력, 생존, 필승전략 등의 단어가 난무하는 상황에서 공감이나 경청 같은 단어는 설 자리가 없어보인다. 하지만 일은 사람이 하는 것이고, 사람은 타고나기를 그렇게 성과 지향적이기만 한 존재가 아니다. 공감하고 배려하며 공생하는 것 또한 인간의 본능이다. 그런 까닭에 길게 볼수록, 지속가능한 성취를 추구할수록, 리더는 눈앞의 성과를 넘어 보다 근원적인 가치에 눈을 돌려야 한다. 그런 태도가 조직을 건강하게 하고, 구성원을 행복하게 하며, 궁극적으로 구성원의 생산성과 충성도 그리고 조직의 성장 잠재력을 높인다.

　그러면 공감 능력이 뛰어난 리더는 어떻게 조직을 긍정적으로 변화시키는 걸까? 캐나다의 리더십 코치 탄비르 나시르는 다음 네 가지를 공감도가 높은 조직이 지닌 장점으로 꼽는다.

- 공감도가 높은 조직에서는 실패를 해도 단순히 실패했다는 이유만으로 비난을 받지 않기에 사람들이 스스로 안전하다고 느낀다.
- 그런 환경에서는 리더가 구성원의 저조한 성취가 어디에 뿌리를 두고 있는지 보다 잘 파악할 수 있다.
- 공감을 보여줌으로써 리더는 문제 해결을 위해 분투하는 구성원이 문제점을 개선하고 보다 나아지도록 도울 수 있다.
- 공감을 보여줌으로써 리더는 구성원과 좋은 관계를 맺고 이를 잘 발전시켜나갈 수 있다.

이처럼 공감을 통해 정서적 구조를 튼튼히 하면 조직은 절로 강해진다. 충분한 소통과 신뢰, 안정감이 있기에 내적으로 끈끈하게 뭉치게 된다. 하지만 불행히도 많은 공동체와 조직이 리더와 구성원 사이에, 그리고 특히 기업의 경우 기업과 소비자 사이에 바람직한 공감대를 만들지 못해 어려움을 겪고 있다.

공감지수는 커녕
반기업정서를 걱정하는 한국 기업

미국의 경영 컨설팅 회사인 비즈니살버^{Businessolver}의 최근 연구조사에 따르면, 미국의 기업, 기관, 단체 등이 공감적이라고 본 미국인은 전체의 24퍼센트에 불과했다. 반면 미국 CEO의 60퍼센트는 미국의 기업, 기관, 단체 등이 공감적이라고 보았다. 이렇게 큰 편차가 나는 것은 미국의 CEO들이 사내외 소통과 공감의 문제를 제대로 파악하지 못하고 있거나 자가당착에 빠져 있음을 나타내는 것이다. 그런 까닭에 미국 직장인의 3분의 1은 급여가 같다면 지금 다니는 회사를 버리고 보다 공감지수가 높은 회사로 옮기고 싶다고 응답했다.

이런 미국이지만, 세계 대기업 공감지수 조사에서 상위권을 휩쓰는 것 또한 미국이다. 『하버드 비즈니스 리뷰』가 2016년 말 발표한 '글로벌 공감지수 조사'에서 1위를 차지한 기업이 페이스북이다. 알파벳(구글), 링크드인, 넷플릭스가 그 뒤를 이었다. 5위를 차지한 유니레버를 제외하면 6~9위를 차지한 기업도 다 미국 기업이다(사우스웨스트 에어라인, 마이크로소프트, 홀푸드, 존슨앤존슨). 한국을 대표하는 기업 삼성은 전체 조사대상 170곳 가운데 113위에 올랐다. 상대적으로 꽤 낮은 위치다. 점수도 페이스북의 100점과 크게 차이가 나는 33.73점이다. 이러니 한국 기업들을 대상으로 따로 공감지수 조사를 한다면 어떤 평가가 나올지 우려하지 않을 수 없다. 사실 한국 기업들은 공감지수는커녕 반反기업정서를 걱정하는 상황이다.

2017년 2월 한국경제TV가 전국의 성인 1,039명을 대상으로 행한 여론조사를 보면, 응답자의 55.1퍼센트가 국내 기업에 대해 부정적인 인식(나쁨, 매우 나쁨)을 갖고 있는 것으로 나타났다. 반면 기업에 대해 긍정적인 인식(좋음, 매우 좋음)을 지닌 사람은 전체의 34.1퍼센트에 그쳤다.

특히 30대(70.3%)와 20대(69.5%)의 반기업정서가 매우 높게 나타났다. 물론 기업 입장에서는 이런 몰이해가 섭섭하고 사회의 의식 전환이 필요하다고 느낄 것이다. 그러나 전체주의 국가가 아닌 이상 국가가 시민의 의식을 강제로 전환할 수는 없다. 시장에서 이 문제를 해결할 리더 역시 기업이다. 기업이 스스로 공감지수를 높이고 소비자들 사이에서 공감대를 넓혀 신뢰를 쌓지 않는 한 문제의 근원적인 해결은 요원하다. 모든 공동체와 조직이 마찬가지다. 리더의 공감 능력과 조직의 공감지수가 조직의 문제를 해결하고 우호적인 환경을 조성하는 데 가장 긴요한 힘인 것이다.

전염병으로 죽은 병사의
주검도 직접 나른 나폴레옹

나폴레옹은 뛰어난 공감 능력으로 주변 사람들을 자기편으로 만드는 데 뛰어났던 지도자로 꼽힌다. 나폴레옹은 상상력, 비전, 대담성, 전략적 두뇌와 함께 우수한 공감 능력을 갖춘 지도자였다. 프랑스 화가 앙투안 장 그로[1771~1835]의 「자파의 흑사병 병원을 방문한 나폴레옹」[12-1]은 나폴레옹의 그런 장점을 잘 보여주는 그림이다.

그림의 배경은 1799년 이집트 원정이다. 당시 나폴레옹 군대는 원정 길목에 있는 시리아의 자파를 함락시켰는데, 그 직후 도시에 흑사병이 퍼지기 시작했다. 병사들이 하나둘 전염병으로 쓰러지면서 나폴레옹의

12-1. 앙투안장 그로, 「자파의 페스트 병원을 방문한 나폴레옹」,
캔버스에 유채, 523×715cm, 1804, 파리 루브르 박물관
맨 오른쪽에서 눈 부상을 당한 군인이 나폴레옹 쪽으로 다가가려 한다. 이 인물 역시 소경의 눈을 뜨게 해
준 예수의 이적을 생각나게 한다. 예수는 "건강한 자에게는 의사가 쓸데없고 병든 자에게야 쓸데 있다"라
고 말했다. 지극한 연민의 표현이다. 그 이미지의 연장선상에서 나폴레옹도 이처럼 고통을 당하는 자신의
군인들과 끈끈히 이어진다.

군대는 패닉 상태에 빠졌다. 프랑스군은 임시변통으로 모스크를 병원으로 개조해 환자들을 수용했다. 그림은 바로 그 병원을 찾은 나폴레옹의 모습을 그린 것이다.

벌거벗은 채 나뒹구는 병사들의 모습은 지금 이곳의 상황이 얼마나 비참한가를 잘 보여준다. 전염의 가능성이 매우 높음에도 불구하고 나폴레옹은 환자의 몸에 손을 대며 그들의 병세를 걱정하고 있다. 이렇듯 장군이 맨손으로 환자를 만지자 놀란 의사가 나폴레옹을 제지하며 팔을 떼라고 요청한다. 그래도 나폴레옹은 의사의 권고를 들을 마음이 없다는 표정이다. 나폴레옹 곁의 참모가 손수건으로 코와 입을 가리며 전염될까 두려워하는 것과 대비된다. 전염의 우려에도 불구하고 나폴레옹이 환자의 몸을 만지는 장면은 누가 보아도 따뜻한 인간애를 느끼게 한다.

서양미술사에서 이 이미지의 원류를 따지고 올라가면 궁극적으로 나병 환자의 몸을 만지는 예수의 이미지로 이어진다. 인류의 죄를 대신 지고 죽은 예수만큼 사랑이 많은 리더도 없을 것이다. 화가는 그림을 보는 사람들에게 나폴레옹이 예수처럼 타인에게 깊은 동정심과 연민을 느끼는 존재라는 사실을 강조함으로써 그가 공감 능력이 충만한 리더임을 강조하고 있다. 나폴레옹과 그 주위로 떨어지는 빛도 그 내면의 힘을 드러낸다. 고통과 공포 속에서 나폴레옹이 한 줄기 빛이 되고 있는 것이다.

이렇게 자신의 안위를 걱정하지 않고 부하들의 고통과 두려움에 동참하려는 나폴레옹의 모습에서 리더로서 그의 남다른 공감 능력을 엿볼 수 있다. 전하는 바에 따르면, 그는 당시의 방문에서 병사들의 고충을 세심히 경청하고 주검을 나르는 일에도 직접 나섰다고 한다.

이렇듯 적극적으로 헌신했으나 얼마 뒤 나폴레옹은 영국 언론에게서 전염병에 걸린 부하들을 독살한 잔인한 리더라는 비난을 받는다. 프랑스 군대가 자파에서 아크레(아코)로 진군해 싸우다가 투르크의 강고한 저항과 그곳까지 번진 전염병으로 철수를 결정했는데, 그때 나폴레옹이 의료진으로 하여금 철수가 불가능한 환자들에게 아편을 과다 투약해 죽이라고 지시했다는 것이다.

2세기 동안 지속된 이 소문은 그러나 여러 기록들에 의해 사실이 아닌 것으로 판명되고 있다. 나폴레옹 자신도 당시 그 소문을 듣고는 "만약 그러려고 했으면 (의료진에게 은밀히 지시하는 게 아니라) 전략회의를 열고 명령을 공표했을 것"이라며 지시의 잔인성 여부를 떠나 모든 일을 공개적으로 당당하게 처리하는 자신에 대한 모욕으로 받아들였다. 어쨌거나 반박의 필요성을 느낀 나폴레옹은 그로에게 「자파의 흑사병 병원을 방문한 나폴레옹」을 그리도록 해 당시 자신이 병든 군인들을 얼마나 염려했는지 대중에게 적극 알렸다. 프랑스 내에서는 곧 이 그림에 대한 찬사가 쏟아졌고, 나폴레옹은 소기의 목적을 달성할 수 있었다.

공감과 연민의 이미지로
비극을 영웅시로 전환시키다

그로는 「자파의 흑사병 병원을 방문한 나폴레옹」에 이어 「아일라우 전장의 나폴레옹」[122]을 그려 공감 능력이 있는 지도자로서 나폴레옹의

12-2. 앙투안장 그로, 「아일라우 전장의 나폴레옹」,
캔버스에 유채, 104.9×145.1cm, 1807, 톨레도 미술관

면모를 또다시 부각시켰다. 그림의 배경이 된 아일라우 전투는 1807년
2월 나폴레옹 군대와 러시아-프로이센 동맹군이 아일라우(지금의 러시아
바그라티오놉스크)에서 벌인 전투다. 화가는 프랑스군이 승리를 얻은 다
음 날(2월 9일), 나폴레옹이 전장을 방문한 장면을 묘사했다. 비록 적을
퇴각시켰으나 전쟁의 결과는 끔찍했다. 그림에서 보듯 싸우다 죽은 양쪽
군대의 시체가 벌판을 즐비하게 뒤덮었다.

그 전장을 말을 탄 나폴레옹과 그의 장교들이 비감한 표정으로 돌아보고 있다. 비록 불가피하게 죽고 죽이는 싸움을 벌였지만 나폴레옹의 얼굴에는 피아를 막론하고 이 지옥의 고통을 경험한 모든 이들에 대한 연민과 안타까움이 스미어 있다. 밝은 빛깔의 말을 탄 나폴레옹이 손을 들어 보이는데, 이는 부상당한 이들을 위로하고 신의 가호를 비는 제스처다. 이 역시 예수 그리스도나 다른 성인들을 떠올리게 하는 이미지다. 물론 이 그림이 나폴레옹의 미덕을 찬양하기 위해 그려진 일종의 선전화라는 제작 배경을 감안하고 보아야 할 것이나, 공모 형식을 통해 굳이 이런 주제의 대작을 그리게 했다는 것 자체가 나폴레옹이 리더십과 관련해 공감, 동정, 연민 같은 정서를 얼마나 중요하게 여겼는지 알게 해준다.

화가의 구성에 따르면, 화면 왼편에서 왼팔을 뻗어 나폴레옹을 바라보는 리투아니아 출신의 러시아 군인은 지금 "황제시여, 내가 살기를 원하신다면 나를 치료해주십시오. 차르 알렉산드르를 모시듯 당신을 충성스럽게 모시겠습니다"라고 외치고 있다. 그런 그를 프랑스 의료진이 어느새인가 부축하고 다리에 붕대도 감아주고 있다. 다른 러시아 군인은 나폴레옹의 다리를 붙잡고 그를 우러르며 그의 자비에 경의를 표하고 있다. 화면 앞쪽에서는 얼어버린 주검들 사이에서 부상당한 이를 찾아내 돕는 프랑스 의료진의 모습이 보인다. 오른쪽 하단에서 발버둥치는 러시아 군인은 극도의 공포로 제정신이 아닌데, 그런 그도 집중적인 보살핌을 받고 있다.

화가는 특히 화면 전경의 시체를 생생하게 묘사해 전쟁의 참혹함을 매우 사실적으로 형상화했다. 그와 함께 그 모든 고통을 품어 안으려는 지도자로서 나폴레옹의 모습을 부각시켜 비극을 숭고한 영웅시^{英雄詩}로 전환시키고 있다. 그러나 당시로서는 지나치게 사실적인 주검 묘사가 신경 쓰였는지 1808년 이 그림이 내걸렸던 살롱전을 은밀히 돌아본 경찰은 사람들이 그림을 부정적으로 보고 그것이 나폴레옹에게 누가 되지 않을까 우려했다. 그러나 그림을 직접 본 나폴레옹은 화가의 묘사를 높이 평가하며 그에게 레지옹 도뇌르 훈장을 수여했다. 사실을 감추거나 미화하는 것보다는 사실을 직시하고 거기서 느끼게 되는 정서와 생각을 공유하고 공감하는 게 더 중요하고 의미 있다는 판단을 한 결과다. 어쨌든 이 그림은 그 사실적인 주검 묘사로 우미한 표현을 중시한 이전의 고전주의 미학과 결별하고 낭만주의 미학의 새길을 연 작품으로 높은 평가를 받게 되었다.

소탈한 태도와 뛰어난 공감 능력으로 얻은 별명 '꼬마 하사'

나폴레옹의 뛰어난 공감 능력은 일상의 자잘한 에피소드들을 통해서도 잘 드러난다. 그 하나가 그의 군인들이 그를 '꼬마 하사^{le petit caporal}'라는 별명으로 불렀다는 사실이다.

꼬마 하사라는 별명은 흔히 오해하듯 그의 키가 작아서 생긴 게 아니다. 나폴레옹은 통령이 된 뒤에도 일반 병사와 격의 없이 어울렸는데, 그런 그의 소탈한 태도와 공감 의지를 높이 사 병사들이 친근함을 표시하

12-3. 앙투안장 그로, 「아르콜레 다리의 나폴레옹 보나파르트」,
캔버스에 유채, 134×104cm, 1796~97, 상트페테르부르크 예르미타시 미술관
젊은 나폴레옹을 근육질의 전사가 아니라 시인처럼 그렸다. 그의 공감 능력이 예술적 감수성에 기초해 있는 것임을 잘 보여준다.

는 애칭으로 붙여준 것이었다. 사실 나폴레옹의 군대는 강행군을 일삼는 등 병사들의 입장에서는 매우 '빡센' 군대였다고 한다. 그러나 리더와의 진한 유대와 끈끈한 공감대 덕에 그의 군대는 그와 한몸이 되어 온갖 고난을 뚫고 많은 승전보를 조국에 전할 수 있었다.

문학과 예술에 깊이 심취했던 나폴레옹은 예술가와 관련된 일화도 많이 생산했다. 예술가들의 심리를 잘 알았던 만큼 그는 예술가들에게 늘 최고의 존경을 표하고 그들의 재능을 인정해 자부심을 한껏 높여주었다. 배우 탈마에게는 모자를 벗어 최고의 경의를 표한 뒤 스스로 이를 떠벌리고 다님으로써 탈마의 콧대를 높이 세워주었는가 하면, 다비드 같은 화가의 그림에 대해서도 늘 많은 사람들이 보는 앞에서 공공연히 경의를 표했다. 이런 황제를 그리는 화가들의 붓끝에 열정이 실리지 않았다면 오히려 그게 이상한 일이었을 것이다. 나폴레옹 역사화의 다수가 단순한 선전화에 그치지 않고 미술사적 걸작의 반열에 오른 데는 예술가들을 고무하는 나폴레옹의 이런 감화력이 있었다 하겠다. 리더가 자신들의 창조 의지와 예술혼에 공감해준다는 생각에 예술가들은 자신이 가진 역량을 최대한 끌어낼 수 있었고 그에 걸맞은 걸작들을 다수 생산할 수 있었던 것이다.

소설가 모신 하미드는 말했다.

공감은 당신 안에서 다른 이의 메아리를 찾는 것이다.

13
너그러움은
지지와 협력을 이끌어낸다

파올로 베로네세의 「알렉산드로스 대왕을 맞는 다리우스 가족」

관용

"귀는 둘이고 입은 하나인 이유를 생각하라"라는 말이 있다. 말하기보다 듣기를 중시하라는 충고다. 말이 생각에 앞서면 실수하기 쉽다. 말하기 전에 제대로 듣고 이를 바탕으로 자신의 생각을 숙성시킬 줄 알아야한다. 덕은 입에 있지 않고 귀에 있다. 이처럼 스스로 인내할 줄 알고 타인에 대해 열려 있어야 성숙한 사람이다.

　성숙한 사람은 너그럽다. 관용할 줄 알고 포용할 줄 안다. 관용은 남의 잘못을 너그럽게 받아들이고 용서하는 것이다. 혹은 자기 것과는 다른 사상이나 신념, 가치체계를 인정하는 것이다. 포용 또한 남을 너그럽게 감싸주거나 받아들이는 것이다. 관용성과 포용성이 있는 리더는 타인의 비판과 생각을 폭넓게 받아들일 줄 안다. 그가 이끄는 조직은 열정적이고 협동적이다. 관용성과 포용성이 떨어지는 리더는 부하들의 조그만 실수에도 화를 내고 심하게 책망한다. 그가 이끄는 조직은 냉소적이고 분열적이다.

관용은 때로 무원칙이나 무관심, 무책임과 혼동된다. '봐주는 것' 대충 넘어가는 것'으로 오인된다. 그래서 경직된 조직일수록 관용에 인색하다. 그러나 관용은 오히려 자신과 공동체에 대한 확신, 그리고 분명한 책임의식이 있을 때 나오는 주체의 태도다. 내가 모든 책임을 지고 너를 수용하니 너 또한 상응하는 책임의식과 주체의식을 갖고 실수나 문제를 극복하라는 것이다. 혹은 내가 열린 마음으로 너의 생각과 입장을 존중하니 너 또한 마음을 열고 나의 생각과 입장을 존중하라는 것이다. 그런 까닭에 리더에게 관용은 일종의 전략적 유연성이라 할 수 있다. 자신과 조직, 구성원을 성장시키기 위한 유용한 '황금률'인 것이다.

관용은
투자다

IBM의 CEO 토머스 왓슨 주니어는 촉망받던 임원의 실수로 회사가 1,000만 달러의 큰 손실을 입는 경험을 했다고 한다. 좌절하고 상심한 임원은 두말없이 왓슨에게 사표를 제출했다. 그러나 왓슨은 사표를 수리하지 않고 돌려주었다. 놀란 임원이 왓슨에게 물었다.

"아니, 제가 이토록 끔찍한 실수를 저질렀는데도 왜 사표를 반려하십니까?"

그러자 왓슨이 대답했다.

"자네가 깨달음을 얻는 데 내가 1,000만 달러나 투자했는데, 그걸 그대로 날리고 싶겠나?"

세계 굴지의 기업을 이끄는 CEO다운 관용이었다. 실수를 따뜻하게 용서받은 사람은 이를 보답하고 자신의 능력과 책임감을 증명하기 위해 누구보다 열심히 일할 수밖에 없다. 그런 점에서 관용은 왓슨의 말마따나 일종의 투자다. 타인이 나를 위해 최선을 다하도록 만드는 일종의 동기부여형 투자인 것이다.

유능한 리더들은 관용과 포용의 이런 힘을 잘 안다. 여론조사 기관인 갤럽이 직장 관리자들을 대상으로 한 조사는 그 사실을 잘 드러내준다. 갤럽에서 리더십과 직장관리를 연구해온 마커스 버킹엄과 커트 코프만은 전 세계의 관리자 수만 명을 상대로 인터뷰한 결과 유능한 관리자들은 공통적으로 다음과 같은 신념을 지니고 있었다고 한다.

- 사람들은 별로 바뀌지 않는다.
- 사람들에게 없는 것을 갖추게 하느라 에너지를 소모하지 마라.
- 이미 가지고 있는 것을 끌어내라.
- 그것으로 충분하다.

유능한 관리자들의 인식에 따르면, 사람들은 별로 바뀌지 않는다. 그러니 그들을 책망하고 나무라봤자 그들의 단점이 크게 고쳐지는 것은 아니다. 그럼에도 불구하고 많은 관리자들이 부하직원의 단점에 신경을 쓰고 이를 교정하는 데 지나치게 많은 에너지를 쓴다. 이는 조직에 긴장을 부르고 직원들을 방어적으로 만든다. 그런 에너지의 낭비로부터 벗어나는 것이 관용이다. 관용적인 태도를 취하면 부하직원의 단점이 아니라 장점이 보인다. 그것을 제대로 끌어내기만 해도 조직은 의미 있는 성취를 할 수 있다. 유능한 관리자는 이렇듯 관용과 포용의 힘으로 구성원의 성취도를 높이는 사람이다.

적을 두려움에서 해방시켜주다

서양의 미술가들이 관용의 리더로 가장 즐겨 그린 사람 가운데 하나가 알렉산드로스 대왕이다. 16세기 이탈리아 화가 파올로 베로네세 1528~88가 그린 「알렉산드로스 대왕을 맞는 다리우스의 가족」[13-1]은 관용을 베푸는 알렉산드로스를 형상화한 걸작이다. 베로네세 이후 이 주제는 샤를 르브룅, 프란체스코 폰테바소, 세바스티아노 리치, 안토니오 몰리나리 등 여러 화가들에 의해 반복적으로 그려졌다.

그림 중앙의 여인들은 페르시아의 왕 다리우스 3세의 가족이다. 청보라색 옷을 입고 무릎을 꿇은 여인이 다리우스의 어머니 시시감비스이고, 다른 성인 여성은 다리우스의 왕비 스타테이라 1세다. 곁의 두 소녀는 딸인 스타테이라 2세와 드리페티스다. 이들이 지금 화면 오른편에 있는 알렉산드로스와 그의 수하 앞에 조아리고 있는 것은 불행히도 알렉산드로스의 포로가 되었기 때문이다. 다리우스는 이수스 전투에서 알렉산드

13-1. 파올로 베로네세, 「알렉산드로스 대왕을 맞는 다리우스의 가족」,
캔버스에 유채, 236×475cm, 1565~70, 런던 내셔널갤러리

알렉산드로스 대왕의 이 일화는 관용에 관한 것이다. 이 일화뿐 아니라 화가들이 즐겨 그린 알렉산드로스 일화 가운데 상당수가 관용을 주제로 한다. 그만큼 알렉산드로스는 예로부터 관용의 리더로 인식되어왔다.

로스에게 패해 화급히 도주하느라 가족을 챙기지 못했다. 졸지에 포로가 된 다리우스의 가족은 어떤 해코지를 당할지 몰라 두려워했다. 하지만 알렉산드로스는 자신의 측근을 보내 그들을 해하지 않을 뿐 아니라 안위를 지켜주겠다고 약속했다. 적이었지만 관용을 베푼 것이다.

그림은 그 일이 있은 다음 날 알렉산드로스가 측근들과 함께 다리우스의 가족을 찾아간 모습을 포착한 것이다. 왕이 납시자 그때까지도 불안감을 떨치지 못한 시시감비스는 왕의 가호와 자비를 구하고자 알렉산드로스 앞에 부복했다. 그런데 알렉산드로스에게 절한다는 게 잘못해서 그의 측근인 헤파이스티온에게 절해버렸다. 키가 큰 헤파이스티온을 왕으로 착각한 것이다. 그림에서 군인들 가운데 붉은 옷을 입은 남자가 알렉산드로스이고, 그 오른쪽에 그려진, 까만 철갑을 입은 사람이 헤파이스티온이다. 움찔한 헤파이스티온이 뒤로 한 걸음 물러났다. 이를 본 수행원이 시시감비스의 잘못을 정정해주었다. 다리우스의 어머니는 크게 당황해 어찌할 바를 몰랐다. 생사여탈권을 쥔 사람에게 결정적인 실례를 한 것이다. 그러자 알렉산드로스가 시시감비스에게 다가가 말했다.

"실수한 게 아닙니다, 어머니. 헤파이스티온 또한 알렉산드로스입니다."

이 일화에서 우리는 알렉산드로스가 진정 '관용의 인간'이었다는 사실을 알 수 있다. 큰 실수로 '멘붕'에 빠졌을 시시감비스를 다독여 두려움에서 해방시켜 주고, 자신의 측근에게는 공개적으로 신뢰와 애정을 보여줘 왕에 대해 보다 깊은 충성심을 갖게 했다. 알렉산드로스는 그렇게 도량이 큰 지도자였고, 그 힘으로 세계를 정복했다.

13-2. 샤를 르브룅, 「알렉산드로스 앞의 다리우스 가족」,
캔버스에 유채, 164×260cm, 1660년경, 베르사유 궁전

베로네세의 그림과 같은 주제지만, 베로네세의 그림이 궁궐을 배경으로 하고 있는 반면 르브룅의 그림은 막사를 배경으로 하고 있다. 다리우스가 전쟁터에 가족을 데리고 나왔다가 벌어진 일이므로 르브룅의 그림이 실제 상황에 더 가까운 표현이라 하겠다. 알렉산드로스의 자비를 구하는 다리우스 식솔들의 표정이 매우 간절하다.

"우월적인 시각으로 다른 민족의 문화를 낮춰보지 말라"

베로네세 그림을 좀 더 꼼꼼히 살펴보면, 수염을 기른 신하가 손으로 다리우스의 왕비를 가리키는 장면이 있다. 신하가 알렉산드로스를 바라보며 그런 제스처를 취한 것은 왕비를 후궁으로 취하라는 의미다. 당시 싸움에서 이긴 왕은 패한 왕의 부인을 후궁으로 삼곤 했다. 하지만 알렉산드로스는 다리우스의 왕비를 후궁으로 취하지 않았다. 패배한 적이지만 왕비와 왕족의 명예를 존중해주고 싶었다. 그는 권력을 누리기보다는 존경을 받기를 원했다.

알렉산드로스의 관용은 다리우스의 가족에게 그치지 않았다. 그가 페르시아 왕위에 올랐을 때 의식과 예법, 복식에 이르기까지 모든 것을 페르시아의 전통을 따른 것이다. 알렉산드로스는 어디를 가든지 토착 종교를 수용하고 토착신에게 제물을 바쳤다. 이런 포용정책에 거부감을 보이는 자신의 부하들에게는 다음과 같이 말했다고 전한다.

"나의 주장에 동조하지 못하는 것은 이해할 수 있지만, 우월적인 시각으로 다른 민족의 문화를 낮춰보는 것은 용납할 수 없다."

알렉산드로스의 이런 태도와 관련해 리더십 전문가 랜스 커크는 "훗날 마틴 루터 킹 같은 민권운동 지도자들이 그로부터 적잖은 영향을 받았다"라고 말한다.

알렉산드로스의 관용이 있은 후 시시감비스는 그에게 진심으로 고마움을 느꼈고 이후 그를 자신의 아들처럼 생각했다. 이는 친아들이 가족을 버리고 도망간 데 대한 극도의 분노, 실망과 대비되는 것이었다. 그래서 다리우스 3세가 알렉산드로스에게 쫓겨 박트리아로 갔다가 그곳의 총독 베수스에게 살해당해 주검으로 돌아왔을 때 시시감비스는 "나에게는 오로지 한 아들(알렉산드로스)이 있을 뿐이며, 그가 전 페르시아의 왕이다"라고 잘라 말했다고 한다. 아들로서도 왕으로서도 모든 정통성이 알렉산드로스에게 있다는 입장의 표명이었다. 칭찬이 고래를 춤추게 하듯 관용은 적마저 내 편으로 만든다.

이렇게 가까워진 관계 탓에 시시감비스는 알렉산드로스가 죽었다는 소식을 들었을 때 그대로 칩거에 들어가 식음을 전폐했다고 한다. 결국 시시감비스도 얼마 안 있어 세상을 떠났다.

관용으로 지원군을 얻은 스키피오

너그러움을 주제로 서양화가들이 알렉산드로스의 일화 못지않게 즐겨 그린 것이 스키피오의 일화다. 스키피오 아프리카누스는 자마에서 한니발의 군대를 무찔러 제2차 포에니전쟁을 승리로 이끈 고대 로마의 위대한 지도자다. 그가 스페인 남동쪽의 카르타고 식민지를 포위하고 있을 때의 일이었다. 매우 아리따운 아가씨가 포로로 잡혔는데, 스키피오가 여자를 좋아한다는 사실을 잘 아는 부하들이 그녀를 그에게 데려왔다. 하지만 스키피오는 그녀를 취하지 않았다. 그 대신 그녀에 대해 자세히 알아보았다. 그녀에게 약혼자가 있다는 사실을 알고는 그녀의 약혼자와 부모에게 연락을 취했다. 먼저 갈리아인 귀족인 그녀의 약혼자 알루키우스가 달려왔다. 간절한 눈빛의 그를 마주한 스키피오가 말했다.

"나는 너의 사랑을 빼앗을 힘이 있다. 하지만 나는 그녀를 잘 보호해왔고 이제 너에게 돌려준다. 그 보답으로 원하는 것은 달리 없다. 네가 그저 로마의 친구가 되어주기를 바랄 뿐이다."

약혼자로서는 이보다 고마운 일이 있을 수 없었다. 그 뒤 곧바로 여인의 부모와 친척들이 도착했다. 그들은 몸값으로 막대한 재물을 가지고 왔다. 스키피오가 아무런 몸값도 요구하지 않고 여인을 풀어준다는 이야기를 들은 그들은 고마움에 북받쳐 가져온 재물을 받아달라고 더욱 간청했다. 단호한 거절에도 불구하고 계속 애원하자 스키피오는 마지못해 수용하면서 그 재물을 자신의 발아래 놓으라고 말했다. 그러고는 그것을 여인의 약혼자에게 결혼 선물로 주었다. 감읍한 알루키우스는 이후 사람들을 모아 기병대를 편성한 뒤 스키피오와 로마군을 적극적으로 지원했다.

폼페오 바토니[1708~87]의 「스키피오의 절제」[133]는 스키피오가 알루키우스에게 약혼녀를 인계하는 장면을 그린 그림이다. 붉은 망토를 걸친 오른쪽의 스키피오가 관대한 표정으로 백옥같이 빛나는 여인을 가리키고 있고, 여인의 손을 잡은 알루키우스는 무릎을 꿇은 채 진솔한 감사의 표정을 짓고 있다. 그림 왼편으로는 하인들이 여인의 부모가 가져온 재물을 나르고 있다. 스키피오가 알루키우스에게 결혼 선물로 주게 될 재물이다. 바토니가 여인을 흰색과 하늘색 위주로 표현한 것은 당연히 그녀의 순결을 나타내기 위한 것이다. 그만큼 스키피오는 최선을 다해 그녀를 보호해주었다. 고마움을 느낀 알루키우스가 군사적 지원에 적극 나선 것은 지극히 당연한 일이었다.

알렉산드로스의 에피소드와 스키피오의 에피소드를 주제로 한 이들 그림에서 보듯 리더의 너그러움은 본질적으로 사람을 자신에게로 잡아끄는 중력 혹은 자력 같은 것이다. 리더는 무엇보다 사람을 움직이는 존재다. 그는 상황에 따라 그에 필요한 사람들을 확실하게 움직일 수 있어

13-3. 폼페이 바토니, 「스키피오의 절제」,
1771년경, 캔버스에 유채, 226.5×297.5cm, 상트페테르부르크 예르미타시 미술관

야 한다. 일은 결국 사람이 하는 것이고, 사람을 움직이는 힘이야말로 세
상에서 가장 강력한 힘이다. 리더의 관용과 포용은 그 중요한 에너지원
이다.

14
남의 행복을 먼저
고려하는 사람이 리더다

뤼그 올리비에 메르송의 「구세의 누대」

배려

귀는 나를 향해 열려 있지 않고 타인을 향해 열려 있다. 귀가 밝은 리더는 타인을 향해 마음이 열려 있는 사람이다. 그만큼 타인을 배려하는 리더다. 타인에 대한 배려는 리더가 지녀야 할 가장 기본적인 덕목이다. 달라이 라마는 말했다.

다른 사람의 행복에 관심을 갖는 것은 바른 일의 이치와 아주 비슷하다. 어떤 일을 할 때마다 반드시 그 행동이 남에게 미치는 영향을 고려하는 것이 바른 일의 원칙이기 때문이다. 배려 또한 마음의 유익한 본성 중 하나다. 그러나 배려는 단지 리더가 갖춰야 할 바람직한 자질이라는 차원을 넘어, 하나의 마음상태로 자리 잡아야 한다. 우리는 어떤 상황에서든 다른 사람의 행복을 가장 먼저 고민해야 하며, 리더들은 특히 더 그래야 한다.

_달라이 라마, 『리더스 웨이』(문학동네, 2009)에서

리더의 귀

달라이 라마가 말하듯 배려란 남의 행복을 먼저 생각하는 것이다. 나 자신의 행복을 외면하거나 무시해도 좋다는 게 아니다. 최상의 행복은 나만 행복할 때 얻을 수 있는 게 아니다. 남과 더불어 행복할 때 비로소 얻어지는 것이다. 생각해보라, 주변이 다 불행한데 나 홀로 행복할 수는 없다. 그러므로 내가 진정으로 행복해지려면 남의 행복을 먼저 고려해야 한다. 이것이 행복의 기본법칙이며, 리더는 특히 이 법칙을 성실히 따라야 한다.

존재의 의미는
타자와의 관계에서 발생한다

타인에 대한 배려는 우리의 삶을 행복하게 만들 뿐 아니라 삶에 의미를 더해준다. 사람들은 뭔가 거창하고 대단한 일을 하는 것이 의미 있는 삶이라고 생각한다. 하지만 남들이 알아주고 높이 평가하는 일을 해야만 의미 있는 삶이 되는 것이 아니다. 지금 하는 일이 무엇이든 그것을 통해 다른 사람에게 조금이라도 도움을 줄 수 있다면 우리는 의미 있는 삶을 살 수 있다.

의미는 일의 종류가 아니라 일을 통해 맺는 타인과의 관계에서 발생한다. 그래서 피터 드러커는 기업의 목적도 이렇게 규정했다.

이윤이라는 측면으로 기업을 규정하거나 설명할 수는 없다. 전형적인 기업가에게 기업이 무엇이냐고 물으면 십중팔구 '이윤을 창출하는 조직'이라고 답할 것이다. 전형적인 경제학자도 마찬가지일 가능성이 높다. 하지만 이 답은 틀렸다. 이윤 극대화라는 개념은 실질적으로 무의미하다. 수익성은 기업 경영의 목적이 아니라 제한 요소다. 비즈니스에서 이윤은 어떤 결정을 내리는 이유나 근거를 설명해주지 못한다. 다만 그 결정의 타당성을 시험하는 잣대일 뿐이다. 기업의 목적은 반드시 비즈니스 자체가 아닌 다른 것이어야 한다. 사실 기업의 목적은 사회 속에서 찾아야 한다. 기업도 사회의 일부이기 때문이다.

개인이든 기업이든 존재의 의미는 타자와의 관계 속에서 발생한다. 자신 안에 갇혀 '자폐화'되거나 타자를 사물화, 대상화해서는 그 어떤 긍정적인 의미나 가치를 창조할 수 없다. 타인에 대한 배려는 의미를 창조하는 첫걸음이다.

리더십의 행동이론의 측면에서 보면 배려는 관계성 행동에 속한다. 관계성 행동에 대비되는 것이 과업 행동이다. 관계성 행동이 구성원이 서로 좋은 인간관계를 맺고 잘 지내도록 도와주는 리더의 행동이라면, 과업 행동은 구성원들이 과업 목표를 효과적으로 달성하도록 도와주는 리더의 행동이다. 물론 두 행동은 상호 조화를 필요로 하고, 상황이나 조건에 따라 강조점이 달라질 수 있다. 그러나 그런 기능적인 분류를 넘어 배려는 주체적이고 행복한 삶을 살고자 하는 사람이라면 누구나 추구해야 할 가장 기본적인 덕목이다. 일상에서 항상 이런 기본을 먼저 생각하고 기본에 충실한 사람이 리더다.

오래된 질환조차 자매라고
불렀던 성 프란체스코

서양미술사에서 배려의 아이콘으로 그려진 대표적인 위인 가운데 한 사람이 성 프란체스코다. 성 프란체스코는 사람뿐 아니라 동물, 심지어 생명이 없는 사물에게도 따뜻한 배려심을 보였다. 그는 자연을 하느님의 거울이라고 생각했다. 지렁이조차 함부로 밟지 않으려 배려하는 그의 태도가 이로부터 나왔다. 늑대를 형제라고 불렀고 새들을 자매라고 불렀다. 해와 달도 형제자매였고, 심지어 자신의 오래된 질환조차 자매라고 불렀다. 사람뿐 아니라 자연에 속한 모든 것에 애정을 품고 존귀하게 여겨 배려하는 그의 태도는, 환경 파괴가 극심한 오늘날 자연과 타자에 대한 우리의 감수성을 일깨우는 중요한 모범이 되고 있다.

프랑스 화가 뤼크올리비에 메르송[1846~1920]의 「구비오의 늑대」[14]는 이와 관련된 일화 하나를 그린 그림이다. 눈이 내려 추운 이탈리아의 한 동네에 늑대가 나타났다. 늑대가 나타났어도 사람들은 놀라거나 무서워하지 않는다. 무덤덤하게 빵을 들고 가는 여인과 늑대의 등을 쓰다듬는 소녀의 모습에서 보듯 주민들은 결코 늑대를 위협의 대상으로 생각하지 않는다. 늑대는 지금 고개를 들어 푸줏간 주인에게서 고기 한 점을 얻어먹고 있는데, 마치 잘 훈련받은 개처럼 온순하기 그지없다.

이처럼 늑대가 돌아다녀도 마을은 평화롭다. 모두 열세 명에 이르는 그림의 등장인물들과 고양이와 까치 등 동물들은 대부분 그저 일상에 집중할 뿐이다. 물을 긷는 여인도 장작을 나르는 소년도 그저 자신의 일에

14-1. 뤼크올리비에 메르송, 「구비오의 늑대」, 캔버스에 유채, 88×133cm, 1877, 릴 미술관
'하찮은' 동물조차 배려할 줄 알았던 성 프란체스코는 그 진실한 배려로 늑대의 공포에 떨던 마을에 평화를 가져왔다.

분주하다. 다만 말과 당나귀를 타고 끌고 들어온 외지 출신의 두 남자만 늑대가 돌아다니는 모습을 보고 무척 놀란 듯한 표정이다. 말과 당나귀도 덩달아 두려워하는 모습이 역력하다. 하지만 이미 늑대의 출현에 익숙해진 푸줏간의 개는, 늑대는 안중에 없고 제 몫의 뼈다귀를 뜯느라 정신이 없다.

그러나 이 늑대는 얼마 전까지만 해도 광포하기 이를 데 없는 야수였다. 가축뿐 아니라 사람까지 잡아먹었다. 이 무서운 늑대를 잡으려던 사람들마저 모두 늑대의 밥이 되었다. 그렇다면 지금 보는 이 놀라운 반전은 어떻게 이뤄진 것일까?

배려의 결실은
'윈-윈'

늑대가 사람들까지 잡아먹으며 구비오를 공포에 몰아넣던 시절 성 프란체스코는 바로 그 도시에 머물고 있었다. 주변의 만류에도 불구하고 직접 사태를 해결해야겠다고 마음을 먹은 성 프란체스코는 일부 추종자들을 데리고 늑대의 은거지로 찾아갔다. 성 프란체스코를 본 늑대가 잡아먹을 듯 달려들었으나 그는 꿈쩍도 하지 않았다. 성호를 긋고는 주의 이름으로 공격을 멈추라고 명했다. 그 직후 늑대는 종종걸음으로 걷더니 성 프란체스코의 발아래 유순하게 엎드렸다. 그러자 성 프란체스코가 말했다.

"늑대 형제여, 너는 이곳에서 많은 악을 행했다. 동물뿐 아니라 하느님의 형상대로 지어진 인간마저 잡아먹었다. 그 죄로 말하면 강도와 살인자 못지않게 흉측해 목을 매달아도 할 말이 없다. 너는 모든 주민의 원수가 되었다. 그러나 늑대 형제여, 그들이 네 과거의 죄를 용서하도록 해주겠다. 네 악이 굶주림에서 비롯되었으니 사람들이 너에게 먹을 것을 주도록 하겠다. 하지만 결단코 다시는 동물과 사람을 공격하지 말거라. 약속할 수 있겠느냐?"

그러자 늑대는 맹세의 뜻으로 앞발을 성 프란체스코의 손 위에 얹었다. 이후 그림에서 보듯 늑대는 사람과 가축을 해치지 않고 마을을 돌아다녔고 사람들은 늑대에게 기꺼이 먹을 것을 내어주었다. 사람과 늑대의 일상에서 피습의 두려움과 굶주림의 두려움은 사라졌다. 그림 속의 계절은 비록 추운 겨울이지만 일상의 여유가 느껴지는 거리 분위기에서 진정한 평화가 찾아왔음을 알 수 있다.

늑대는 목에 부적 같은 목걸이를 두르고 있고 머리에는 동그란 후광이 빛난다. 광포했던 과거는 흘러간 시간에 묻고 이제는 성별^{聖別}된 삶을 살고 있음을 보여주는 증표다. 전하는 바에 따르면, 늑대는 자신의 약속을 굳게 지켜 스스로를 명예롭게 했으며, 2년 정도 더 살다가 세상을 떠났다. 물론 마을 사람들은 늑대가 이전에 사람들을 죽였다는 사실을 잊지 않았지만, 이 늑대를 성 프란체스코의 성결함과 하느님의 능력을 상징하는 존재로 생각해 애도 속에서 정중히 장례를 치러주었다. 훗날 늑대를 매장한 자리에 성 프란체스코 교회를 세웠는데, 1872년 개축 공사 중 수백 년 된 커다란 늑대 유골이 발견되어 교회 안에 다시 잘 묻어주었다고 한다.

14-2. 사세타(스테파노 디 조반니), 「구비오의 늑대」, 나무에 에그 템페라, 87×52.4cm, 1437~44, 런던 내셔널갤러리
보르고 산세폴크로의 성 프란체스코 성당 제단화를 위한 연작의 하나다. 성 프란체스코의 일생 가운데 구비오의 늑대 주제를 그린 것이다. 배경에 찢긴 시신과 흩어진 뼈들이 보인다. 늑대가 성 프란체스코의 손에 앞발을 올림으로써 다시는 사람을 헤치지 않겠다고 맹세하고 있다.

성 프란체스코는 이렇듯 배려의 힘을 누구보다 잘 알았다. 그는 구비오의 주민과 늑대가 서로 배려한다면 이 끔찍한 문제가 해결될 수 있다고 보았다. 그는 늑대를 형제라고 불렀고, 다른 사람들처럼 늑대를 무서워하거나 증오하지 않았다. 두려움과 증오는 적대의 표현일 뿐이다. 거기에는 배려의 여지가 있을 수 없다. 광포한 야수도 이처럼 자신을 배려하는 사람 앞에서는 공격 본능이 사그라졌다. 그렇게 성 프란체스코는 사람과 늑대가 각자의 처지를 이해하고 서로 배려하게 함으로써 이른바 '윈-윈'

리더의 귀

14-3. 사세타(스테파노 디 조반니),
「아버지와 연을 끊는 성 프란체스코」,
나무에 에그 템페라, 87×52.4cm,
1437~44, 런던 내셔널갤러리
왼편의 흥분한 아버지를 사람들이 말리
고 있는데, 그 앞에는 성 프란체스코가
아버지에게 돌려준 옷이 놓여 있다. 오
른쪽의 벌거벗은 성 프란체스코는 교회
의 보호를 받고 있다.

할 수 있도록 도왔다. '윈-윈'은 결국 상호 배려의 아름다운 열매다.

"모든 사람이
당신의 은인입니다"

성 프란체스코는 1181년 혹은 1182년에 이탈리아 아시시에서 부유한

14-4. 앨버트 셰발리어 테일러, 「자연의 수호성인 아시시의 성 프란체스코」,
캔버스에 유채, 1898, 개인 소장

성 프란체스코는 어느 날 일행과 함께 길을 나섰다가 가로수에 새들이 몰려 있는 것을 보았다고 한다. 새 한 마리도 귀하게 여긴 그는 그냥 지나치지 못하고 새들에게 다가가 진지하게 하느님의 말씀을 전했다. 그들로 하여금 신을 찬미하라고 격려했다. 일행이 목격한 바에 따르면, 그의 말이 끝나기 전까지 단 한 마리의 새도 그를 떠나지 않고 그의 설교를 경청했다고 한다.

상인의 아들로 태어났다. 그러나 그는 세속의 모든 부귀영화를 포기하고 예수 그리스도의 모범을 따라 청빈하고 겸손한 삶 그리고 이웃을 사랑하는 삶을 살았다. 추종자들이 생겨났고 1210년에 교황청의 인가를 받아 프란체스코 수도회를 설립했다. 사람들은 그를 또 한 사람의 그리스도라고 불렀다.

물론 부유한 집안의 자제로서 그 또한 고급스런 옷을 입고 친구들과 어울려 다니며 세속적인 즐거움을 탐하던 때가 있었다. 그러나 그는 일찍 그런 삶의 허망함을 깨달아 신께 귀의했다. 자신의 세속적인 욕망을 다 버리고 오로지 신의 뜻만을 좇았다.

　신에 대한 그의 헌신과 이웃사랑은, 가난한 걸인에게 가진 돈을 다 내어준다든지 사람들이 꺼리는 나병 환자들을 찾아 정성껏 간호하는 행동으로도 나타났지만, 신의 뜻을 실천하려는 자신을 아버지가 막아서자 자신의 돈뿐 아니라 입고 있던 옷까지 아버지에게 다 돌려주며 상속권을 포기하고 부자관계를 끊은 데서 더욱 선명히 드러난다.

　물론 아버지의 뜻을 따르면 큰 부를 상속받고 평생 편안하게 살 수 있었다. 그러나 그것이 메마르고 이기적인 삶의 연장에 불과하다는 그의 판단은 결국 혈연마저 포기하게 만들었다. 신의 뜻을 좇지 않는 삶, 이웃을 사랑하지 않는 삶은 그에게 아무 의미가 없었다. 그는 진정으로 자신의 행복보다 타인의 행복을 먼저 생각한 사람이었고, 신이 만든 우주의 모든 피조물에 대한 배려심으로 충만한 사람이었다. 그런 그의 의식은 다음과 같은 말들을 쏟아내게 했다.

　다른 사람 위에 있기를 열망해서는 안 됩니다. 우리는 부디 모든 사람들에게 순종하는 종이 되어야만 합니다.
　누구도 적으로 불려서는 안 됩니다. 모든 사람이 당신의 은인입니다. 누구도 당신에게 해를 끼치지 않습니다. 당신 자신을 제외하면 누구도 당신의 적이 아닙니다.

만약 동정과 연민의 피난처에서 그 어떤 하느님의 피조물이라도 쫓아내려는 사람이 있다면, 그 사람은 동료 인간에 대해서도 그렇게 할 사람입니다.

그렇게 온 우주를 배려한 그를 좇아 오늘도 무수한 사람들이 그의 삶을 배우기 위해 애쓰고 있다. 신앙의 이름으로든 동물 복지의 이름으로든 혹은 환경보호의 이름으로든 말이다. 성 프란체스코는 우리가 세상을 배려하는 만큼 세상은 더욱 따뜻해질 것이고, 그것이 궁극적으로 우리 자신에 대한 배려라는 사실을 생생히 보여준 역사의 리더다.

15
오늘의 독서가가
내일의 리더다

빈첸초 포파의 「책을 읽는 어린 키케로」

독서

모든 독서가^{readers}가 리더^{leader}는 아니지만 모든 리더는 독서가다.

미국의 33대 대통령 해리 트루먼이 한 말이다. 미국의 여권운동가이자 저널리스트였던 마거릿 풀러는 또 이런 말을 했다.

오늘의 독서가는 내일의 리더다.

두 위인이 시사하듯 리더는 무엇보다 활자를 사랑하는 사람이다. 책이든 신문, 잡지든 인터넷 콘텐츠든 짬만 나면 활자 위를 서핑하고 게걸스럽게 그 활자들을 흡수해버린다. 그렇게 지식과 정보를 얻고 다양한 사고의 틀과 시각을 경험하며 그에 기초해 풍부한 상상과 비전을 키워나간다. 이는 나아가 세상을 바꾸는 데 초석이 된다.

무언가를 읽는 것은 본질적으로 타인의 생각과 정보를 수용하는 행위다. 그 점에서 독서는 크게 보아 듣는 행위의 일종이라고 할 수 있다. 수많은 책들 앞에 서면 우리는 우리가 할 이야기보다 우리가 들어야 할 이야기가 얼마나 많은가 절로 깨닫게 된다. 내 입에서 나올 이야기라는 게 얼마나 미약하고 보잘것없는 것인지 절감하지 않을 수 없고, 내가 들어야 할 이야기가 얼마나 다양하고 무궁무진한 것인지 실감하지 않을 수 없다. 리더는 그렇게 독서를 통해 자신이 들어야 할 많은 이야기들을 기꺼이 경청함으로써 사람과 세상을 보다 잘 이해하고 공감하며 보다 나은 목표를 향해 이끌어가는 사람이다.

독서가 보다 나은
리더를 만드는 이유

리더들이 독서를 즐기는 것은 흔히 말하듯 책 속에 길이 있기 때문이다. 당면한 문제를 해결할 많은 정보가 책 속에 들어 있기 때문이다. 미국의 자기계발 전문가 마이클 하얏트는 독서가 보다 나은 리더를 만드는 이유를 아래의 다섯 가지로 정리했다.

1. **독서는 우리로 하여금 보다 나은 사고를 하게 한다.** 단순히 지식과 정보를 늘려주기만 하는 게 아니다. 독서는 사고의 틀과 '툴'을 업그레이드해 분석력과 문제 해결력을 높여준다.

2. **독서는 대인관계의 기술을 개선해준다.** 다른 사람의 입장이 되어 그
   들의 경험과 동기를 체험하게 해준다. 자연히 감성지수가 높아지고
   타인에게 보다 잘 공감하게 된다.

3. **독서는 우리로 하여금 소통에 능해지도록 도와준다.** 어휘를 확장시켜
   주고 풍부한 표현 능력을 갖추게 한다. 언어에 능숙해지는 만큼 설득
   에도 능해진다.

4. **독서는 진정한 휴식을 가져다준다.** 책의 종류와 상관없이 독서는 일상
   의 걱정과 스트레스를 감소시켜준다. 영국 서식스 대학교의 연구에 따
   르면, 독서가 산책, 음악 감상, 차 마시기보다 스트레스 해소에 더 좋다.
   6분만 책을 읽어도 스트레스 레벨이 3분의 2 이상 내려간다.

5. **독서는 젊음을 유지하게 해준다.** 나이가 들어도 정신적으로는 매우
   예리해지게 된다.

하얏트의 설명이 아니더라도 독서가 인간을 지적으로나 정서적으로
성숙하게 하고 뛰어난 리더를 낳는다는 충고는 동서고금을 막론하고 무
수히 있어왔다. 서양화가들이 예부터 독서를 주제로 그림을 빈번히 그린
것은 그런 인식을 예술의 힘을 빌려 널리 확산시키기 위한 것이었다. 르
네상스 이후 인기리에 그려진 '서재의 학자'[15-1]나 19세기 전후로 특히 많
이 그려진 '독서하는 여인' 등이 그런 주제들이다. 특히 '서재의 학자'는
르네상스 시기 이탈리아의 지도층과 전문가들이 앞다퉈 서재를 만들고
그 문화가 전 유럽으로 번져간 현상을 반영할 뿐 아니라, 지식과 정보의
힘에 대한 근대적 자각이 매우 생생하게 표현된 주제라 할 수 있다. '아

15-1. 하르먼스 판 레인 렘
브란트, 「서재의 학자」, 캔
버스에 유채, 141×135cm,
1634, 프라하 국립미술관
네덜란드의 황금기를 산 예
술가답게 렘브란트는 지식
의 힘을 잘 알았고, 이와 관
련된 주제의 그림을 자주 그
렸다. 서재의 학자들을 그린
그림들 외에 해부하는 의사
들, 또 아리스토텔레스 같
은 철학자 등이 그의 화포
에 올랐다.

는 것이 힘이다'라는 격언을 새삼 돌아보게 하는 그림들인 것이다.

"책 없는 방은
영혼 없는 육체와 같다"

독서하는 사람을 그린 서양회화 가운데 빈첸초 포파[1427 ~1515년경]의
「책을 읽는 어린 키케로」[15-2]는 앞에서 언급한, 마거릿 풀러의 "오늘의 독
서가는 내일의 리더다"라는 표현에 딱 어울리는 그림이라 하지 않을 수

없다. 열심히 책을 읽는 소년 키케로에게서 우리는 로마의 미래가 자라나는 것을 볼 수 있다.

마르쿠스 툴리우스 키케로는 널리 알려진 대로 고대 로마의 탁월한 정치가이자 웅변가였다. 그는 어릴 적부터 뛰어난 지성으로 소문이 났었는데, 친구들의 부러움을 사는 데서 한 발 더 나아가 친구들의 아버지들까지 학교로 찾아와 그의 재주를 눈으로 직접 확인하곤 했다고 한다. 전 로마의 관심을 살 정도였다고 하니 꽤나 영민한 아이였음에 틀림없다. 15세기 이탈리아 화가 포파는 그 똘똘한 소년이 독서삼매경에 빠진 모습을 프레스코화로 그렸다.

하늘을 보니 이미 해가 이울어 어둑어둑해지고 있다. 그럼에도 불구하고 박명에 의지해 소년 키케로는 열심히 책을 읽는 중이다. 얼마나 몰입해 있는지 심지어 부모라도 그를 방해할 수 없을 듯하다. 그의 영혼과 육체는 오로지 책 읽기에 집중되어 있어 표정도 자세도 아이답지 않다. 가지고 놀 만한 장난감도 전혀 보이지 않는다. 오로지 책들만이 서가와 테이블을 장식하고 있다. 이 그림을 보고 그가 남긴 독서와 관련한 어록들을 떠올리는 것은 지극히 자연스러운 일이다.

책 없는 방은 영혼 없는 육체와 같다.

기다릴 때 책을 읽어라. 매시간 책을 읽어라. 여가가 있을 때 책을 읽고, 일할 때 책을 읽어라. 들어갈 때 책을 읽고, 나갈 때 책을 읽어라. 교육받은 이의 과업은 이것이다. 이끌려면 읽어라.

15-2. 빈첸초 포파, 「책을 읽는 어린 키케로」, 프레스코, 101.6×143.8cm, 1480년대, 월리스 컬렉션
키케로는 마거릿 풀러가 말한, "오늘의 독서가는 내일의 리더다"라는 표현에 딱 어울리는 꼬마 독서가였다.

르네상스 시대에 이런 그림이 그려진 것은 인문학이 발흥하는 시기를 맞아 지식과 학습의 중요성을 사회적으로 강조하기 위한 것이라 할 수 있다. 포파의 이 프레스코화는 밀라노에 있던 메디치 은행의 실내를 장식하기 위해 그려진 것인데, 메디치 가문이 단순히 영리적 활동만이 아니라 지적, 문화적 활동에도 관심이 많다는 사실을 은행에 드나드는 사람들에게 깊이 각인시켰을 것이다. 메디치 가문이 피렌체에서 오랜 세월 강력한 리더십을 행사할 수 있었던 배경에는 이렇듯 지식과 문화에 대한 남다른 사랑이 있었다고 하겠다.

그 점에서 흥미롭게 들여다보게 되는 또다른 독서하는 꼬마 그림이 16세기 화가 코레조[1489~1534]의 「비너스, 메르쿠리우스와 큐피드(사랑의 학교)」[15-3]다. 이 그림에서는 악동 큐피드가 열심히 책을 읽고 있다. 사랑의 신 큐피드는 멋대로 사랑의 화살을 쏘아 수많은 선남선녀로 하여금 열병에 빠지게 한 장본인이다. 큐피드 주제의 그림 가운데는 큐피드가 심한 사랑의 장난을 쳐 비너스에게 꾸지람을 듣거나 님프들에게 붙잡혀 보복을 당하는 장면이 있다. 그 못 말리는 악동마저 메르쿠리우스의 지도를 받아 지금 목하 열독 중이다. 르네상스는 다른 그 어떤 시대이기 이전에 바로 이런 독서의 시대였다. 이 독서의 시대가 함께 오지 않았다면 르네상스도 저토록 화려한 문화의 꽃을 피우지는 못했을 것이다.

15-3. 안토니오 다 코레조, 「비너스, 메르쿠리우스와 큐피드(사랑의 학교)」,
캔버스에 유채, 155,6×91,4cm, 1525년경, 런던 내셔널갤러리

리더십의 원천이 된
인문학적 교양

키케로가 독서를 통해 쌓은 광범위한 지식은 그로 하여금 한 시대를 풍미한 위대한 리더가 되도록 이끌었다. 그가 살아간 시대는 로마가 공화정에서 제정으로 넘어가는 격변기였다. 역사의 파고로 순탄하지 못한 삶을 살다가 결국 비극적인 죽음을 맞았지만, 키케로는 국가 전복을 획책한 카틸리나의 음모를 분쇄해 국부의 호칭을 얻는 등 뛰어난 역량을 보여준 당대 최고의 정치 지도자 가운데 한 사람이었다. 이에 더해 그는 웅변가이자 문필가로서도 역사에 길이 빛날 업적을 남겼다.

문화사가들은 키케로를 근대에 이르기까지 라틴어뿐 아니라 유럽어 산문 전반에 방대한 영향을 끼친 인물로 평가한다. 영국의 고전학자 마이클 그랜트는 "키케로가 유럽 문학사와 사상사에 끼친 영향은 유럽의 그 어떤 문필가도 뛰어넘을 수 없는 경지"라고 평했다. 영어로 '웅변적인'을 뜻하는 '시서로니언^{ciceronian}'이라는 단어 자체가 그의 이름에서 따온 것이고, 인문학 혹은 인본주의를 이야기할 때 사람들이 즐겨 쓰는 라틴어 단어 '후마니타스^{humanitas}'는 그가 조어造語한 것이다. 그의 편지는 페트라르카를 통해 르네상스 전개의 단초가 되었고, 그의 사상은 18세기 계몽주의자들에게 영감의 수원지가 되었다. 독서를 통해 함양한 지성과 정서적 능력, 또 그것을 토대로 한 적극적인 공적 활동이 그를 정치와 문화 양쪽에서 오랜 세월 높이 평가받는 리더가 되게 한 것이다.

독서를 통해 키케로가 쌓은 지성의 힘을 잘 보여주는 그림을 하나 보

15-4. 파올로 바르보티, 「아르키메데스의 무덤을 발견한 키케로」,
캔버스에 유채, 148×208cm, 1853, 파비아 미술관

자. 이탈리아 화가 파올로 바르보티[1821~67]가 그린 「아르키메데스의 무덤을 발견한 키케로」[15-4]다. 이 그림은 젊은 시절 키케로가 시칠리아에 체재했을 때의 일화를 그린 것이다. 키케로는 31세 때 로마의 감찰관으로 시칠리아 시라쿠사에 부임했는데, 매사에 정직과 성실로 임해 그곳 주민들의 신뢰를 얻었다. 시칠리아 사람들과 가까워지면서 그가 놀랐던 사실 하나는, 그곳에 묻힌 위대한 학자 아르키메데스의 무덤이 어디 있는지 아는 사람이 전혀 없었다는 것이다.

결국 그는 이와 관련된 자료들을 스스로 찾고 탐독해 마침내 아르키메데스의 무덤을 발견해냈다. 바르보티의 그림에서 붉은 망토를 걸친 키

케로는 지금 오른손으로 아르키메데스의 무덤을 가리키며 자신의 발견 과정을 설명하고 있다. 그 주위에 둘러선 시칠리아 사람들은 그의 설명을 들으며 경이에 찬 눈으로 무덤을 바라보고 있다. 키케로가 이처럼 현지에서도 잊힌 아르키메데스의 무덤을 굳이 찾아 나선 것은 지식을 추구하는 것이 물질적인 부보다 훨씬 중요함을 사람들에게 인식시키고 싶었기 때문이다. 어쨌거나 이 사건으로 인해 그는 더욱 시칠리아 사람들의 신뢰를 얻을 수 있었는데, 그의 리더십의 원천이 바로 인문학적 관심과 교양에 있었음을 인상적으로 보여주는 장면이 아닐 수 없다. 이 지성은 그래서 또 이런 말을 남겼다.

만약 정원과 서재를 가지고 있다면, 당신은 필요한 모든 것을 가지고 있는 것이다.

쉬는 시간에도 도서관을 찾은 생도 나폴레옹

키케로를 비롯해 워낙 많은 동서고금의 리더들이 책벌레였지만, 나폴레옹은 그중에서도 유난했던 인물이다. 그는 사관생도 시절에도 쉬는 시간만 주어지면 도서관으로 내달렸다고 한다. 이집트 원정을 떠날 때는 비서 부리엔에게 과학과 예술, 역사, 정치 등 각 분야를 아우르는 책 리스트를 주어 자신을 위한 '야전 도서관'을 만들게 했다. 수년 뒤에는 개

리더의 귀

인 사서를 뽑아 자신의 요구에 항상 부응할 수 있도록 대기시켜놓았다. 이 사서는 나폴레옹에게 책을 읽어주거나 신간에 대해 보고하고 특정 주제에 대한 정보 소스를 찾는가 하면, 책 내용을 요약하는 일을 했다. 엘바 섬과 세인트헬레나 섬에 유배 갔을 때도 나폴레옹은 많은 책을 가져가 탐독했다.

'야전 도서관'을 만든 나폴레옹의 에피소드는 중세 페르시아의 재상 압둘 카셈 이스마엘의 사례를 떠올리게 한다. 그는 여행할 때 자신의 책과 떨어지지 않으려고 400마리의 낙타에 11만7,000권의 책을 싣고 다녔다고 한다. 흥미로운 것은 이 낙타들이 이동할 때 늘 철자 순서에 따라 열을 지어 갔다는 것이다. 그 정도로 많은 책은 아니지만, 빌 클린턴 전 미국 대통령은 휴가를 떠날 때면 가방에 항상 10여 권의 책을 챙겨넣었다. 고난을 극복한 흑인 여성들에 대한 책을 읽고 감명을 받아 미국에서 가장 영향력 있는 여성 가운데 한 사람이 된 오프라 윈프리는 자신의 TV 프로그램을 통해 독서를 장려하는 책 전도사가 되었다. 심지어 알카에다의 지도자 빈 라덴도 사살되기 직전까지 다양한 분야의 책을 탐독했는데, 그 가운데는 석학 놈 촘스키가 쓴 『패권인가 생존인가』, 역사학자 폴 케네디의 『강대국의 흥망』, 저널리스트 밥 우드워드의 『오바마의 전쟁』 등이 있었다고 한다.

널리 알려져 있는 격언처럼 '사람은 책을 만들고, 책은 사람을 만든다'. 특히 리더를 만든다. 리더는 생각하고 판단하고 결단하는 사람이다. 지식과 정보, 지성, 교양만큼 사고와 판단에 중요한 밑천이 없다. 독서가 리더를 만든다.

16
약점이 리더를
지혜롭게 만든다

루이 고피에의 「리코메데스 딸들 사이에서 아킬레우스를 발견한 오디세우스」

지혜

귀는 지혜로 들어가는 문이다. 미국 최고의 방송진행자 가운데 한 사람으로 꼽히는 래리 킹은 이런 말을 했다.

매일 아침 나는 스스로 되새긴다. '오늘 내가 무슨 말을 하든 그것이 나를 가르치지는 않을 것이다. 그러므로 뭔가 배우고자 한다면 듣는 데 충실해야 한다.'

하버드대 총장을 지낸 역사학자 자레드 스파크스도 유사한 말을 했다.

당신이 말할 때 당신은 이미 알고 있는 것을 반복할 뿐이다. 당신이 들을 때 당신은 그만큼 빈번히 새로운 것을 배운다.

지혜는 경청을 통해 성장한다. 경청하는 리더가 지닌 중요한 자질이 바로 지혜다. 귀가 지혜로 들어가는 문이라고 하는 것은, 지혜의 기초가 다양한 견해와 관점을 토대로 현상을 균형 있게 파악하는 분별력에 있기 때문이다. 이솝은 말했다.

대체로 진실에는 두 가지 면이 있다. 따라서 우리들은 어느 한쪽에 치우치기 전, 먼저 그 양면을 잘 살펴보아야 한다.

제한된 지식이나 정보에 지나치게 의존하게 되면 상황 판단에 문제가 발생한다. 귀를 열어 다양한 지식과 정보를 꾸준히 듣고 생각과 행동이 모자라거나 지나치지 않도록 조절할 때 우리는 어느 한쪽으로 치우치지 않고 지혜롭게 처신할 수 있다.

자신의 모자람을 드러낼 줄 아는 용기

지혜는 나침반과 같다. 지혜는 생각의 갈피를 잡아주고 태도와 마음가짐의 균형을 잡아준다. 특히 오늘날처럼 다양한 욕망이 충돌하고 급격한 변화가 일상화된 시대에 어제의 경험이나 지식을 고집하는 것은 매우 어리석은 일이다. 과거의 성공적인 경험에 안주하는 것은 그 자체로 편견과 편향에 빠져드는 행위다. 지혜로운 자는 그래서 끊임없이 귀를 열어 새로운 정보를 습득한다. 무엇보다 다른 사람들의 지혜를 구한다. 나보다 남을 더 낫게 여기는 것이 지혜로운 자의 본모습이다. 답을 많이 알아서가 아니라, 자신의 모자람을 인정하고 마음을 열어 귀 기울이기를 즐기는 까닭에, 그런 용기가 있는 까닭에, 그는 지혜로운 자가 된다. 토머스 에디슨은 말했다. "바보는 현자를 바보라고 한다. 그러나 현자는 누구도 바보라고 하지 않는다."

그런 점에서 지혜로운 리더가 지닌 중요한 특성의 하나가 자신의 취약성이나 모자람을 과감히 드러내는 것이다. 과거에는 약점이 있더라도 이를 감추고 강한 척하는 게 리더의 자세라고 생각했다. 그러나 민주적인 가치가 중시되고 협력에 기초해 빠르게 변화에 대처해야 하는 현대의 조직에서 리더가 자신의 약점을 기꺼이 드러내는 것은 문제를 빨리 보완하고 위기를 극복하는 데 도움이 된다. 약점의 노출이 권위의 손상을 가져올까 두려워하는 사람도 있지만, 그런 솔직함과 용기가 서로에 대한 이해와 신뢰를 높여 조직을 강화하는 바탕이 된다. 또 구성원들의 지혜가 집단지성으로 작동하게 함으로써 실수를 줄이고 성취도를 높일 수 있다.

미국의 비즈니스 어드바이저 글렌 로피스는 이와 관련해 이런 말을 했다.

리더가 모든 답을 다 내놓을 수는 없다. 실제로 그런 적이 없다. 오히려 리더는 모자람을 드러내보여야 한다. 실제로 위대한 리더들은 그렇게 한다. 리더가 약점을 드러낼 때 강력한 일이 발생한다. 투명성이 신뢰를 낳고 존경을 부르며 이를 증식시킨다. 일터는 다시 즐거워지고 '한때 멸종의 위기에 처했던' 리더는 진화하기 시작한다. 그들이 봉사하는 그 공동체와 함께 말이다.

약점을 극복하는 과정에서
얻게 되는 지혜

예로부터 현자들은 이런저런 약점이 있는 경우가 많았다. 용모가 못생겼거나 혈통이나 신분에 결함이 있거나 기타 활동과 성취에 저해가 되는 문제를 지닌 경우들이 적잖았다. 높은 지위나 권력을 지닌 이들 가운데서도 지혜롭다고 하는 이들은 다른 경쟁자들에 비해 상대적으로 취약점이 있는 경우가 많았다.

이를테면 성현 소크라테스는 키가 작고 머리는 벗겨진데다 눈이 툭 튀어나오고 코는 주먹코였다고 한다. 못생기기로 유명한 늙은 사티로스 실레누스를 닮았다고 한다. 지혜의 왕 솔로몬은 아버지 다윗이 부하 장수의 부인을 빼앗아 낳은 아들이었다. 다윗은 그 장수를 의도적으로 죽게 만들었는데, 이 '더러운' 피와 불륜의 역사는 솔로몬에게 큰 콤플렉스가 아닐 수 없었다. 우화의 대명사인 이솝은 안짱다리에 배가 불룩 나왔고 살빛이 검은데다 매우 추하게 생겼었다고 전한다. 게다가 그는 노예였다. 이들은 이처럼 나름의 약점이나 단점을 지닌 존재였지만 이를 지혜로 극복해 세상에 큰 이익을 끼쳤다. 단점을 디딤돌 삼아 장점을 키운 이들이라 하겠다.

16-1. 디에고 벨라스케스, 「이솝」, 캔버스에 유채, 179.5×94cm, 1639~41, 마드리드 프라도 미술관
벨라스케스 역시 이솝을 추례한 용모를 지닌 사람으로 그렸다. 하지만 그 눈빛만큼은 깊은 지혜와 지성을 머금고 있다.

이들 가운데 이솝을 그린 그림을 한 점 살펴보자. 17세기 스페인 화가 벨라스케스[1599~1660]가 그린 「이솝」[16-1]이다. 이 그림에서 우리가 보는 것 역시 보잘것없고 못생긴 한 남자다. 전승에 따라 못생긴 사람으로 그렸지만, 벨라스케스는 이솝이 매우 암울한 환경에서도 위대한 지혜와 교훈을 남긴 이라는 사실에 주목했다. 그래서 화가는 관객을 바라보는 이솝

리더의 귀

의 눈을 진리를 꿰뚫어보는 위대한 현인의 그것으로 다가오도록 그렸다. 이솝의 얼굴은 그가 겪은 온갖 풍상을 말해주고 있으나, 그 고생과 간난도 그의 눈동자가 발하는 지혜의 빛을 막지는 못한다. 그의 오른손에 들린 낡은 책은 그 빛의 근원이 어디에 있는가를 증명해주는 아름다운 소지물이다. 벨라스케스는 그렇게 이솝을 초라하지만 그 어떤 제후 못지않게 존엄하고 영광스러운 존재로 형상화했다. 이 그림을 보노라면 자연스레 그가 했다는 유명한 말이 떠오른다.

"겉만 보면 모른다."

겉모습에 쉽게 속아 넘어가는 사람들에 대한 우화로 이솝이 우리에게 전한 이야기가 바로 '양의 가죽을 쓴 늑대'다. 물론 이 이야기에서 늑대는 제 꾀에 제가 넘어가 죽음을 당하지만, 어쨌거나 사람들은 잘난 모습에도 쉽게 속아넘어가고 못난 모습에도 쉽게 속아넘어간다.

옛 그리스의 문헌에 따르면, 이솝은 기원전 620년경 트라키아에서 태어났다고 한다. 그러나 로마시대의 문헌들에는 그가 프리기아 출신이라고 나온다. 그밖에 그가 사르디스 혹은 리디아 출신이라는 전승도 있다. 이렇게 부정확한 내용이 많기에 그가 실제로 존재했던 사람인지조차 확실하지 않다는 주장이 있다. 어쨌거나 그는 사모스에서 노예 생활을 하다가 출중한 지혜로 자유인이 되었다. 안타깝게도 델포이 사람들의 문제점을 지적했다가 살해당했다고 하는데, 지성으로 사람들을 깨우치려다 죽은 것이니 이 또한 위대한 인물의 죽음답다.

이런 인물들을 돌아보노라면 약점이나 단점을 갖고 있는 것이 꼭 부정적인 것만은 아님을 알 수 있다. 오히려 자신의 약점을 의식하고 극복하는 과정에서 인간은 큰 지혜를 얻을 수 있다.

파나소닉을 창립한 마쓰시다는 "나는 세 가지 하늘의 은혜를 입었다. 그것은 가난한 것, 허약한 것, 못 배운 것이다"라고 말했다. 가난했기에 늘 몸을 부지런히 놀려 근면이 몸에 배었고, 허약했기에 건강에 주의해 장수하게 되었고, 배우지 못해 늘 배우려는 자세를 가진 덕에 현명해져 큰 사업을 일굴 수 있었다는 것이다. 그렇게 마쓰시다는 일본 경제계의 거인이 되었다. 완벽한 환경은 오히려 지성적으로나 감성적으로 사람을 무디게 만들 수 있다. 또 스스로 모자란다고 완벽에 집착하면 그것 또한 올무가 되어 경직된 사고를 낳을 수 있다. 결핍을 모르거나 결핍을 부정하면 지혜가 자라지 않는다.

지혜로 아킬레우스를
전쟁에 참여시킨 오디세우스

그리스·로마신화에 나오는 인물 가운데 지혜로운 인물을 꼽자면 트로이의 목마를 고안한 오디세우스를 먼저 말하지 않을 수 없다. 그는 이타카의 왕이었다. 왕이라지만 그의 위세는 대단하지 않았다. 이타카는 그리스 본토 서쪽의 작은 섬에 불과했다. 그 역시 영웅으로서 힘과 무공을 갖췄지만 당대의 다른 기라성 같은 영웅들과 비교하면 그것 또한 그리 내세울 만한 게 못되었다. 그는 왜소한 나라의 왜소한 지도자였다. 그런 그로서는 강한 나라들과 영웅들의 틈바구니에서 살아남기 위해 중재나 협상에 능해야 했고 지혜로워야 했다. 다행히 그는 지혜가 남달랐다. 그의 지혜로 그리스 군대는 마침내 트로이를 멸망시킬 수 있었고 오디세우스 자신도 전쟁 뒤 귀향길에서 숱한 위기를 헤치고 살아남을 수 있었다.

오디세우스가 얼마나 지성적이고 명석했는지는 영웅 아킬레우스가 죽은 뒤 그의 유품을 놓고 용장 아이아스와 다투는 장면에서 잘 나타난다. 아이아스는, 심판관이 된 그리스 군대 앞에서 트로이전쟁 당시 자신의 무공이 얼마나 대단했는지 늘어놓고는, 거기에 오디세우스의 비겁함과 허약함을 대비시켰다. 힘이 약한 오디세우스가 아킬레우스의 유품을 물려받았다가는 도망이 주특기임에도 유품이 무거워 제대로 달아나지도 못할 것이라고 비꼬았다.

그러자 오디세우스는 자신의 지략으로 그리스 군대가 덕을 본 사례들을 무수히 열거하면서 "트로이전쟁에 참여하지 않으려는 아킬레우스를 남다른 지혜로 데려온 이가 누구냐?"라고 되물었다. 여자로 분장해가면서까지 참전하지 않으려던 아킬레우스를 데려온 이가 바로 오디세우스였다. 그로 인해 그리스 군대가 큰 덕을 본 것은 모두가 인정하는 사실이었다. 18세기 프랑스 화가 루이 고피에[1762~1801]의 「리코메데스 딸들 사이에서 아킬레우스를 발견한 오디세우스」[16-2]는 바로 이 에피소드를 그린 그림이다. 당시 아킬레우스를 어떻게 데려왔는지에 대해 오디세우스는 이렇게 말했다.

아킬레우스의 어머니가 되는 테티스께서 아들이 트로이전쟁에 참가하면 죽을 운명이라는 것을 아시고 아들을 여자로 꾸며 은밀한 곳에다 숨기신

16-2. 루이 고피에, 「리코메데스 딸들 사이에서 아킬레우스를 발견한 오디세우스」, 캔버스에 유채, 81.5×114cm, 1791년, 스톡홀름 국립미술관

일이 있습니다. 여신의 이러한 술수를 꿰뚫어본 사람은 아무도 없었지요. 그러나 나는 이를 꿰뚫어보고 여자로 분장한 아킬레우스에게 전쟁무기를 보여주었습니다. 아킬레우스는 이런 무기를 보자 가슴속에서 타는 용기의 불길을 더이상 숨기지 못했습니다.

_오비디우스, 『변신이야기』에서

그림에서 지금 흰 옷을 휘날리며 투구를 쓰고 칼을 빼든 이가 바로 아킬레우스다. 아킬레우스가 전쟁에서 죽을까봐 걱정한 그의 어머니가 그를 리코메데스의 궁전에 숨겨 리코메데스의 딸들과 지내게 했으나 이제 그것도 소용이 없게 되었다. 공주들은 거울과 장신구, 옷에 정신이 팔린 반면 여장한 아킬레우스는 영웅의 본색을 드러내고 만 것이다. 그림 맨 왼쪽에서 오디세우스와 그의 동료 한 사람이 아킬레우스를 바라보며 "저 자다!" 하는 표정을 짓고 있다. 결국 오디세우스에게 이끌려 전쟁에 참가했던 아킬레우스는 위대한 공훈을 세운 뒤 전사하고 만다. 이 사실을 그리스 군대에 상기시킨 오디세우스는 다음과 같은 언급으로 힘만 세고 지혜는 모자라는 아이아스에게 결정타를 날렸다.

아이아스는 아킬레우스의 방패에 새겨진 참으로 의미심장한 부조, 가령 바다의 땅, 땅에 산재하는 도시, 별 박힌 하늘, 플레이아데스성단, 히아데스성단, 바다에 들 수 없는 곰자리, 그리고 오리온의 저 빛나는 칼날의 의미를 이해하지 못합니다.

_오비디우스, 『변신이야기』에서

16-3. 제임스 손힐 경, 「헤파이스토스로부터 아킬레우스의 방패를 받는 테티스」,
나무에 유채, 48.9×49.8cm, 1710년경, 런던 테이트 브리튼

테티스가 아들에게 건넨 이 방패가 오디세우스와 아이아스의 다툼의 원인이 되었다. 오디세우스는 무공
이 아니라 지혜로 방패의 최종 소유자가 되었다. 오디세우스는 완력이나 용맹성을 자랑하는 다른 고대의
영웅들과 달리 지혜로 숱한 난관을 극복했다.

오디세우스는 진정한 리더라면 단순히 용맹하기만 해서는 안 되고 지성과 교양, 감수성, 그리고 그 모든 것이 자양분이 되어 나오는 지혜가 있어야 함을 역설했다. 결국 그리스 군대는 오디세우스의 손을 들어주었고 분에 못 이긴 아이아스는 자결하고 말았다. 제아무리 힘과 무공으로 평가받는 영웅의 시대였어도 지혜는 그 모든 것을 넘어서는 최고의 힘임을 오디세우스는 뛰어난 설득력으로 보여주었던 것이다.

귀향길 고비마다
빛난 지혜와 지략

『오디세이아』에서 오디세우스의 지혜로 밝게 빛나는 에피소드들은 트로이전쟁 뒤 시작된 그의 귀향길 10년을 굽이굽이 수놓는다. 폴리페모스 이야기도 그런 인상적인 일화의 하나다.

폴리페모스는 키클롭스족에 속하는 외눈박이 거인이다. 오디세우스는 부하들과 함께 이 괴물이 사는 섬에 들렀다가 졸지에 동굴에 갇혀 괴물의 먹잇감으로 전락했다. 부하들이 희생당하는 가운데서도 침착성을 잃지 않은 오디세우스는 폴리페모스가 술에 취해 잠들자 뾰족하게 깎은 방망이로 외눈을 찔러 장님을 만들었다. 졸지에 시력을 잃은 폴리페모스는 비분강개하여 소리쳐 동료 키클롭스들을 불렀다. 하지만 그와 대화를 나눈 다른 키클롭스들은 얼마 안 가 다 되돌아가고 말았다. "누가 너에게 해코지라도 했느냐?"라고 물었더니 폴리페모스가 "아무도 그렇게 하

16-4. 야코프 요르단스, 「폴리페모스 동굴의 오디세우스」,
캔버스에 유채, 96×76cm, 1630년경, 모스크바 푸시킨 미술관

지 않았다"라고 대답했기 때문이다. 소리를 지르며 화는 내는데 아무리
물어도 "아무도 나에게 해코지하지 않았다"라는 말만 되풀이하니 대화를
포기하고 돌아간 것이다.

　이는 사건이 벌어지기 전에 폴리페모스가 오디세우스에게 "네 이름이
무어냐?"라고 물었을 때 "아무도 아니다", 영어식으로 하면 곧 '노바디
nobody'라고 답한 때문이었다. 그러니 아무리 설명한들 '노바디가 한 것',
즉 '아무도 하지 않은 것'이 되어 소통불능이 되어버린 것이다. 앞일을
예견하고 꾀를 낸 오디세우스의 지혜가 돋보이는 장면이다.

　결국 폴리페모스는 동료들의 도움을 포기했다. 그리고는 자신의 양
떼를 먹일 때가 되어 동굴을 나섰다. 이 틈에 오이디푸스 일행이 도망갈

리더의 귀

까봐 걱정이 된 폴리페모스는 동굴 문을 나서는 모든 양의 등을 쓰다듬었다. 그 가운데 사람이 있나 확인하기 위한 것이었다. 그러나 역시 오디세우스는 한 수 위였다. 일행으로 하여금 큰 양의 배 밑에 매달려 빠져나가게 한 것이다. 17세기 플랑드르 화가 야코프 요르단스[1593~1678]가 그린 「폴리페모스 동굴의 오디세우스」[164]는 바로 이 장면을 묘사한 작품이다. 눈을 잃은 폴리페모스가 양의 등을 어루만지며 자신의 소유권을 확인하고 있다. 그러나 양의 배 밑으로는 오디세우스 일행이 기어나간다. 투구를 쓴 오디세우스는 이 모든 일에 한 치의 오차가 없도록 통제하고 있다. 익살스러우면서도 긴장감이 느껴지는 장면이다.

이렇게 오디세우스는 매 고비를 남다른 지혜와 지략으로 극복했다. 그 지혜가 앞서도 언급했듯 왜소한 나라 출신으로 무공도 출중하지 못했던 그를 당대 최고의 영웅 가운데 한 사람으로 만들었다. 그런 점에서 지혜는 궁극의 힘이다. 미국의 신학자 칼 폴 라인홀드 니부어는 그 힘을 이렇게 구했다.

하느님, 제가 바꿀 수 없는 것을 받아들이도록 평정심을 주시고, 바꿀 수 있는 것을 바꾸도록 용기를 주소서. 그리고 이 둘의 차이를 알 수 있는 지혜를 주소서.

_칼 폴 라인홀드 니부어의 「평온을 구하는 기도」에서

Ⅲ.

리더의 가슴

17
가슴을 움직여야
사람이 움직인다

로마 카타콤의 '선한 목자' 벽화

감동

세상에서 가장 훌륭하고 아름다운 것은 보이거나 만져지지 않는다. 오로
지 가슴^{heart}으로 느껴질 뿐이다.

시각과 청각을 잃었지만 중복장애를 극복하고 작가이자 사회주의 운
동가로 우뚝 선 헬렌 켈러의 말이다. 그의 말처럼 가장 훌륭하고 아름다
운 것은 오로지 가슴으로 느껴진다. 당연히 리더는 가슴이 따뜻한 사람
이고 가슴이 뜨거운 사람이며 가슴이 열린 사람이다. 그는 그 가슴으로
사람들을 품고 교감하며, 그들의 일상과 꿈을 지키고 성장시켜나간다.

미국의 대형 출판사 토머스 넬슨의 CEO였던 마이클 하이얏은 리더의
능력과 관련해 이런 말을 했다.

리더로서 우리는 빈번히 우리의 경험이나 지식 혹은 기술이 리더십의 가

리더의 가슴

장 중요한 요소라고 생각한다. 그렇지 않다. 솔로몬 왕은 자신의 아들을 깨우치면서 가슴이 무엇보다 중요하다고 말했다. 가슴이 우리의 최우선 순위가 되어야 한다. 왜냐? 가슴이야말로 '생명의 근원'이기 때문이다. 모든 게 그로부터 흘러나온다.

이와 관련된 성경 구절이 잠언 4장 23절이다. "모든 지킬 만한 것 중에 더욱 네 마음heart을 지키라. 생명의 근원이 이에서 남이라."

성경에는 가슴(혹은 마음, heart)이라는 단어가 1,000번 이상 나온다고 한다. "마음이 가난한 사람은 복이 있다. 하늘나라가 그들의 것이다"(마태복음 5장 3절), "마음에 가득한 것을 입으로 말함이라. 선한 사람은 그 쌓은 선에서 선한 것을 내고 악한 사람은 그 쌓은 악에서 악한 것을 내느니라"(마태복음 12장 34, 35절) 같은 구절들이 대표적인 예다.

가슴이야말로
진정한 그 사람 자신

리더에게 가슴이 중요한 것은 가슴이야말로 진정으로 그 사람 자신이기 때문이다. 현대인은 지식과 지성을 중시한다. 그래서 우리는 정보를 수집하고 분석하고 판단하는 머리를 우리 자신으로 생각할 때가 많다. 하지만 꿈과 욕망과 열정은 우리의 머리가 아니라 가슴에서 자라나고 꽃 피어난다. 그런 점에서 가슴이 지휘관이요, 머리는 참모라고 할 수 있다.

그러므로 진정한 소통은 머리가 아니라 가슴으로 하는 것이다. 지식과 정보를 주고받는 것도 소통이겠지만, 마음을 주고받는 소통만큼 귀한 것은 없다. 그래서 리더는 다른 이들을 향해 가슴을 활짝 열어야 한다.

마이클 하이얏은 리더의 가슴이 닫혔을 때와 열렸을 때의 차이를 이렇게 구분한다.

- **닫힌 가슴일 때**
  - 멀고 고고하다
  - 사람들과 연결이 되어 있지 않다
  - 소통이 어렵다
  - 사람들이 홀로 전전긍긍하도록 내버려둔다
  - 사람들이 잘못하는 것에 초점을 맞춘다
  - 비판적이고 강박적이다
  - 사람들이 압박감을 느낀다

그 결과 가능성은 말라버리고 조직은 죽어가기 시작한다.

- **열린 가슴일 때**
  - 가깝고 접근하기 쉽다
  - 사람들과 연결이 되어 있다
  - 소통이 쉽다
  - 사람들이 의지할 수 있는 자원이 되어준다

리더의 가슴

- 누가 잘못했는가가 아니라 무엇이 결여되어 있는가에 초점을 맞춘다
- 확신을 주고 격려한다
- 사람들이 마음 편히 일한다

그 결과 조직은 가능성을 찾기 시작하고 성장하고 발전한다.

가슴이 닫힌 리더는 겁이 많고 믿음이 작은 리더다. 가슴이 열린 리더는 용기가 많고 믿음이 큰 리더다. 가슴이 열린 리더는 용기^{courage}가 많은 만큼 다른 사람을 격려하는^{encourage} 데도 능하다. 그렇게 격려를 받은 사람은 그만큼 용기가 생기고 다른 이들에게 그 용기를 전파한다. 따지고 보면 'courage'나 'encourage' 모두 라틴어로 심장 혹은 가슴을 뜻하는 'cor'에서 나왔다. 가슴으로 소통하고 가슴으로 이끌지 않는 리더는 구성원들의 깊은 신뢰를 얻기 어렵다. 이처럼 가슴으로 이끄는 리더에게 볼 수 있는 덕목이 용기, 열정, 헌신, 자신감, 결단력, 도전정신, 희생정신 같은 것들이다. 이 모든 덕은 가슴에서 나오는 것이다.

레오나르도 다 빈치는 말했다. "눈물은 머리로부터 나오는 게 아니라 가슴으로부터 나오는 것이다."

가슴을 움직이는 것이 사람을 움직이는 것이다. 리더의 마음속에서 용기와 열정, 희생정신이 핵심적인 에너지로 작용할 때 사람들은 움직이기 시작한다. 그러므로 리더는 늘 자신의 가슴을 횃불처럼 밝히고 뜨겁게 타오르게 해야 한다.

이상적인 리더의 원형이 된
선한 목자 상

서양미술사에서 뜨거운 가슴을 가진 리더로 그려진 가장 대표적인 인물은 누구일까? 두말할 나위 없이 예수 그리스도다. 예수 그리스도는 가장 모범적이고 전형적인 리더의 이미지를 보여준 위대한 성인이다.

기독교 미술이 정확히 언제부터 시작되었는지는 알 수 없다. 초기 기독교도들은 대부분 사회의 저변을 이루는 가난한 사람들이어서 미술품에 대한 수요가 많지 않았고, 무엇보다 우상숭배에 대한 우려로 유대교처럼 기독교 안에서도 이미지 제작을 저어하는 문화가 존재했다. 기독교에 대한 로마제국의 박해 또한 공개적인 이미지 제작에 어려움을 주었다. 그럼에도 불구하고 초대 교회가 생겨난 지 얼마 지나지 않아 기독교 미술이 다양한 주제의 도상과 형식으로 발달한 것은 놀라운 일이다. 그것이 가능했던 바탕에는 문맹자 신도들에게 신앙을 효과적으로 학습시키고 시각적 자극을 통해 신도들의 헌신을 유도하려는 초대 교회의 절박한 필요가 있었다.

현전하는 가장 오래된 기독교 미술로는 2~4세기경 로마의 카타콤 벽화[17]들이 있다. 초기에는 예수의 이미지가 초상이나 십자가형, 성탄 등 오늘날 우리에게 친숙한 기독교 도상으로 그려지지 않았다. 물고기나 닻, 공작, 어린 양 등 상징적인 그림문자 형태로 표현되거나 물고기 배에 들어갔다 나온 요나 이야기, 양을 찾은 선한 목자 이야기 등에 실려 간접적으로 표현되었다.

리더의 가슴

17-1. 성 베드로와 마르켈리누스 카타콤, 4세기 초, 로마
박해 받던 초기 기독교도들에게 따뜻한 사랑과 위로를 전해준 '선한 목자' 주제의 카타콤 벽화.

이 가운데 리더십의 관점에서 눈길을 끄는 도상이 선한 목자의 이미지다. 선한 목자 이미지는 카타콤에서 가장 흔하게 보게 되는 도상의 하나인데, 초기 기독교도들이 자신들의 리더 예수를 어떤 존재로 인식했는가가 이 도상에 매우 잘 나타나 있다. 이 도상의 출처가 되는 것은 바로 예수 그리스도의 목자 비유다.

너희 생각에는 어떠하냐. 만일 어떤 사람이 양 백 마리가 있는데 그중의 하나가 길을 잃었으면 그 아흔아홉 마리를 산에 두고 가서 길 잃은 양을 찾지 않겠느냐. 진실로 너희에게 이르노니 만일 찾으면 길을 잃지 아니한 아흔아홉 마리보다 이것을 더 기뻐하리라. 이와 같이 이 작은 자 중의 하나라도 잃는 것은 하늘에 계신 너희 아버지의 뜻이 아니니라. _마태복음 18장 12~14절

나는 선한 목자라. 선한 목자는 양들을 위하여 목숨을 버리거니와 삯꾼은 목자가 아니요 양도 제 양이 아니라 이리가 오는 것을 보면 양을 버리고 달아나나니 이리가 양을 물어 가고 또 해치느니라. _요한복음 10장 11~12절

박해와 탄압에 시달리던 초기 기독교도들이 그리스도를 다른 무엇보다 선한 목자의 이미지로 기렸다는 것은, 이들이 교회 리더십의 가장 중요한 요체를 구성원들에 대한 애정과 헌신, 열정, 희생정신 등 '뜨거운 가슴'으로 여겼음을 보여주는 것이다. 기독교도들은 목숨을 버려가면서

리더의 가슴

17-2. 장프랑수아 밀레, 「양치는 소녀」, 캔버스에 유채, 81×101cm, 1862~64, 파리 루브르 박물관
카타콤 벽화에서는 아직 비유적인 인물로 그려진 선한 목자 상이 5세기쯤 이르면 전형적인 예수 상으로 확고히 정착된다. 근대의 화가 밀레는 예수나 성인이 아니라 일상의 소녀를 목자로 그렸지만, 그 이미지의 뿌리가 전통적인 선한 목자 상에 있음을 알 수 있다.

까지 신앙을 지켰다. 그런 그들로서는 누구보다 강하게 신념을 지킬 사람, 누구보다 용기 있게 신앙을 전파할 사람, 누구보다 뜨겁게 공동체를 사랑하고 헌신하며 희생할 사람을 리더로 꼽지 않을 수 없었다. 선한 목자 상은 그렇게 기독교 리더의 원형이 되었고, 나아가 많은 공동체가 이상으로 삼는 리더의 이미지가 되었다.

'만물의 지배자'에서 '겸손한 수난자'로

예수가 비유 속의 이미지에 실려 간접적으로 드러나지 않고 직접적인 초상으로, 특히 우리에게 친숙한, 긴 머리에 수염이 난 젊은 남자의 초상으로 그려지기 시작한 것은 서기 300년경부터다. 이후 6세기에 이르면 이런 예수의 초상이 특히 동방 기독교를 중심으로 완전히 뿌리내리게 된다.

이 같은 예수 초상화의 정착과 더불어 유럽에서 중요한 기독교 도상으로 대두된 것이 라틴어로 '마이에스타스 도미니Maiestas Domini' (영어로는 Christ in Majesty 혹은 Christ in Glory)다. '세상의 지배자'로서 영광 중의 그리스도를 표현한 마이에스타스 도미니는, 예수 그리스도가 옥좌에 앉아 정면을 바라보는 모습으로 표현된다. 종종 성인들이 그 주위에 둘러서 있다. 강력한 권위를 보여주는 이 이미지에서 황제를 묘사한 로마 미술의 영향을 느낄 수 있다.

리더의 가슴

17-3. 디에고 벨라스케스, 「책형」.
캔버스에 유채, 249×170cm, 1632, 마드리드 프라도 미술관

예수의 열정(passion)이 그의 수난(the Passion)을 낳았다. 그렇게 십자가 위의 예수 상은 강렬하고도 숭고
한 리더십 아이콘의 되었다.

비잔틴 지역에서는 마이에스타스 도미니에서 비롯되었으나 약간은 다른 형태의 도상이 나타나는데, 그게 바로 '판토크라토르Pantocrator'의 이미지다. 그리스어로 '전능자' '만물의 지배자'를 뜻하는 데서 알 수 있듯 판토크라토르 또한 우주의 지배자로서 예수를 묘사한 것이다. 전신상으로 그려지는 마이에스타스 도미니와 달리 판토크라토르는 보통 반신상으로 제작되며, 오른손을 들어 축복하는 제스처를 취하고 왼손으로는 복음서를 들고 있다.

이렇게 예수 그리스도가 군주나 지배자로서 표현되었다는 것은, 교회 공동체가 그만큼 강력한 예수 상을 추구했음을 보여주는 것이다. 초기의 박해 받던 집단에서 벗어나 유럽 전역으로 복음을 전하고 하느님의 나라를 세워가던 기독교도들의 자신감과 확신이 반영되어 있는 이미지라 하겠다.

하지만 중세 말에 이르게 되면 다른 예수의 이미지가 부상하게 되는데, 바로 오늘날 우리에게 친숙한 '성탄의 아기예수 상'과 '책형磔刑의 고난 받는 예수 상'이다.[17-3] 두 이미지는 이전부터 존재했으나 이 무렵부터 가장 중요한 예수 이미지로 자리 잡게 된다. 예수의 겸손함을 강조한 성 프란체스코와 프란체스코회 수도사들의 신앙적 열정이 이 이미지들이 부상한 중요한 배경 가운데 하나로 평가된다. 예수의 생애의 처음과 끝을 보여주는 두 이미지는 탄생의 기쁨과 십자가 고난이라는 매우 드라마틱한 대비와 함께 그사이에 존재한 예수의 겸손한 삶을 되돌아보게 하는 특징이 있다. 예수는 신의 아들임에도 자신을 낮춰 가난한 목수의 아들로 태어났고, 인내와 온유, 겸손으로 생을 일관했으며, 결국 십자가에 달

리더의 가슴

려 세상을 떠났다. 그 모든 것이 오로지 인간에 대한 뜨거운 사랑에서 비
롯된 것이었고, 그 식지 않는 열정으로 예수는 자신의 미션을 성공적으
로 완수했다. 그런 점에서 십자가에서 고난받는 예수의 이미지는 서양미
술사의 가장 중요한 주제 가운데 하나일 뿐 아니라, 진정한 리더의 길이
어떤 것인지 매우 강력하면서도 숭고한 형태로 보여주는 대표적인 리더
십 아이콘이라 하지 않을 수 없다.

가슴이 없이는
용기도 희생도 위대함도 없다

예수는 "와서 보라"(요한복음 1장 39절)고 했고, "나를 따르라"(마태복음 4장 19절)라고 했으며, "내가 너희에게 행한 것 같이 너희도 행하라"(요한복음 13장 15절)라고 했다. 행하되 "너희 모든 일을 사랑으로 행하라"(고린도전서 16장 14절)라고 했다. 현란한 지식을 자랑하지도 않았고, 자신은 말만 하고 실천은 제자들에게 떠넘기는 이중적인 삶을 살지도 않았다. 무엇보다 스스로 실천하는 리더였고 행동하는 리더였다. 자신 있게 와서 보고 따르라 했고, 자신이 행한 것처럼 행하라고 권했다. 서양미술사에서 실천과 솔선수범의 대표적인 이미지는 제자들의 발을 씻어주는 예수 그리스도[17-4]의 모습일 것이다. 이렇듯 머리로 이끄는 리더가 아니라 가슴으로 이끄는 리더였기에 그는 몸을 부지런히 움직였고, 그렇게 덥혀진 체온으로 제자들의 열정을 뜨겁게 데워놓았다. 그 높은 열전도율은 2,000년이 지난 지금도 세계 곳곳의 사역자들과 신앙인들의 가슴을 뜨겁게 달궈 그들이 단호한 열정으로 헌신과 희생에 나서게 하고 있다.

리더십 전문가인 제임스 쿠지스와 배리 포즈너는 리더들에게 무엇보다 진정한 가슴을 가지라고 말한다.

가슴이 없이는 용기도 담대함도 없다. 가슴이 없이는 기백도 버팀도 없다. 가슴이 없이는 희생도 영혼도 없다. 가슴이 없이는 그 어떤 위대함도 쟁취할 수 없다. 당신에게 필요한 것은 가슴이다.

리더의 가슴

18

희생 없이는
리더십도 없다

모스크바 화파의 이콘 「펴리스키아 율레피」

희생정신

극단적인 인종차별 정책인 아파르트헤이트를 철폐시키고 남아프리카공화국에 자유와 민주주의를 가져온 넬슨 만델라는 "진정한 리더는 사람들의 자유를 위해 모든 것을 희생할 준비가 되어 있어야 한다"라고 말했다. 그는 평생 온몸으로 자신의 신념을 실천했다. 아파르트헤이트에 반대해 흑인인권운동을 펼치다가 무기징역을 선고받고 27년간 복역한데서 그 신념에 찬 삶을 확인할 수 있다. 남아프리카의 흑인들에게 자유를 가져다줄 수 있다면 그는 자신의 희생을 얼마든지 감내할 수 있다고 생각했다.

만델라가 보여주듯 리더는 늘 스스로 희생할 각오를 다지고 또 희생해야 하는 사람이다. 희생정신이 없이 다른 이들을 이끌 수는 없다. 리더는 더 많은 것을 얻기 위해 그 자리에 오르는 사람이 아니라 더 많은 것을 포기하기 위해 그 자리에 오르는 사람이다. 리더에게 주어지는 가장

리더의 가슴

큰 보상은 다른 이들의 전적인 신뢰와 그 신뢰에 성실히 보답함으로써 얻게 되는 존경과 명예다. 리더의 삶에서 이 신뢰와 존경, 명예만큼 영광스럽게 빛나는 것도 없다. 눈에 보이지 않는 이 가치를 위해 리더는 자신의 모든 것을 건다. 그 뿌리가 되는 희생정신은 리더가 갖춰야 할 으뜸가는 덕목이 아닐 수 없다.

리더는 다른 사람이 지불하지 않는 대가를 지불하는 사람

리더십에 따르는 희생의 불가피성에 대해 미국의 리더십 전문가 존 맥스웰은 이렇게 말한다.

> 희생의 종류와 관계없이 모든 리더는 기꺼이 희생을 감수해야 한다. 리더는 다른 사람이 지불하지 않는 대가를 지불할 것으로 기대되는 사람이기 때문이다. 그게 당신이 리더인 이유다!

좋은 것을 얻고자 하면 그에 준하는 대가를 지불해야 한다. 희생은 그 대가다. 우리는 좋은 실적을 위해 혹은 좋은 성적을 위해 잠을 희생하거나 자유시간을 희생한다. 공동체가 절실히 원하는 좋은 것을 가져오려 하면서 그 대가를 지불하지 않을 수 없다. 누가 앞장서서 그 대가를 지불하는가? 바로 리더다.

18-1. 장프랑수아 밀레, 「접목」, 캔버스에 유채, 80.5×100cm, 1855, 뮌헨 노이에 피나코테크

우리 생활 주변에서 이런 사례를 가장 자주, 분명히 볼 수 있는 경우가 자녀양육이다. 부모는 자녀를 양육하면서 많은 것을 희생한다. 부모는 자녀에게 최상의, 최선의 정서적·물질적 자원을 제공하기를 원한다. 그런 만큼 많은 정신적 에너지와 시간, 물질을 대가로 지불한다. 리더로서 부모가 이런 희생을 꺼리면 자녀는 충분히 보호받고 있지 못하다는

리더의 가슴

생각에 결핍과 소외, 두려움에 시달리게 된다. 자녀를 양육할 때 부모의 희생은 불가피하다. 그 희생이 가정을 더욱 따뜻하고 끈끈하며 단단한 공동체가 되게 한다. 이 과정에서 부모가 자녀에게 원하는 것은 자신이 지불한 만큼의 물질적 보상이 아니다. 부모는 자녀가 그들에게 보내는 전적인 신뢰와 애정만으로 충분히 만족해한다.

이와 관련해 깊은 울림으로 다가오는 서양 회화 중 하나가 장프랑수아 밀레[1814~75]의 「접목」[18-1]이다. 접목은 눈이 붙은 줄기인 접지^{接枝}를 영양을 제공해줄 나무인 대목^{臺木}에 붙이는 작업이다. 밀레의 「접목」은, 아이를 안은 아내가 바라보는 가운데 농부가 접목 작업을 행하는 모습을 그린 것이다. 언뜻 평범해 보이는 이 그림은, 그러나 좀더 주의 깊게 살펴보면 보다 깊은 의미가 그 안에 담겨 있음을 느낄 수 있다. 그림은 단지 나뭇가지를 접붙이는 것에만 주목하는 게 아니라 부모와 자식의 관계에도 주목한다. 농부의 아이가 어머니에게 폭 안겨 있는 모습에서 우리는 접지와 대목의 관계를 다시금 상기하게 된다. 특히 젊은 어머니가 아기를 안은 모습은 자연스레 서양미술의 가장 중요한 주제 가운데 하나인 성모자 상을 떠올리게 하고, 이는 인류를 위한 예수 그리스도의 희생까지 연상하게 한다. 이처럼 대목이 되어주고 뿌리가 되어주는 존재가 있기에 나뭇가지는 아름답고 풍성한 꽃과 열매를 맺고, 아이는 새로운 시대를 창조하는 어른이 되며, 공동체와 조직은 더욱 성장하고 성숙하여 번영의 길을 열어가게 된다.

러시아인들의 마음속에 영원한 지도자로 부활한 보리스와 글레프

나라마다 공동체를 위해 희생한 위대한 리더들이 있다. 러시아의 보리스와 글레프도 그런 리더로 칭송받는 사람들이다. 두 형제는 자신들의 목숨을 내놓음으로써 골육상쟁의 화를 피하고 많은 이들이 덧없이 희생되는 것을 막았다. 정교회는 두 형제를 성인으로 시성했고, 이후 두 사람을 그린 이콘은 러시아 사람들에게 매우 인기 있는 교회미술로 사랑받게 되었다.

보리스와 글레프는 블라디미르 공후의 아들들이다. 블라디미르 공후는 10세기 말 러시아를 기독교화한 군주다. 그에게는 여러 부인에게서 얻은 아들 열둘이 있었는데, 그들을 러시아 각지에 보내 각자 맡은 곳을 다스리게 했다. 이렇게 나름의 권력기반을 가진 아들들을 남기고 1015년 블라디미르가 세상을 떠나자 형제들 사이에는 긴장감이 감돌았다.

특히 일찍부터 아버지의 권좌를 노렸던 장남 스뱌토폴크는 아버지가 다스리던 키예프를 차지하고 눈엣가시 같은 보리스와 글레프 두 동생을 죽이기로 마음먹었다. 보리스와 글레프는 아버지가 제일 사랑하는 아들들이었다. 그중에서 생활 속에서 그리스도의 사랑을 실천하려 애썼던 보리스는 백성들과 군인들 사이에서 인기가 아주 높아 키예프 사람들은 스뱌토폴크가 아니라 그가 키예프를 다스려야 한다고 생각했다.

스뱌토폴크는 먼저 보리스를 유인하는 편지를 보냈다. 편지를 본 순간 보리스는 그 편지가 '유다의 키스'임을 금세 알아차렸다. 자신을 죽이

리더의 가슴

려는 형과 맞서 싸울 수도 있었지만 보리스는 깊은 갈등과 고뇌 끝에 이를 포기했다. 수많은 사람이 무고하게 피를 흘리는 것을 막아야겠다는 생각이 앞섰다. 결국 보리스는 스뱌토폴크가 보낸 자객에게 죽임을 당했다. 자객이 그의 막사에 당도했을 때 그는 구세주의 이콘을 보며 이렇게 기도했다고 한다. "제가 이 일을 받아들이는 것은 이것이 원수로부터 온 것이 아니라 형제로부터 온 것이기 때문입니다. 그러므로 주님, 부디 이 죄의 몫을 제 형제에게 돌리지 마옵소서."

막내인 글레프도 스뱌토폴크가 암살자를 보내자 자신의 수행원들에게 절대 맞서지 말라고 지시했다. 그러고는 아무 죄가 없음에도 십자가에서 죽으신 예수를 생각하며 자신에게 주어진 운명을 순순히 받아들였다.

이렇게 두 형제는 골육상쟁과 살육의 화가 닥쳐오는 것을 피하기 위해 스스로 희생자가 되었다. 훗날 스뱌토폴크를 물리치고 권좌를 차지한 현공賢公 야로슬라프는 정교회에 두 사람의 시성을 요청했다. 애초 이들이 성직자도 아니요 수도자나 고행자도 아니라며 시성을 주저하던 정교회는 수많은 순례자가 그들의 무덤을 찾고 그들의 유해 앞에서 무수한 기적이 일어나자 1071년 마침내 그들을 성인으로 선포했다. 이렇게 두 형제는 러시아 최초의 성인이 되었다.

14세기 중엽 모스크바에서 제작된 이콘「보리스와 글레프」[18-2]는 이 위대한 희생자들의 이미지를 차분하고 꼼꼼한 필치로 묘사한 작품이다. 왕족의 화려한 옷과 고급스런 칼이 그들의 높은 신분을 드러내준다. 하지만 그들의 오른손에는 왕의 홀이나 장군의 지휘봉이 아닌 십자가가 들려 있다. 부와 권력이 그들의 삶의 목표가 아니라 신앙이 그들 삶의 목표임

18-2. 모스크바 화파, 「보리스와 글레프」.
나무에 템페라, 142.5×94.3cm, 14세기 중반, 상트페테르부르크 러시아 미술관
보리스와 글레프는 스스로를 희생함으로써 러시아 역사의 영원한 리더로 남은 성인들이다.

18-3. 노브고로드 화파, 「성 보리스와 성 글레프」,
나무에 템페라, 162×104cm, 14세기 중반, 노브고로드 미술관

이 이콘에서도 보리스와 글레프는 왕족의 옷을 입고 왼손에는 칼을, 오른손에는 십자가를 쥐었다. 두 사람만
그리거나 혹은 두 사람과 그들의 아버지인 블라디미르를 함께 그리는 등 이 주제의 이콘은 무수히 제작되어
하나의 장르를 이뤘다.

을 나타낸다. 두 사람은 한결같이 진지하고도 순수한 표정을 지어 둘 다 얼마나 맑고 밝은 영혼을 지녔는지 느낄 수 있다. 이 작품 외에도 오랜 세월에 걸쳐 많은 보리스와 글레프 주제의 이콘이 제작되었는데, 그만큼 러시아 사람들은 그들을 진정한 성인이자 지도자로 마음 깊이 새겨 놓았다.

사후에도 나라를 지킨
위대한 희생자

보리스와 글레프 두 형제가 러시아인들의 정신적 지도자, 러시아의 수호성인으로 자리잡게 된 중요한 계기 가운데 하나가 1240년에 있었던 네바강전투다. 네바강전투는 러시아의 노브고로드와 스웨덴, 노르웨이, 핀란드 연합군 사이에 벌어진 전투다.

당시 러시아는 매우 어려운 상황에 놓여 있었다. 동쪽에서는 몽골인들이 쳐들어와 이른바 '타타르의 멍에'라고 하는 고난의 시기를 겪게 되었고, 서쪽에서는 독일 기사단이 십자군의 이름으로 위협을 가해와 혼란을 더해주었다. 로마교황은 러시아정교회를 복속시키기 위해 러시아원정에 참여하는 모든 십자군 병사들에게 면죄를 약속했다. 마음껏 살육을 벌여도 죗값을 걱정할 필요가 없다는 것이었다.

십자군의 깃발 아래 주 공략 대상인 노브고로드로 가장 먼저 진격해 온 것은 스웨덴 군사들이었다. 노브고로드는 당시 알렉산드르 네프스키 공이 다스리고 있었는데, 그는 다행히도 사전에 공격 정보를 얻을 수 있

18-4. 니콜라이 레리흐, 「성 보리스와 성 글레프」,
나무에 붙인 종이에 수채·구아슈·잉크, 30.7×45.8cm, 레리흐 미술관

신지학자이기도 했던 레리흐의 그림에는 최면적인 효과가 있다는 평가를 받는다. 환상이라는 주제와 매우 잘 어울리는 표현 효과가 아닐 수 없다.

었다. 그에게 정보를 준 인물은 이조리족의 전사 펠구시였다.

알렉산드르 네프스키는 당장 가용 가능한 군인들로 전열을 정비해 네바강변으로 나갔다. 그때 러시아 군인들을 따라나섰던 이조리족의 전사 펠구시는 정탐 중에 기이한 환상을 보게 된다. 깊은 밤 숲에서 매복을 한채 강 건너편의 적 진지를 주시하고 있었는데, 갑자기 가까이서 물이 튀는 소리가 들려왔다. 흠칫 놀라 소리 나는 쪽을 바라보니 보트 하나가 시야에 들어왔다. 보트에는 러시아의 성인 보리스와 글레프가 서 있었고, 노를 젓는 이들은 안개에 쌓여 뿌옇게 보였다. 그 순간 펠구시는 보리스가 하는 말을 듣게 되었다.

"글레프 형제여, 노를 저으라고 명령하게. 전투에서 우리의 친족 알렉산드르를 도웁세!"

펠구시에게 이 이야기를 전해들은 알렉산드르 네프스키는 위대한 성인들이 자신과 러시아를 돕는다는 생각에 가슴에서 용기가 복받쳐올랐다. 매우 중요한 계시라고 여긴 그는 펠구시에게 그가 본 환상을 절대 누구에게도 말하지 말라고 단단히 일러놓았다. 그러고는 전력이 훨씬 막강했던 스웨덴군을 먼저 공격해 일거에 패퇴시켜 버리고 말았다. 믿기지 않을 정도로 성공적인 작전이었고 영웅적인 승리였다.

니콜라이 레리흐[1874~1947]의 「성 보리스와 성 글레프」[18-4]는 바로 이 에피소드의 첫 장면을 그린 그림이다. 배를 탄 성인 형제가 선 채로 배가 나아가는 쪽을 바라보고 있다. 한 사람은 손을 모았고 한 사람은 손으로 가슴을 가리킨다. 저 멀리 강변에서는 그들을 보고 놀란 펠구시가 무릎을 꿇고 기도하는 자세를 취한다. 엄숙한 표정의 두 형제와 경외감을 표하는 펠구시 모두 지금 현실 섭리를 초월한 힘에 사로잡혀 있다. 위대한 희생자들은 이렇듯 사후에도 자신의 공동체를 지키는 정신적인 지도자이자 거룩한 수호성인으로 자신들의 의무를 다하고 있었던 것이다.

위대한 성취는
위대한 희생의 산물이다

양심은 누구나 갖고 있는 것이다. 양심에 기초한 도덕적 원칙 또한 보편성을 지니고 있다. 리더십은 이런 양심과 보편적인 도덕 원칙에 따라 행사되어야 한다. 당연히 다른 사람의 권리와 존엄은 존중되어야 하고, 타인에게 본이 되기 위해서라도 리더 스스로 자신의 양심과 도덕원칙을 충실히 지켜야 한다. 그 실천이 가장 밝은 빛을 발할 때가 바로 리더가 공동체를 위해 스스로를 희생할 때다. 이 과정에서 사람들은 리더가 타인을 얼마나 배려하고 존중해왔는지, 리더가 자신의 양심과 도덕원칙에 얼마나 충실해왔는지 등을 다 들여다보게 된다. 그런 까닭에 리더가 희생정신을 발휘하면 조직의 누구도 이에 반하는 행동을 할 명분이나 근거를 찾을 수 없게 된다. 조직의 결속은 강해지고 커진 도덕적 확신만큼이나 목표를 향한 구성원들의 의지 또한 배가된다.

사람들은 성공과 성취의 가장 강한 동기가 욕망이라고 생각한다. 그러나 욕망에 지나치게 초점을 맞추다 보면 이기적인 사람이 그렇지 않은 사람보다 더 크게 성취하고 성공하게 되리라는 막연한 추론에 이르게 된다. 인간이 성취한 가장 위대한 것들은 이기심의 발로가 아니라 희생의 발로였다. 성공철학으로 유명한 나폴리언 힐은 말했다.

위대한 성취는 이기심의 산물이 아니라 통례적으로 위대한 희생의 산물이다.

목표와 꿈이 원대할수록 리더는 자신을 희생할 각오를 단단히 다져야한다.

19
리더는 책임의 잔을
남에게 돌리지 않는다

니콜라 푸생의 「포키온의 장례와 「포키온의 재가 있는 풍경」

헌신

윈스턴 처칠은 말했다. "가르침을 받는 것을 항상 좋아하는 것은 아니지만, 나는 항상 배울 준비가 되어 있다." 처칠이 어떻게 그토록 영향력 있는 인물이 될 수 있었는지를 잘 보여주는 말이다.

그는 자신의 일에 전적으로 헌신했다. 그랬기에 어떤 장애와 어려움이 있어도 배워야 할 것이라면 열심히 배웠다. 좋고 싫고의 여부를 떠나, 또 당장 이익이 되는지 그렇지 않은지의 여부를 떠나 내가 감당해야 할 일이라면 절대 회피하지 않고 나의 모든 것을 투자하는 것, 그것이 헌신이다.

리더는 책임의 잔을 남에게 돌리지 않는다. 리더는 헌신을 서약한 사람이다. 책임의 잔에 남은 마지막 한 방울마저 자신의 입에 탈탈 털어넣는다. 주어진 소명을 감당하기 위해 자신이 해야 할 일을 최선을 다해 행한다. 그래서 철학자 장폴 사르트르는 말했다. "헌신은 실천이다. 말이 아니다."

무언가를 꾸준히 실천한다는 것은 항상 고통을 수반한다. 하지만 시간이 축적되고 반복이 쌓여 이뤄지는 게 업적이요, 성취다. 헌신하지 않는 사람은 성취할 수 없다. 가수 싸이는 "지치면 지고 미치면 이긴다"라고 했다. 헌신은 주어진 일에 미친 사람만이 보여줄 수 있는 행동이다.

자신을 버려야
진정한 헌신이 가능하다

살아가면서 공개적으로 헌신을 서약하는 가장 대표적인 사건은 혼인이다. 결혼식을 치르면서 신랑 신부는 서로에 대해 평생의 헌신을 약속한다. 흔히 "검은 머리가 파뿌리가 될 때까지 건강할 때나 아플 때나 부유할 때나 가난할 때나 즐거울 때나 슬플 때나 충실한 동반자가 되어 함께 웃고 울며 조건 없이 사랑하고 서로 존중하고 공경하겠다"라고 하는 약속이 그 서약이다. 이처럼 부부가 자신의 모든 것을 내주고 서로에 대한 헌신을 끝없이 실천하지 않으면 행복한 결혼생활을 유지하는 것은 불가능하다.

혼인 서약만큼 보편적으로 행해지는 서약은 아니지만 그 못지않게 경건한 헌신의 서약이 여러 종교에서 성직자가 되기 위해 하는 성직 서약이다. 성직에 나서는 사람들은 신께 자신의 모든 것을 헌신할 것을 약속한다. 신앙에 기초해 자신을 내던지는 것이기에 어떤 고난과 불이익도

19-1. 귀스타브 도레, 「1870년 파리 포위 중에 일어난 일—아이를 구하는 애덕회 수녀」,
캔버스에 유채, 97×130cm, 1871, 르아브르 앙드레 말로 미술관

다 감내할 것을 다짐한다. 그 서약을 뜨거운 가슴으로 실천하는 한 수녀
를 그린 그림이 프랑스 화가 귀스타브 도레[1832~83]의 「1870년 파리 포위
중에 일어난 일—아이를 구하는 애덕회 수녀」[19-1]다.

눈 덮인 파리의 밤거리를 한 수녀가 어디론가 바삐 걸어간다. 수녀는
아이 하나를 번쩍 쳐들고 있다. 도시 저 멀리 프로이센군의 공격으로 붉

　♡ 리더의 가슴

은 화염이 피어오른다. 그림의 배경이 된 역사 공간은 1870년 발생한 프로이센-프랑스 전쟁이다. 프로이센의 막강한 군사력에 무력하게 무너진 프랑스는 넉 달에 걸친 시민군의 방어에도 불구하고 결국 파리 함락을 맞게 된다. 그 과정에서 많은 사상자가 발생했을 뿐 아니라 그림의 아이처럼 부모를 잃고 생존 자체가 경각에 달린 아이들도 생겨났다. 화면 오른쪽 골목 담벼락에 기댄 듯 스러진 사람이 비극적인 당시의 상황을 잘 보여준다.

당시 파리에서는 먹을 게 귀해 동물원의 코끼리와 캥거루도 잡아먹고 마차를 끄는 말은 물론 심지어 쥐까지 잡아먹을 정도였다고 한다. 그렇게 어려운 시기지만 그림의 수녀는 위기에 처한 불쌍한 아이를 외면하지 않고 그에게 먹을 것과 쉴 곳을 제공하려고 한다. 신에게 헌신을 약속한 사람으로서 수녀는 자신의 안위나 평안보다 아이의 안위와 평안이 더 중요하다. 이처럼 자신을 온전히 버릴 수 있을 때 진정한 헌신이 가능하다.

이런 전적인 헌신은 꼭 성직에 종사하는 사람뿐 아니라 리더라면 누구나 자신의 공동체를 위해 당연히 감당해야 할 책무다. 헌신의 핵심적인 구성요소를 미국의 스포츠 리더십 전문가 제프 잰슨은 다음의 여섯 가지로 정리했다.

- **진솔한 약속** ─ 다른 이들이 진지하게 받아들일 약속을 하고 반드시 지킨다.
- **'올인'하기** ─ 추구하는 바에 자신을 육체적으로, 정신적으로, 정서적으로 온전히 투자한다.

- **자발적인 희생**─진정한 헌신을 할 때는 목표를 이루기 위해 개인적인 희생이 불가피하다.
- **장기적인 책임감**─시도해 보고 마는 것은 헌신이 아니다. 헌신은 끝가지 의무를 다하는 것이다.
- **인내**─환경의 변화. 특히 어려움이 닥칠 때 동요하거나 흔들리지 말아야 한다.
- **실천의 동의**─사람들은 당신의 말이 아니라 행동을 보고 당신의 헌신을 판단한다.

헌신은 뜨거운 가슴만큼 성실하고 부지런한 몸을 요구한다. 가슴과 몸의 유기적인 조화가 아름다운 헌신을 낳는다.

어떤 비난에도 굴하지 않고 죽기까지 헌신한 포키온

17세기 프랑스의 고전주의 거장 니콜라 푸생[1594~1665]은 고대 그리스의 위대한 지도자 포키온을 주제로 한 그림 두 점을 남겼다. 하나는 「포키온의 장례」[19-3]이고 다른 하나는 「포키온의 재가 있는 풍경」[19-4]이다. 제목이 시사하듯 두 점 모두 포키온의 죽음을 소재로 하고 있는데, 푸생은 포키온의 고결한 정신에 매우 깊은 감화를 받아 이를 말쑥하고 정연한 풍경을 통해 드러냈다. 그러니까 두 그림의 풍경은 지금 포키온의 드높

은 정신을 상징하는 것이다.

'플루타르코스 영웅전'으로 유명한 플루타르코스에 따르면, 포키온은 정의롭고 온화한 성품을 지녔으며, 생활과 정치에서 아름다운 덕을 보여 준 아테네의 장군이자 정치가였다. 플루타르코스는 포키온이 "남의 일은 걱정하면서 자기 일은 전혀 돌보지 않았고, 비열하거나 수치스러운 일을 몹시 싫어하여 행동을 조심하였으며, 정의를 위해 많은 노력을 기울였다"라고 평했다. 표정이 엄격하여 쉽게 다가가기 어렵지만, 알고 보면 따뜻하고 인정이 많은 성격의 소유자였다고도 기록했다.

많은 아테네의 지도자들이 전쟁과 지휘권을 이용하여 출세할 생각만 하고 있을 때 포키온은 언제나 정치의 안정과 평화를 주장했는데, 그럼에도 불구하고 "민중이 전쟁을 희망하면 그는 절대로 전쟁을 피하거나 거절하지 않고 나라를 위해 기꺼이 싸움터로 나갔다." 그런 탓에 그는 한 번도 스스로 선거장에 나가거나 선거장에 사람을 보낸 일이 없었지만, 자신이 알지도 못하는 사이에 지휘관으로 선출되곤 했다. 기록에 따르면 무려 45번이나 아테네 군의 총사령관으로 선출되었다고 한다. 플루타르코스의 이런 묘사를 훑노라면 포키온은 진정 조국에 충심으로 헌신한 사람이라는 사실을 알 수 있다.

포키온이 살던 시대는 급격한 격동을 겪었다. 마케도니아의 알렉산드로스가 아테네를 포함해 지중해 일대를 제패하고 그가 죽고 난 뒤 그의 뒤를 이은 디아도코이(후계자들)가 서로 갈등하고 싸움을 벌이던 시기여서, 아테네의 입장에서는 매우 냉정하고 현명한 정책적 판단과 외교가 필요했다. 이 무렵 포키온만큼 냉철하게 조국의 앞날을 걱정하고 또 이를 위해 강단 있게 소신을 펼친 사람도 없었다. 그는 전 아테네 시민이 반대한다 해도 자신이 옳다고 판단한 것을 밀고나가는 사람이었다. 오죽했으면 그의 친구가 그에게 "늘 그렇게 시민들의 의견에 반대만 한다면 언젠가 맞아죽고 말 것"이라고 걱정할 정도였다. 그때 그 친구에게 포키온은 이렇게 답했다. "나라를 위한 정책을 시민들에게 권유하다가 사형을 당한다면 그것은 내 잘못이 아니라 시민들의 잘못이네. 그렇지만 만약 해로운 일을 권했다가 사형을 당한다면 이것은 시민의 잘못이 아니라 내 잘못이 되는 걸세."

평생 올곧기만 한 데다, 어떤 비난을 들어도 공동체와 시민들을 위해 모든 헌신을 다한 그는 그러나 결국 그를 눈엣가시로 본 마케도니아 총사령관 폴리스페르콘과 아테네의 정적들에 의해 반역자로 몰리고 이에 선동된 어리석은 아테네 군중에 의해 유명을 달리하게 된다. 그렇게 죽음을 맞으면서도 그는 친구에게 "아들에게 아테네 시민들을 원망하지 말라고 전해주게"라고 부탁했다.

푸생의 「포키온의 장례」[19-3]에서 우리가 보는 것은 매우 평화로운 풍경이다. 전경에 두 장정에 의해 들것에 실려 가는 게 포키온의 주검인데, 화면에서 차지하는 비중이 작아 그냥 지나치기 쉽다. 이 부분만 보아서는 과연 이 그림이 영웅을 기리고자 그린 것인지 미심쩍어 보일 수 있다. 그러나 풍경의 전체상을 차분히 살펴보자. 무엇보다 평화로운 풍경이 인상적인데, 그 평화로움은 잘 짜인 구성과 배치에 기인한 것이다. 하늘도, 산과 나무도 서로 절제하듯 자신의 자리를 묵묵히 지키고 있다. 과도한 형태나 색채, 구성으로 화면의 평화를 깨는 것은 없다. 균형과 조화는 이 그림의 보이지 않는 심판관인 것이다. 그만큼 그림은 고결하고 숭고한 인상을 주고 나아가 영웅적인 기상까지 느끼게 한다. 이 모든 것이 포키온과 같은 의인에 의해 지켜져 온 세계의 윤리와 덕을 상징한다 하겠다.

19-3. 니콜라 푸생, 「포키온의 장례」, 캔버스에 유채, 114×175cm, 1648, 웨일스 카디프 국립박물관
포키온은 대쪽 같은 지도자였다. 그는 결코 불의와 타협하지 않고 조국과 동포, 신념과 정의에 헌신했다.

19-4. 니콜라 푸생, 「포키온의 재가 있는 풍경」, 캔버스에 유채, 116×176cm, 1648, 리버풀 워커미술관
공적인 일을 하면서 사적인 이익을 티끌만큼도 탐하지 않는 포키온의 마음은 푸생의 그림 속 풍경처럼 정
결하고 순수하기만 했다.

만인의 우러름 속에
애국자의 전형으로 부활하다

푸생의 「포키온의 재가 있는 풍경」¹⁹⁻⁴은 포키온을 처형한 뒤의 이야기를 담은 그림이다. 포키온을 죽인 뒤에도 그의 정적들은 그의 주검조차 아테네에 묻지 못하게 했다. 이로 인해 메가라로 이동해서 주검을 화장해야 했다. 아테네에서 장례를 치를 수 없는 현실이 뼈에 사무친 그의 아내는 유골 가루를 몰래 가져와 자기 집 부뚜막에 숨겼다. 플루타르코스에 따르면 아내는 부뚜막에 이렇게 당부했다고 한다. "축복받은 부뚜막아! 착하고 용감했던 분의 재를 너에게 맡기니 부디 잘 지켜다오. 그리고 아테네 시민들이 제정신으로 돌아오면, 그때 조상들의 무덤으로 고이 옮겨갈 수 있게 해다오."

그림에서 포키온의 아내는 지금 다른 사람들 몰래 남편의 재를 수습해 아테네로 가져가려 한다. 그녀는 자신의 행동이 위법한 것이라는 사실을 알기 때문에 주위를 경계하며 재를 모으고 있다. 곁에서는 하녀로 보이는 여인이 망을 봐주고 있는데, 그녀 역시 상당히 긴장한 모습이다. 그러나 두 사람의 그런 긴장된 모습과는 관계없이 풍경은 정연하고 차분하다. 「포키온의 장례」에서 보는 것처럼 평화롭고 여유롭기까지 하다. 이 풍경 또한 포키온의 고귀한 정신을 대변한다. 더불어 남편의 명예를 지키려 애쓴 아내의 고결한 부덕婦德을 나타낸다.

훗날 아테네인들은 자신들의 어리석음으로 위대한 애국자를 잃었다는 사실을 깨닫고는 크게 후회했다고 한다. 그래도 포키온의 유골이 그

리더의 가슴

의 아내 덕에 잘 보존되어 있다는 사실을 안 아테네인들은 비록 뒤늦었지만 충분한 예우를 갖춰 포키온의 장례식을 치러주었다. 더불어 그를 기리는 동상도 세웠다. 아테네인들의 자책과 후회는 이에 그치지 않고 포키온을 처형하도록 부추긴 정적들을 찾아내 사형시키는 데 이르렀다. 공동체를 위해 마지막까지 자신의 모든 것을 바쳐 헌신한 고대의 지도자는 이렇게 만인의 우러름을 받으며 다시금 부활했다.

"헌신할 것인가 아니면 두려워 포기할 것인가"

리더의 헌신은 구성원들에게 큰 동기부여가 된다. 리더가 제대로 헌신하지 않으면서 구성원들로 하여금 최선을 다하기를 바라는 것은 가당치 않은 일이다. 리더가 충분히 헌신하지 않으면 구성원들의 신뢰는 최선을 다해 헌신하는 다른 구성원에게로 옮겨간다. 공식적인 리더와 실질적인 리더가 불일치하는 문제가 발생하는 것이다. 조직은 살아 움직이는 생물이다. 조직의 심장은 부단히 박동해야 한다. 심장이 규칙적으로 뛰기 위해서는 이를 가능하도록 하는 전기적 자극이 필요한데, 조직에서는 리더의 헌신이 바로 이 전기적 자극이다.

경영학자 피터 드러커는 말했다.

헌신이 없다면 계획은 존재하지 않고 오로지 약속과 희망만 존재하는 것이다.

이루어지지 않을 약속과 희망만을 먹고살 수는 없다. 약속과 희망을 현실로 만드는 것은 우리의 노력이고 실천이다. 이 노력과 실천을 위한 지도가 계획이다. 지도를 보고 목적지를 제대로 찾아가듯이 계획이 분명히 서 있어야 노력과 실천이 제 결실을 맺을 수 있다. 목적지에 이르기까지 지도, 곧 계획에서 벗어나지 않게 끈질기게 버텨내고 추구하는 것, 그것이 헌신이다. 그래서 헌신하는 사람은 누구보다 강한 인내를 지닌 사람이기도 하다.

당신에게는 항상 두 가지의 선택이 있다. 헌신할 것인가, 아니면 두려워 포기할 것인가.

미국의 배우이자 가수인 새미 데이비스 주니어의 말이다.

리더의 가슴

20
공포에 저항하고
공포를 다스리라

앙리 드 그루의 「모욕당하는 에밀 졸라」

용기

위대한 리더가 되기 위한 자질과 능력을 하나하나 헤아리다 보면 과연 이런 자질과 능력을 두루 다 갖춘 사람이 얼마나 있을까 하는 생각이 절로 든다. 사람들이 칭송하는 덕과 자질을 두루 갖춘다는 것은 매우 어려운 일이다. 게다가 이 자질과 덕은 서로 모순되거나 충돌을 일으키는 것처럼 보일 때가 적지 않다. 이를테면, 리더는 대담하면서도 합리적인 결정을 내려야 하고, 열정적이면서도 냉정한 판단을 해야 한다. 진취적이면서 보수적인 운영을 해야 하고, 이성적이면서 감성적인 소통을 할 줄 알아야 한다.

그렇게만 할 수 있다면야 그보다 좋을 수는 없겠지만, 사람인 이상 어떤 것들은 넘치나 어떤 것들은 모자란다. 물론 사람의 일생은 늘 배움 위에 있고 우리는 이 배움을 통해 장점을 강화하고 약점을 보완한다. 약점을 보완하려면 먼저 자신의 모자람을 인정해야 한다. 자신의 한계를 솔

리더의 가슴

직히 인정하고 그것을 극복하기 위해 부단히 노력한다는 것은 말이 쉽지 그리 만만한 일은 아니다. 이때 우리에게 가장 절실한 덕목이 바로 용기다. 용기가 있어야 우리의 한계를 인정할 수 있고 용기가 있어야 우리는 그 한계를 극복하기 위해 노력할 수 있다. 그런 점에서 용기야 말로 리더십과 관련한 다른 모든 덕목을 강화시켜주는 '영혼의 근육강화제' 같은 것이라 할 수 있다.

소설가 마크 트웨인은 말했다.

용기란 공포의 결여가 아니라 공포에 저항하는 것이고 공포를 다스리는 것이다.

넬슨 만델라도 유사한 말을 했다.

나는 용기가 공포의 결여가 아니라 그것을 이기는 것이라는 것을 알았다. 용감한 사람이란 두려움을 느끼지 않는 사람이 아니라 공포를 정복하는 사람이다.

누구나 다 모자라고 한계가 있지만, 그것을 인정하고 극복하기 위해 떨쳐 일어서는 것, 그것이 용기다. 용기가 있다면 누구나 지금보다 훨씬 크게 성장할 수 있다.

뛰어내릴 것이냐,
물러설 것이냐

영화감독 스티븐 스필버그가 애장한 그림 중에 미국의 일러스트레이터 노먼 록웰[1894~1978]이 그린 「고공 다이빙대 위의 소년」[20-1]이 있다. 한 소년이 용기를 내어 다이빙보드 위로 올라갔으나 아찔함을 느낀 탓에 보드 끝에 웅크리고는 놀란 토끼 눈으로 아래를 내려다보는 그림이다. 해학적인 장면으로 유명한 일러스트레이터답게 록웰은 매우 유머러스하게 이 상황을 표현했다. 한 번 보면 누구나 절로 미소를 짓게 되는 그림이다.

스필버그는 이 그림을 처음 보자마자 반해서 구입했는데, 단순히 좋은 작품이니 소장해야겠다는 생각에서가 아니라 사서 반드시 자신의 사무실에 걸어놓아야겠다는 생각에서 그리했다고 한다. 그 이유를 그는 이렇게 설명한다.

우리는 살아가는 동안 수백 번 다이빙보드 위로 올라간다. 뛰어내릴 것이냐 저 심연으로부터 물러설 것이냐가 우리에게 닥친 일이다. 내게는 이 그림이 내가 감독을 맡기로 결심하기 전의 영화 하나하나를 대변한다. '그래, 이 영화의 감독 일을 맡아야지' 하기 바로 전의 순간들을 떠올리게 하는 그림인 것이다.

스필버그가 「쉰들러 리스트」에 착수하기까지 11년이 걸렸다고 한다. 그렇게 뛰어들기 전 그는 무려 11년 동안이나 저 다이빙보드 위의 소년

20-1. 노먼 록웰, 「고공 다이빙대 위의 소년」, 1947년 8월 16일자 『새터데이 이브닝 포스트』 표지 그림

처럼 망설였다. 제아무리 대단한 영화감독이라도 영화 한 편을 찍을 때마다 그토록 두려워하고 망설이는 것이다. 역사 속의 모든 성취자들이 위대한 것은, 심연이 두렵다고 포기하는 게 아니라 결국 과감히 뛰어내리기 때문이다. 그들 속에도 공포가 존재하지만 그들은 그 공포를 스스로 정복한다. 재능이나 환경, 여건 이전에 용기가 우선적으로 작동했기에 실행하고 성취할 수 있었던 것이다.

리더십 컨설턴트 빌 트레저러는 이런 용기를 크게 세 가지 유형으로 나눈다. '시도하는 용기'와 '믿는 용기' 그리고 '말하는 용기'가 그것이다. '시도하는 용기'는 주도적으로 실행하는 용기다. 앞장서서 시도하고 개척자적으로 노력하며 기꺼이 책임을 떠맡는 것이다. '믿는 용기'는 남을 신뢰할 줄 아는 용기다. 상황이나 결과를 통제하려는 의식을 버리고 사람들에게 맡기고 변화에 열린 마음으로 대처하는 것이다. '말하는 용기'는 과감히 발언할 줄 아는 용기다. 어려운 이슈를 제기하고 비판적인 의견을 제시하며 인기 없는 견해를 나눌 줄 아는 것이다. 이처럼 시도해야 할 때 시도할 줄 알고 믿어야 할 때 믿을 줄 알며 말해야 할 때 말할 줄 안다면, 그는 진정으로 용기 있는 사람이다. 그리고 일의 반을 이룬 사람이다. '시작이 반'이라는 말이 있듯 일을 시작할 때 가장 중요한 추진력이 바로 용기다.

죽음 앞에서도
당당한 용기

용기를 이야기할 때 우리가 가장 먼저 떠올리게 되는 사람은 전쟁터에서 목숨을 걸고 혈전을 벌이는 군인들이나 국난 극복을 위해 과감한 용단을 내리는 정치 지도자들이다. 나라마다 이런 군인이나 정치 지도자에 대한 이야기는 넘쳐난다. 그런 인물 중 하나를 그려 유명해진 서양회화사의 걸작이 장제르맹 드루에[1763~88]의 「민트루나이의 마리우스」[20·2]다.

고대 로마의 군인이자 정치가였던 카이우스 마리우스는 가난하고 비천한 집안에서 태어나 로마 공화정의 최고위직인 집정관에 오른, 그것도 그 직을 일곱 차례나 역임한 입지전적인 인물이다. 열악한 토대에서 그렇게 수직상승한 위인이라는 점에서 그의 집념과 투쟁은 남달랐다 할 수 있는데, 그는 타고난 천성 자체가 매우 용맹스러웠으며 인내심이 강했고 간소한 생활을 즐겼다고 한다. 젊은 날 적과 일대일로 대결을 벌였을 때는 용감하게 맞닥뜨려 번번이 승리함으로써 여러 차례 상을 받았고, 정치에 뛰어들어서는 한동안 귀족이나 평민 혹은 어느 당파에도 치우침 없이 공익을 위해 용기 있게 분투함으로써 정의로운 사람이라는 평가를 받았다. 로마인들은 그를 진정 리더다운 리더로 생각했다. 집안이 좋은 것도 아니고 부유한 것도 아니며 웅변술도 익히지 못해 그 밑천은 매우 보잘것없었지만, 그는 결코 주눅들지 않고 타고난 용기로 모든 어려움을 극복해 큰 성취를 이뤘다.

20-2. 장제르맹 드루에, 「민투르나이의 마리우스」, 캔버스에 유채, 271×365cm, 1786, 파리 루브르 박물관
암살자 앞에서 호기롭게 가슴을 드러내 보이는 마리우스. 그는 오로지 용기와 열정으로 하층민에서 로마의 정상에까지 오른 입지전적인 인물이었다.

그런 그가 정적 술라와의 권력투쟁 끝에 목숨이 경각에 달릴 정도로 몰려 민트루나이의 한 민가로 도피했을 때가 있었다. 이 주제를 그린 그림이 드루에의 「민트루나이의 마리우스」다. 이곳 행정관과 시의회 의원들은 권력투쟁의 패자인 마리우스를 죽일 결심을 한다. 그래서 갈리아족 기병을 암살자로 고용하는데, 이 암살자는 어두운 방에 들어갔다가 소스라치게 놀라고 만다. 어둠 속에서 형형히 빛나는 눈빛과 마주친 것이다. 잠자고 있을 줄 알았던 마리우스가 깨어 자신을 노려보자 암살자는 두려움에 싸여 어찌할 바를 몰랐다. 드루에의 그림에서 암살자는 망토로 자

♡ 리더의 가슴

20-3. 존 밴덜린, 「카르타 고의 폐허에서 생각에 잠긴 마리우스」, 캔버스에 유채, 221×174cm, 1807, 샌프란 시스코 미술관

민트루나이에서 암살을 모면한 뒤에도 마리우스는 한동안 피난처를 찾아 떠돌아야했다. 폐허화된 카르타고가 자신의 신세와 비슷하다는 생각에 깊은 상념에 잠겨 있는 마리우스.

기 눈을 덮어 마리우스의 눈빛을 피하려고 한다. 반면 마리우스는 옷을 풀어헤쳐 가슴을 드러냄으로써 당당히 암살 기도에 맞서고 있다. 암살자는 결국 암살에 실패했다. 너무 놀란 그는 두려움에 싸여 방에다 칼을 버리고 달아났다. 용기로 빛나는 강인한 정신이 어둠의 비겁한 음모를 이긴 것이다.

이렇게 위기에서 벗어난 마리우스는 그러나 말년을 매우 참혹하게 보낸다. 술라가 보이오티아로 원정을 나간 사이 킨나와 손을 잡고 로마의 권력을 다시 쟁취했으나 피에 굶주린 보복으로 시민들에 대한 잔인한 살육 행위를 멈추지 않았다. 자제력과 평정심을 잃은 용기는 더 이상 용기가 아니다. 광분일 뿐이다. 결국 몸도 마음도 극도로 피폐해진 그는 술라의 로마 귀환이 분명해진 시점에서 병사하고 말았다.

드루에는 마리우스의 결점에 대해서도 잘 알고 있었지만 그보다는 그의 용기에 초점을 맞춰 이 그림을 제작했다. 사실 그는 자신의 용기를 되찾고 다지는 과정에서 이 주제를 택하게 되었는데, 그 이야기를 하자면 이렇다.

미술학도 시절이었던 1783년, 드루에는 영예의 로마 상에 지원할 자격을 얻어 다른 경쟁자들과 함께 열심히 그림을 그렸다. 그런데 볼수록 경쟁자들의 작품이 하나같이 자기 것보다 뛰어나 보였다. 그는 자신감을 잃고 그리던 그림을 부숴버렸다. 이 사실을 알고는 스승 다비드가 그에게 탄식하듯 말했다. "네 작품은 그리 나쁜 게 아니었다. 오히려 상을 탈 수도 있는 작품이었는데." 자신감의 상실이 제 작품의 가치를 제대로 보지 못하게 만든 것이었다. 이듬해 다시는 그런 실수를 하지 않겠다고 다짐한 그는 용기를 불사르며 그림에 달라붙었고 결국 최고상을 받았다. 이때의 경험이 2년 뒤 「민트루나이의 마리우스」의 인상적인 장면을 낳았다. 용기만 살아 있다면 극복하지 못할 게 없음을 보여주는 그림이라 하겠다.

불의에 맞서 양심의 햇불을 높이 치켜든 에밀 졸라

용기는 군인이나 정치가만의 전유물이 아니다. 지식인, 성직자, 예술가 가릴 것 없이 의미 있는 성취를 하기 위해서는 누구든 용기가 필요하다. 특히 지식인, 성직자, 예술가는 사회의 양심과 양식을 대변하는 사람들이다. 그들은 앞에서 언급한 빌 트레저러의 세 가지 용기 가운데 '말하는 용기'를 발휘해야 할 때가 많다. 그 용감한 행위로 역사에 자취를 남긴 대표적인 인물이 프랑스의 소설가 에밀 졸라다.

널리 알려져 있듯 에밀 졸라는 드레퓌스 사건에서 양심과 정의를 대변해 당시 프랑스 군부의 불의를 규탄했다. 드레퓌스 사건은, 유대인 장교 드레퓌스가 독일의 스파이라는 누명을 쓰고 종신형 판결을 받은 뒤 프랑스 전체가 큰 홍역을 앓게 된 사건을 말한다. 판결 뒤에 군부 내에서 실제 범인이 누구인지 밝혀지고 이를 뒷받침할 증거도 나왔지만, 군 수뇌부는 잘못을 인정하지 않고 오히려 진실을 은폐하기에 급급했다. 이에 분노한 에밀 졸라는 1898년 1월 13일 『오로르』지에 대통령에게 보내는 서한 형식으로 「나는 고발한다」라는 글을 기고했다. 이 글이 프랑스 사회의 양심에 불을 댕겼다.

이후 프랑스는 재심을 요구하는 양심적인 지식인들, 진보인사들과 반유대인 정서로 뭉친 수구 우파, 기득권 세력이 강하게 충돌해 극도의 혼란에 빠져들었다. 결국 드레퓌스가 체포된 지 10년이 되는 1904년, 재심이 개시되어 그의 무죄가 선고되었다. 이렇게 되기까지 에밀 졸라의 역할이 매우 컸지만, 그러나 그 용기만큼 그는 큰 비용을 치러야 했다.

졸라는 「나는 고발한다」를 기고한 이듬해 중상혐의가 인정되어 유죄 판결을 받았고, 그에 따른 감옥행을 피하기 위해 결국 영국으로 망명해야 했다. 상황이 개선되어 가까스로 다시 고국으로 돌아올 수 있었지만, 그 뒤에도 갖가지 협박에 시달렸다. 1902년 졸라가 파리의 아파트에서 일산화탄소중독으로 숨졌을 때 그것이 반유대극우주의자들의 소행이라는 소문이 파다하게 돌았다. 그러나 검시관은 검시보고서를 공개하기를 거부하고 자연사로 확정지어 발표했다. 1953년 파리의 한 신문사에 의문의 편지가 배달되면서 이 의혹이 다시 증폭되었는데, 그 편지에 따르면, 졸라는 반드레퓌스주의자에 의해 살해된 게 확실하며, 살해범이 1927년 임종 때 이를 고백했다는 것이다. 편지의 구체적인 서술과 여러 정황으로 볼 때 매우 신빙성이 높은 제보였으나 세월이 많이 흘러 이를 명쾌하게 확인할 방법은 없었다. 어쨌든 졸라는 그 위대한 문학적 성취와 별개로 이렇듯 양심의 횃불을 높이 든 대가를 치렀다.

이런 졸라의 고난에 주목해 그려진 작품이 앙리 드 그루[1866~1930]의 「모욕 당하는 에밀 졸라」[204]다. 그림을 보면 당시 졸라에게 쏟아진 비난과 증오가 얼마나 대단했는지 한눈에 알 수 있다. 화면 오른쪽에 미색 옷을 입고 실크해트를 쓴 졸라가 보이는데, 그는 마치 모든 것을 잡아당기는 블랙홀 같다. 분노한 군중이 막대기를 들고 그를 향해 몰려들어 경찰과 경호원들이 가까스로 그를 지키고 있다. 졸라는 지금 제대로 걷기도 어려운 형편이다. 이 그림을 그린 앙리 드 그루는 벨기에 출신의 화가로, 이 무렵 졸라와 매우 친해져 그를 보호하는 경호원 역할을 하기도 했다.

리더의 가슴

20-4. 앙리 드 그루, 「모욕 당하는 에밀 졸라」, 캔버스에 유채, 81×109.5cm, 1898, 개인 소장

자신이 경험한 사건을 목도한 그대로 생생히 표현한 그림인데, 졸라를 향한 반대파의 증오가 컸던 만큼 졸라의 용기가 얼마나 대단한 것이었는지 알게 해주는 그림이다.

용기란
진실을 마주하는 힘

용기는 우리가 서 있어야 할 곳으로 우리를 인도한다. 내가 지금 서 있는 곳이 잘못된 자리라면, 그것은 다른 누구의 탓으로 그렇게 된 게 아니다. 내 탓으로 그리 된 것이다. 내가 용기를 갖고 추구하거나 도전하지 않았기에 나는 지금 엉뚱한 자리에 서 있는 것이다. 내가 용기를 내지 않았다는 것은 결국 그동안 두려움의 지배를 받았다는 뜻이 된다.

이와 관련해 우리는 오프라 윈프리의 다음 언급을 경청할 필요가 있다.

당신이 극도로 두려워하는 것은 아무 힘이 없다. 그에 대한 당신의 두려움이 힘을 갖고 있다. 진실을 정면으로 마주할 때 우리는 자유로워진다.

두려움의 대상은 실제로는 아무 힘이 없다. 나를 지배하는 것은 내 안의 두려움이다. 이로부터 벗어나려면 진실을 마주할 줄 알아야 한다. 진실이 나를 부끄럽게 만든다 해도 진실을 마주하면 우리는 자유로워진다. 그렇게 마주하게 하는 힘이 용기다. 그러므로 누구보다 용기로 충만해야

리더의 가슴

20-5. 에두아르 마네, 「에밀 졸라」, 캔버스에 유채, 146×114cm, 1867~68, 파리 오르세 미술관

하는 리더는 그만큼 부단히 진실과 마주해야 한다. 자신의 모자람과 한계를 인정하고 두려움 자체를 두려워하지 않아야 한다.

에밀 졸라는 말했다.

당신이 진실을 침묵하게 하고 진실을 땅속에 묻는다 해도 결국 진실은 자랄 것이다.

용기 있는 자는 진실을 사랑한다. 리더는 진실을 사랑하는 용기를 지닌 자다.

리더의 가슴

21

모든 길은
열정으로 통한다

바실리 수리코프의 「스테판 라진」과 준 허버트 밀레이의 「영원한 열정」

열정

누구나 의미 있는 삶을 살기를 원한다. 누구나 후회 없는 삶을 살기를 원한다. 의미 있는 삶, 후회 없는 삶의 정해진 기준은 없다. 다른 누가 판단해주는 것도 아니다. 그 심판관은 오로지 나 자신이다. 자신의 생애를 돌아보아 만족스럽고 아쉬울 게 없다면 그게 의미 있는 삶, 후회 없는 삶이다. 그 판단의 준거가 되는 것 가운데 하나가 내 안의 열정이 아닐까. 내 안의 열정을 하얀 재가 되도록 소진했다면 삶을 긍정적으로 돌아보게 될 것이고, 미진함이 진하게 남아 있거나 열정다운 열정을 불태워본 적이 없다면 삶이 후회스러울 것이다. 그런 점에서 열정은 삶의 의미를 견인하는 엔진이라 하겠다.

자기계발 전문가 로버트 크리겔과 루이스 패틀러는 공저 『망가지지 않았다면 망가뜨려라!If it Ain't Broke⋯ Break It!』에서 열정의 가치에 대해 말하면서 1,500명을 대상으로 20년 동안 추적 조사한 한 연구를 인용했다. 이 연구는 대상자를 크게 두 그룹으로 나눴는데, 83퍼센트가 속한 그룹 A 는 나중에 원하는 것을 이루기 위해 당장은 돈 버는 일에 집중한 사람들 이었고, 나머지 17퍼센트가 속한 그룹 B는 반대로 돈에 대해서는 괘념치 않고 당장 하고 싶은 일에 집중한 사람들이었다. 20년 뒤 추적해보니 이 들 1,500명 가운데 모두 101명의 백만장자가 나왔다. 두 그룹에서의 분 포는 과연 어땠을까?

흥미롭게도 101명의 백만장자 가운데 단 한 사람만이 그룹 A에서 나 왔고, 나머지 100명은 그룹 B에서 나왔다. 돈보다 열정을 우선적으로 택 한 사람이 열정보다 돈을 우선적으로 택한 사람보다 부자가 될 확률이 훨씬 높다는 사실을 이 연구는 보여주었다. 사람들은 꿈만 먹고 살 수는 없다고 말한다. 그러나 돈이 아니라 열정을 택하는 것이 보다 현실적인 선택이라고 이 연구는 반박한다. 특히 오랜 시간을 두고 보았을 때 더욱 그렇다고 한다. 열정은 삶의 의미를 북돋워줄 뿐 아니라 현실을 헤쳐나 갈 실질적인 힘과 보상을 가져다준다. 결국 모든 길은 열정으로 통한다.

열정은 공동체의 혈류다

열정은 혈류 같은 것이다. 공동체와 조직은 열정이라는 혈류로 생기 를 공급받는다. 리더는 조직에 끊임없이 열정을 불어넣어 조직이 왕성하 게 작동하게 하는 사람이다. 열정을 공급받지 못하면 조직의 기능은 급격히 저하된다. 열정이 없이는 그 어떤 비전도 실현할 수 없다. 기능이 저하되어 느리고 뻣뻣하게 움직이는 몸으로는 그 어떤 미션도 감당할 수 없다.

리더십 컨설턴트 스티브 무어는 "열정이 없는 비전은 기계적"이라며 "열정이 있는 비전이라야 영감을 준다"라고 말한다. 무어에 따르면, 열정이 충분하지 못할 때 리더가 흔히 빠지게 되는 유혹이 조직의 긴장 강도를 높이는 것이라고 한다. 조직의 긴장 강도를 높이면 겉으로는 제대로 움직이는 것 같으나 내적으로는 에너지가 감소하고 창의성이 떨어진다. 일의 동기를 약화시킬 뿐 아니라 궁극적으로는 잠재력을 완전히 소진시킨다.

이를 춤에 비유해볼 수 있다. 춤은 열정으로 추는 것이다. 열정이 없는 춤은 춤이 아니다. 열정이 없는 춤에서 우리는 그 어떤 에너지도 창의성도 느낄 수 없다. 열정을 긴장으로 대신한다면 몸은 더욱 뻣뻣해질 것이고, 억지로 동원한 그 강제력은 몸이 부상을 당하기 쉽다. 그러므로 춤은 열정으로 추어야 한다.

춤에 비친 열정의 이미지를 생생히 표현해 유명해진 그림이 미국 화가 존 싱어 사전트[1856~25]의 「엘 할레오」[21-1]다. 이 그림은 스페인 안달루시아 지방의 격정적인 춤을 소재로 한 것이다. 사전트는 유럽이나 미국의 상류층 인물 초상화를 많이 그렸는데, 그 자신은 이런 초상화 그리는 일을 매우 지겨워했다고 한다. 하지만 주된 수입원이니 쉽게 접을 수도 없었다. 「엘 할레오」는 그가 형식적인 초상화 그리기에서 벗어나 예술가로서 자신의 열정을 마음껏 펼치고자 그린 그림이다.

♡ 리더의 가슴

21-1. 존 싱어 사전트, 「엘 할레오」,
캔버스에 유채, 232×348cm, 1882, 보스턴 이사벨라 스튜어트 가드너 미술관

악사들을 배경으로 한 여인이 열정적으로 춤을 추고 있다. 명암의 극
적 대비는 이 춤의 격렬함을 도드라지게 부각시킨다. 뒤로 젖힌 몸과 살
짝 튼 고개, 강하게 뒤틀린 팔, 재빠르게 움직이는 발의 이미지가 무희의
탁월한 기량을 완벽하게 드러낸다. 그 강렬한 비트를 이 정지된 화면으

로도 충분히 느낄 수 있다. 그만큼 화가의 묘사가 감탄스럽다.

우리가 춤, 특히 스패니시 댄스나 라틴 댄스처럼 격정적인 춤에 열광하는 것은 그렇게 자유롭게, 열정적으로 몸을 흔듦에도 그것이 궁극적으로는 완벽한 조화와 질서를 창출하기 때문이다. 그래서 이런 열정의 춤은 그 자체로 해방이면서 질서다. 탁월한 무용수를 통해 그 사실이 완벽하게 드러날 때 우리는 황홀경에 빠져 뜨거운 박수를 보내게 된다. 그런 점에서 열정적으로 무언가를 한다는 것은 이런 춤을 추는 것과 같다고 하겠다. 내적으로는 강렬한 에너지를 분출하고 자유를 누리면서, 외적으로는 아름다운 조화와 질서를 빚어내는 것이다.

열정으로 산화한 리더는
영원한 전설로 부활한다

이제 열정의 아이콘으로 그려진 리더에게 눈길을 돌려보자.

권력의 횡포와 이에 대한 저항은 역사의 단골 드라마 가운데 하나다. 전제와 폭정이 심할수록 저항의 반발력은 커질 수밖에 없다. 이런 저항을 이끈 지도자들은 그것이 혁명이든 봉기든 혹은 민란이든 누구보다 열정적으로 운명과 맞부딪친 사람들이다. 뜨거운 열정이 아니었다면 돈도 지위도 권세도 턱없이 부족한 상황에서 민중을 그렇게 강력한 힘으로 끌어내지 못했을 것이다. 역사 속에서 이런 저항은 대체로 실패로 끝나나, 그 열정의 여운을 잊지 못하는 민중은 사라진 지도자를 하나의 신화 혹

리더의 가슴

은 전설로 기억하게 된다. 스테판 라진은 그렇게 기억되어온 러시아의 대표적인 영웅이다.

스테판 라진은 돈 지방의 부유한 카자크(코사크) 집안에서 태어났다. 카자크는 과중한 세금과 강제노역을 피해 남방의 변경으로 이주해온 농민들과 그 자손들, 범법자, 주변 유목민 등 다양한 구성원들로 이뤄진 준군사적 집단이었다. 일찍부터 카자크에 대한 정부의 간섭에 불만이 많았던 스테판 라진은 가난한 카자크들과 도주 농민 세력을 규합해서 압제에 대항해 일어서게 된다. 당시 러시아에서는 농민을 지주의 영원한 재산으로 묶는 극단적인 농노화 정책이 추구되어 곳곳에서 봉기가 일어나고 있었다. 비참한 상태에 빠진 이들의 한 맺힌 투쟁은 마침내 라진의 대규모 반란으로 그 절정에 이르렀고, 라진의 군대는 1667년부터 이듬해까지 볼가강 하류와 카스피해 연안을 휩쓸었다. 그들은 1670년 다시 볼가강으로 진출해 세력을 크게 떨쳤으나, 1671년 지도자 라진이 돈강에서 붙잡힘으로써 그 기세가 꺾이고 말았다. 라진은 모진 고문 뒤 사지절단 형을 받고 죽었는데, 팔다리가 떨어져나가는 순간에도 신음 소리 한 번 내지 않아 그 불굴의 저항정신을 드러냈다고 한다.

바실리 이바노비치 수리코프[1848~1916]의 「스테판 라진」[21-2]은 그 위대한 영혼의 표상으로서 라진을 그린 작품이다. 그림 속의 라진은 볼가 강에 떠 있는 배 위에서 깊은 상념에 잠겨 있다. 그와 그의 무리는 지금 페르시아 원정에 성공하고 돌아오는 길이다. 전승의 기쁨으로 기분이 크게 들떠 있을 것 같은데 라진의 표정은 그와는 거리가 멀다. 그는 왜 이리도 깊은 고뇌에 잠겨 있는 것일까?

21-2. 바실리 이바노비치 수리코프, 「스테판 라진」,
캔버스에 유채, 318×600cm, 1906, 상트페테르부르크 러시아 미술관
민중의 편에 서서 압제에 저항하다 처형된 리더들은 민중의 마음속에서 영원한 리더로 부활한다.
그들은 무엇보다 식지 않는 열정의 불꽃으로 기억된다.

라진의 우울한 표정에서 우리가 자연스레 떠올리게 되는 것은 그를 기리는 러시아 민요「스텐카(스테판) 라진」이다. 우리말 가사는 이렇다.

> 넘쳐, 넘쳐 흘러가는 볼가강 물 위에
> 스텐카(스테판) 라진 배 위에서 노랫소리 들린다.
> 페르시아 영화의 꿈 다시 찾은 공주의
> 웃음 띤 그 입술에 노랫소리 드높다.
> 돈 카자크 무리에서 일어나는 아우성
> 교만할 손 공주로다. 우리들은 주린다.
> 다시 못 올 그 옛날의 볼가 강물 흐르고
> 꿈을 깨친 스텐카 라진, 장하도다. 그 모습.

전하는 이야기에 따르면, 페르시아 원정에서 아리따운 공주를 포로로 잡은 라진은 귀향길에 그녀와의 사랑에 푹 빠졌다. 그로 인해 카자크 무리에서는 불만이 터져 나왔다. 지도자가 여자에 취해 흥청망청 노느라 제 본분과 책임을 망각하고 있다는 것이었다. 터져 나오는 불만에 경각심을 느낀 스테판 라진은 급기야 공주를 강물에 던져버리고 다시금 초심으로 돌아가 압제와의 투쟁에 앞장선다.

아무리 포로라 하더라도 사람을 산 채로 물에 던져버리는 것은 너무나 잔인하고 끔찍한 일이다. 오늘날 같으면 이런 행위는 인간성에 대한 범죄로 취급받을 수밖에 없다. 리더로서의 자격조차 거론하기 어렵다. 그런 점에서 그 같은 라진의 잔혹행위가 영웅적인 행위로 칭송받아온 것

21-3. 보리스 쿠스토디에프, 「스테판 라진」, 캔버스에 유채, 1918, 상트페테르부르크 러시아 미술관
볼가강 위에서 묵묵히 결의를 다지는 라진에 초점을 맞춘 그림이다. 저 수평선 뒤로 상서로운 빛이 비친다.

은 시대의 한계이자 그 시대에 갇힌 의식의 한계라고 볼 수밖에 없다. 다만 당시 러시아 민중은, 라진이 스스로 가장 소중하게 여기는 것을 포기했다는 사실에 주목했다. 그 모든 게 공동체를 위해 자신을 전적으로 헌신하고자 한 그의 열정에서 비롯된 것이라고 보았다. 고통스러운 처형 순간에도 결코 굴복하지 않았던 그의 기백을 포함해 이 모든 열정은 결국 그가 러시아에서 영원한 민중의 지도자로 기려지고 찬미되는 근거가 되었다.

♡ 리더의 가슴

조류학자의 열정에 대한
찬사로 그려진 '영원한 열정'

학문이나 예술 분야에서도 뛰어난 성취는 대부분 남다른 열정의 소산이다. 영국 화가 존 에버렛 밀레이[1829~96]는 그런 열정의 인간을 만난 뒤 영감을 받아 「영원한 열정Ruling Passion」21-4을 그렸다. 밀레이가 만난 사람은 영국의 조류학자이자 새 전문 화가인 존 굴드[1804~81]였다. 1881년 존 굴드가 세상을 떠나기 직전 아들과 함께 그의 집을 방문한 밀레이는 굴드의 지칠 줄 모르는 열정에 큰 감명을 받았다. 그래서 돌아오는 길에 그는 아들에게 "훌륭한 주제야, 매우 훌륭한 주제야. 시간이 날 때 반드시 그려야겠어"라고 말했다.

굴드가 세상을 떠나고 몇 년 뒤 그려진 이 그림은 굴드의 모습을 그대로 담고 있지 않다. 아이들에 둘러싸인 조류학자의 외모는 굴드의 것이 아니라 밀레이의 판화가 친구 토머스 바로우의 것이다. 그리고 아이들이 조류학자를 둘러싼 상황도 밀레이가 실제 존 굴드의 집을 방문했을 때 일어났던 일이 아니다. 밀레이가 그리고자 한 것은 존 굴드의 외모가 아니라 그의 열정이었고, 그것을 위해 연출에 신경쓰다보니 이처럼 대역이 등장하고 그 대역을 아이들이 둘러싼 이미지가 만들어졌다.

그림에서 늙은 조류학자는 몸이 불편해 침대의자에 파묻혀 있다. 조류학자의 손에는 박제 새가 들려 있고, 화면 여기저기에서 다른 박제 새들을 볼 수 있다. 몸이 성하지 못함에도 열정적으로 새에 대해 설명하는 노학자의 모습과 그 이야기를 귀를 종긋 세우고 듣는 아이들이 정겹기

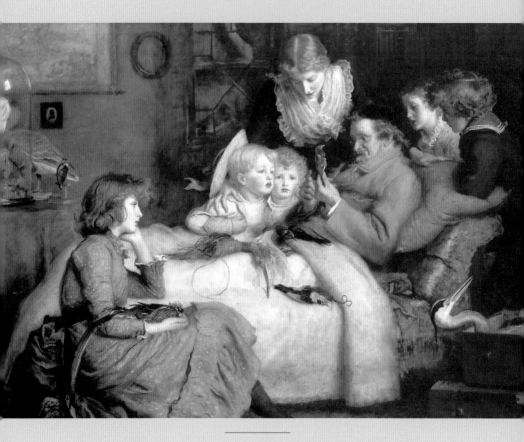

21-4. 존 에버렛 밀레이, 「영원한 열정」 캔버스에 유채, 160.7×215.9cm, 1885, 글래스고 미술관

그지없다. 화가는 바로 그 표현을 통해 열정이 얼마나 강력하며 감염이 잘되는 것인지, 그리고 그런 열정의 감염이 우리에게 얼마나 유익한 것인지 설득력 있게 전한다.

존 굴드는 정원사의 아들로 태어나 제대로 교육을 받지 못하고 자랐다. 청소년기에 아버지를 도와 정원 일을 하면서 새들에 흥미를 보인 그는 곧 새들을 박제로 만드는 기술을 익혔다. 이튼스쿨 학생들에게 박제 표본을 팔아 쏠쏠한 이익을 본 뒤 정원사보다는 박제사로 일하는 게 훨씬 낫겠다는 생각에 스무 살 무렵부터 박제 일에 본격적으로 뛰어들었다. 이후 국왕 조지 4세의 애완 기린을 박제로 만들어 명성을 얻었고, 다윈이 갈라파고스섬에서 가져온 새 표본들을 다윈의 예측을 뛰어넘는 방식으로 예리하게 분류해 『종의 기원』 저술의 중요한 계기를 마련해주었다. 다윈과의 사례에서 보듯 생물학자, 박물학자와 교유가 많은 직업적 특성상 누구보다 일찍 새로운 종의 표본을 많이 볼 수 있었던 그는 그 특징을 재빨리 낚아채 묘사할 수 있는 스케치 능력까지 갖춰 조류 분류에 있어서는 둘째가라면 서러울 정도로 날카로운 안목을 지닌 존재가 되었다.

더불어 그는 일에 대한 열정이 남달랐다. 열정적으로 공부했고 오스트레일리아, 미국 등지를 부지런히 돌아다녔다. 오스트레일리아 전역을 다니며 새들을 끈질기게 조사, 연구했기에 오스트레일리아에서는 그를 오스트레일리아 조류학의 아버지로 여긴다. 그리고 1909년 그의 이름을 따 굴드 리그라는 환경 및 생태 교육기관을 만들어 지금껏 활발히 운영하고 있다. 굴드는, 뛰어난 그림 솜씨로 그의 조류 서적 출판사업을 돕던

아내가 죽고 그의 조수가 오스트레일리아 탐사 중 원주민의 공격을 받아 죽었을 때도 흔들림 없이 일에 몰입했다. 그로 인해 냉혹한 사람이라는 평가가 따라다니기도 하지만, 이는 그가 자신의 일과 목표에 얼마나 헌신적이었는지를 보여주는 또 다른 측면이기도 하다. 교육과 환경 등 모든 면에서 열악한 출발을 한 그로서는 혼신을 다해 자기 일에 매진하는 것 외에는 다른 돌파구가 없었다. 그런 까닭에 당대에 일가를 이루기까지 그가 기울인 노력은 거의 초인적인 것이었다. 바로 그 열정에 감복한 밀레이는 이 따뜻하고 아름다운 그림으로 평생에 걸친 그의 노고를 기렸다.

열정은 포기하지 않고
끝까지 버티는 것

열정적인 사람들의 가장 큰 특징은 쉽게 포기하지 않는다는 것이다. 닥터 수스라는 별명으로 유명한 세계적인 동화작가 티어도 지젤은 첫 어린이 책 원고를 스물세 곳의 출판사로부터 거절당했다. 조앤 롤링도 '해리 포터' 시리즈의 첫 책이 나오기까지 출판사들로부터 10여 차례나 박대를 당했다. 그러나 이들은 강한 확신을 갖고 끈기 있게 출판을 시도해 성공했다. 출판을 거절당한 것은 아니지만, 에드워드 기번스는 『로마제국 흥망사』를 쓰는 데 무려 26년이나 투자했다. 웹스터는 저 유명한 웹스터 사전을 편찬하는 데 36년을 쏟아 부었다. 인생 전체를 거는 이런 열

리더의 가슴

정이야말로 진정한 성공의 열쇠다.

자기계발 전문가인 하비 맥케이는 "끝까지 버티는 것이 성공"이라며 다음과 같은 일화를 예로 들었다. 어느 미국 고등학교의 농구 코치가 어느 날 선수들을 불러 놓고 물었다고 한다.

"마이클 조던이 중도에 포기한 적이 있는가?"

선수들은 "아니요!" 하고 대답했다. 코치가 소리쳤다.

"라이트 형제는? 그들은 포기했는가?"

선수들은 "아니요!" 하고 외쳤다.

"무하마드 알리는 포기한 적이 있는가?"

다시 "아닙니다!" 하는 대답이 터져나왔다.

잠시 후 코치가 마지막으로 물었다.

"앨머 맥컬리스트는 포기했는가?"

그러자 긴 침묵이 흘렀다. 마침내 한 선수가 용기를 내어 물었다.

"맥컬리스트가 누굽니까? 처음 듣는 이름인데요."

코치가 답했다.

"물론 들어봤을 리 없겠지. 그는 중도에 관뒀어."

설령 원했던 성공을 얻지 못한다 하더라도 열정은 삶에 의미를 더해주고 후회 없는 시간들을 만들어준다. 열정은 목표를 향해 나아가는 지치지 않는 심장이다.

22
자신감으로
스스로의 운명을 개척하라

유딧 레이스터르의 「자화상」

자신감

누군가 나에게 '노!'라고 말한다면 이는 내가 그 일을 할 수 없다는 뜻이 아니다. 그렇게 말한 사람들과 그 일을 할 수 없다는 뜻일 뿐이다.

미국의 저널리스트이자 소설가인 캐런 E. 퀴노네스 밀러의 사자후다. 누가 뭐라고 하든 스스로에 대한 확신, 곧 자신감이 중요하다는 말이다. 자신감이 없다면 다른 훌륭한 자질도 빛을 보지 못한다. 반대로 자신감이 충만하면 적은 재능으로도 환한 빛을 발할 수 있다. 리더에게 자신감은 주춧돌이다. 제아무리 좋은 기둥과 보를 준비했어도 주춧돌이 튼튼하지 못하면 크고 멋진 집을 지을 수 없다. 그러므로 리더는 자신감으로 튼튼히 무장되어 있어야 한다. 확고한 자신감이 주체의 용기와 열정, 투쟁을 견고하게 뒷받침해준다.

앞서 언급한 캐런 E. 퀴노네스 밀러의 성공 사례가 이를 잘 대변해준다. 밀러는 남다른 자신감으로 불리한 환경을 딛고 베스트셀러 저자로 성공한 흑인 여성이다. 뉴욕에서 태어난 밀러는 열세 살에 중학교를 중퇴한 뒤 한동안 할렘을 배회하며 지냈다. 직업군인이 되어 해군에서 복무한 그는 뒤늦게 대학을 나와 『필라델피아 인콰이어러』지의 기자가 되었다. 그렇게 저널리스트로 활동하던 중 당시 열두 살짜리 딸의 부추김을 받아 『새틴 인형』이라는 소설을 썼는데, 막상 출판하려니까 문을 두들긴 출판사마다 죄다 퇴짜를 놓았다. 보통사람 같았으면 지쳐 포기하고 말았겠지만, 자존심과 자신감으로 똘똘 뭉친 그는 끝내 포기하지 않고 스스로 출판사를 등록해 책을 출간했다. 그렇게 나온 책이 6주 만에 3000부가 팔리고, 여덟 달 만에 2만5000부가 팔렸다. 자비 출판한 책이 이처럼 인상적인 성적을 거두자 여러 출판사들이 관심을 보여 결국 한 출판사와 재출간 계약을 맺고 다음 소설의 선인세로 수억 원을 받았다. 이후 그는 여덟 권의 책을 더 출간하며 큰 반향을 얻었고, 『작은 아씨들』을 쓴 루이자 올콧, 언어학자 놈 촘스키 등과 더불어 필라델피아가 낳은 문학유산 50인에 선정되는 영예를 안았다.

밀러는 자신이 뒤늦게 대학에 간 이유에 대해 간혹 농담조로 이렇게 말하곤 했다. "내가 고등학교에 가지 않아 놓친 유일한 게 프롬prom(고등학교 무도회)뿐이라는 것을 증명해 보이려고 갔다."

중학교 중퇴 뒤 뒤늦게 들어간 대학에서 그가 얻은 학점은 4점 만점에 3.88점이었다. 밀러는 학업뿐 아니라 삶 자체에 대한 자신감으로 충만했기에 그 어떤 장애도 두려워하지 않았다. 지속적으로 도전했고 또 성취했다.

"스스로 운명을 통제하라, 그렇지 않으면 통제 당할 것이다"

　자신감이 없는 리더는 서로 상반되는 두 가지 특성으로 자신을 지키려고 한다. 지나친 공격성과 지나친 방어성이다. 지도자가 공격적이면 매우 자신감이 있는 리더로 착각하기 쉽다. 하지만 지나친 공격성은 자신감의 결여를 방증할 뿐이다. 자신감이 있는 사람은 대화나 의사결정에 있어서 결코 공격적이지 않다. 겁이 많은 개가 많이 짖듯 자신감이 결여된 리더가 과장된 공격성을 보여준다. 반대로 지나치게 방어적인 행동으로 자신감의 결여를 보여주는 리더들이 있다. 이런 리더들은 자꾸 결정을 미루거나 심지어 자신이 내린 결정마저 재고한다. 책임을 회피하려는 성향이 강하다보니 팔로어들이 손가락 사이로 모래알 빠져나가듯 신뢰를 거둬들인다. 그런 점에서 자신감이 있는 리더는 일단 직무를 떠나 정서적인 측면에서나 의식의 측면에서 균형이 잘 잡힌 사람일 가능성이 높다. 이와 관련해 리더십 전문가 피터 배런 스타크는 자신감이 있는 리더의 특질을 아래와 같이 정리했다.

- **행복하다.** 사람들을 이끌고 일상의 도전을 다루는 자신의 능력에 대해 긍정적이다.
- **관계가 좋다.** 자신에 대해 긍정적이므로 다른 사람도 그렇게 대하고 그로 인해 남들로부터 좋은 대우를 받는다.
- **동기 부여가 잘되고 야망이 있다.** 자신이 하는 일이 중요하다고 인식

하고 있고 회사에, 심지어는 세상에 뭔가 차이를 만들어내고 있다고 믿는다.

- **자주 웃는다.** 어려운 상황에서도 유머를 찾는다. 즉, 멀리 내다볼 줄 안다.
- **위험에 열려 있다.** 과감하게 미지의 세계로 나아갈 줄 알고 실수로부터 배울 줄 안다.
- **성공을 인정한다.** 다른 이의 성공을 기꺼이 인정할 뿐 아니라 자신에게 오는 찬사를 솔직하고 떳떳하게 받아들일 줄 안다.
- **피드백을 잘 받는다.** 피드백을 환영하므로 사람들이 현상을 개선할 아이디어를 갖고 자주 찾는다. 덕분에 성장하고 발전한다.
- **자주성이 있다.** 자신의 핵심가치에 대한 분명한 이해와 확신이 있어 말과 행동이 늘 일관된다. 그래서 팔로어들이 따르기 쉽다.

GE의 최고경영자였던 잭 웰치는 자신감이 얼마나 중요한지를 이런 말로 표현했다.

자신의 운명을 스스로 통제하라. 그렇지 않으면 다른 누군가가 그리할 것이다.

파키스탄 건국의 아버지로 불리는 무하마드 알리 진나도 삶은 다른 무엇보다 당당한 자신감으로 헤쳐나가는 것이어야 한다고 말했다.

나는 올바른 결정을 내린다는 말을 믿지 않는다. 나는 결정을 내리고 그것이 올바른 것이 되도록 만든다.

유리천장을 깬 선구적인 여성 화가
레이스터르

전통적으로 자신감은 남성들의 덕목으로 이야기되어왔다. 여성들에게는 자신감보다 인내나 순종 같은 보다 수동적인 덕목이 중시되었다. 이는 매우 차별적인 관념이다. 남성이든 여성이든 자신감은 삶을 살아가는 데 필수적인 덕목이고, 성에 따라 더 많고 적은 자질이 아니다. 근대 이전, 남성들이 그들만의 영역으로 통제하던 미술 분야에서 자신의 길을 개척해 간 소수의 여성 화가들에게서 우리는 그 당당한 자신감을 엿볼 수 있다. 특히 이들의 자화상에서 그 굳건한 자기확신을 더 잘 들여다볼 수 있다. 유딧 레이스터르[1609~60]의 자화상[22-1]이 특히 그렇다.

화가는 지금 관객인 우리를 바라보고 있다. 그의 앞에는 이젤과 캔버스가 놓여 있고, 그의 오른손에는 붓이 들려 있다. 그림 속 캔버스에는 활짝 웃는 얼굴로 바이올린을 켜는 사람이 그려져 있다. 화가도 그림 속 인물처럼 웃고 있는데, 그처럼 활짝 웃는 것은 아니나 밝고 여유로운 미소가 돋보인다. 붓을 든 오른손은 의자 등받이에 자연스레 걸치고 있다. 당당하고 자신감이 넘치는 자세다.

오늘날의 우리에게는 여성 화가가 자신을 이렇듯 환한 미소의 소유자

22-1. 유딧 레이스터르, 「자화상」, 캔버스에 유채, 74.6×65.1cm, 1630년경, 워싱턴D.C. 내셔널갤러리
남성이 화단을 지배하던 시대에 여성 화가로 성공한 레이스터르의 자화상. 자신감에 찬 미소가 매력적이다.

22-2. 아르테미시아 젠틸레스키, 「회화의 알레고리로 그려진 자화상」.
캔버스에 유채, 96.5×73.7cm, 1638~39, 윈저 왕립 컬렉션

이탈리아 화가 젠틸레스키는 화가가 되려고 그림을 배우다 강간을 당하고 이로 인한 송사 과정에서 고문을 당하는 등 여성이라는 이유로 극심한 고통을 겪어야 했다. 그럼에도 불구하고 끝내 화가의 길을 포기하지 않은 그는 결국 당대 최고의 화가 가운데 한 사람이 되었다. 회화의 알레고리는 보통 우아하고 이상적인 미인으로 그려지지만, 이 그림에서 젠틸레스키는 팔을 걷어붙이고 거친 회화 '노동'을 하는 자신의 실제 모습을 '회화의 알레고리'로서 담았다. 고난을 뚫고 유리천장을 깬 여성으로서 다져온 강한 투지와 자신감을 표현한 것이라 하겠다.

로 그린 게 낯설지 않을지 몰라도 당시에는 그렇지 않았다. 이 그림이 그려진 17세기 유럽에서 여자가 웃는 모습으로 그려진다는 것은 그가 지금 제정신이 아니거나 술에 취해 있음을 의미하는 것이었다. 한마디로 바람직한 모습이 아니라는 얘기다. 그러니까 화가는 지금 전통적인 관념을 무시하면서까지 자신을 웃는 존재로 표현했다. 여성이기 이전에 인간으로서, 또 성공한 화가로서 자신의 존재를 당당하고 떳떳하게 드러내고 싶었기 때문이다. 그만큼 자존심과 자신감이 돋보이는 작품이라 하지 않을 수 없다.

레이스터르가 활동하던 당시 네덜란드뿐 아니라 유럽 전체에서 여성 화가는 극히 드물었다. 레이스터르는 17세기 동안 네덜란드 하를럼의 화가 길드가 마이스터로 받아들인 단 두 명의 여성 화가 가운데 한 사람이었다. 드문 여성 화가였지만 능력만큼은 출중해 열아홉 살 때 이미 "훌륭하고 날카로운 통찰력"을 지닌 화가로 도시 공문서에 기록되었다. 재능이 뛰어났던 만큼 살아생전 많은 찬사를 받았으나 여성 화가였던 까닭에 사후 사람들의 기억에서 급속히 사라졌다.

그의 존재가 되살아난 것은 1892년에 있었던 한 송사 때문이었다. 당시 루브르 박물관이 17세기 네덜란드의 대가 프란스 할스의 작품을 하나 구입했는데, 거기에서 할스가 아닌 다른 사람의 사인이 발견되었다. 그러자 루브르는 판매자를 대상으로 소송에 들어갔다. 이에 학자들이 달라붙어 분석한 결과 그 사인의 주인은 다름 아닌 레이스터르인 것으로 밝혀졌다. 이렇게 해서 레이스터르라는 여성 화가의 존재가 재발견되었다. 또 그동안 할스의 그림으로 전해져오던 레이스터르의 다른 그림들도 재

분석의 과정을 거쳐 원주인을 찾게 되었다.

여성이 화가로 성공하기는커녕 활동하기조차 어려웠던 척박한 환경에서 레이스터르가 나름대로 성취하고 성공할 수 있었던 것은 그의 자화상이 보여주듯 무엇보다 자신에 대한 강한 확신과 자신감 덕이었다. 지금도 여전히 환한 미소를 짓는 그림 속의 레이스터르는 유리천장을 깨려는 모든 여성들에게 두려워하지 말고 자신의 길을 따르라고 따뜻하게 격려하고 있다.

카이사르마저 놀라게 한
당찬 클레오파트라

옛 영웅호걸들의 고사를 읽다보면 자신감과 관련된 다양한 에피소드를 접하게 된다. 그 가운데서도 돋보이는 에피소드의 하나가 율리우스 카이사르의 일화다. 그는 젊은 시절 정치적인 이유로 타지로 피신했다가 로마로 돌아오는 길에 해적들에게 붙잡힌 적이 있다. 해적들이 몸값으로 20탈렌트를 내놓으면 풀어주겠다고 하자 카이사르는 그들을 비웃으며 몸값을 50탈렌트로 높였다. 자신의 가치도 제대로 모르는 놈들이라고 면박을 주기까지 했다. 자신감 넘치는 그의 행동은 이에 그치지 않고 자신이 잠잘 때는 절대 떠들지 말라고 으름장을 놓는 등 해적들에게 포로가 아니라 왕처럼 굴었다. 그렇게 38일을 보낸 뒤 돈이 도착해 풀려나자 군사를 이끌고 해적들을 쫓아가 처부수었다. 포로로 잡힌 자들은 모두 십

리더의 가슴

자가에 매달아 죽였다.

카이사르는 어떤 상황에서도 비굴하게 행동하지 않았다. 어린 시절부터 그는 자신감으로 충만했고 남다른 카리스마가 있었다. 그런 그마저도 깜짝 놀라게 한 자신만만한 여성이 있었으니, 바로 이집트의 여왕 클레오파트라였다. 플루타르코스에 따르면, 두 사람이 처음 만난 순간 "카이사르는 클레오파트라의 대담한 성격에 탄복하였다. 그리고 그녀의 매력에 완전히 정복당하고 말았다."

당시의 사연을 형상화해 유명해진 작품이 프랑스 화가 장레옹 제롬 1824~1904의 「카이사르 앞의 클레오파트라」[223]다. 카이사르와 클레오파트라가 처음 만난 해는 기원전 48년이다. 당시 클레오파트라는 동생이자 남편인 프톨레마이오스 13세와의 권력투쟁에서 패해 폐위된 상태였다. 권토중래를 노리던 클레오파트라에게 실질적인 힘이 되어줄 수 있는 사람은 그 무렵 알렉산드리아 궁전에 머물고 있던 카이사르뿐이었다. 마침 카이사르의 입장에서도 골치 아픈 이집트 권부를 통제하기 위해서 클레오파트라의 존재가 필요했다. 그래서 클레오파트라를 궁으로 불렀다.

문제는 프톨레마이오스의 군사들이 궁을 지키고 있어 클레오파트라가 카이사르에게 접근하는 것 자체가 쉽지 않았다는 것이다. 그러자 클레오파트라는 매우 대담한 꾀를 내었다. 측근 아폴로도르에게 자신을 값비싼 천에 말아 이고 카이사르 앞에 가도록 한 것이다. 천에 둘둘 말린 진상품, 그것도 심부름꾼이 이고 온 진상품이 여왕이리라고는 아무도 생각하지 못했다. 하인은 궁궐의 경비마저 속이고 카이사르 앞에 이르렀

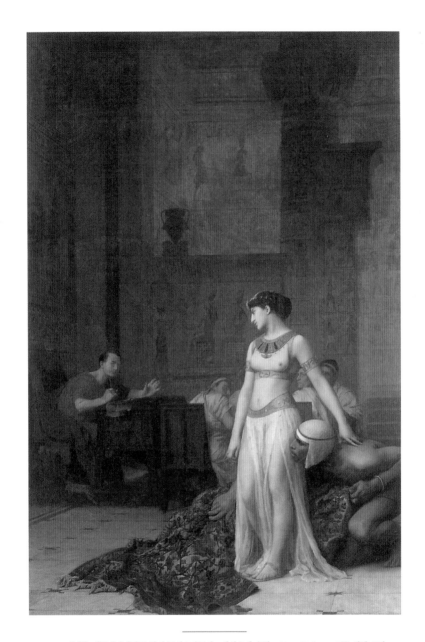

22-3. 장레옹 제롬, 「카이사르 앞의 클레오파트라」, 캔버스에 유채, 183×129.5cm, 1866, 개인 소장

고, 양탄자를 펼치자 거기서 마법처럼 클레오파트라가 솟아나왔다.

　그림을 보면, 진상품인 줄 알았다가 웬 여성이 나오자 화들짝 놀라는 카이사르의 모습이 눈에 띈다. 그의 측근들도 놀라 움찔하는 모습이다. 그런 반응을 예상이나 했다는 듯이 클레오파트라는 확신에 찬 표정으로 카이사르를 바라본다. 자신이 설득하면 카이사르는 자신에게 넘어올 수밖에 없고 자신이 원하는 권력을 되찾아줄 수밖에 없을 것이라는 자신감에 차 있다.

　그렇게 강한 자신감이 있었기에 클레오파트라는 이처럼 기발하고 대담한 방식으로 카이사르에게 접근할 수 있었고, 기어이 카이사르를 자기 편으로 만들어 권력을 회복하고 확대할 수 있었다. 훗날 카이사르가 암살당하고 이어진 권력투쟁의 와중에 안토니우스가 대세로 떠오르자 클레오파트라는 역시 대담하고 자신감 넘치는 행동으로 안토니우스마저 사로잡는다. 전하는 바에 따르면, 클레오파트라는 사실 그렇게 대단한 미인은 아니었다고 한다. 다만 뛰어난 지성에 남다른 자신감을 갖춰 사람들을 금세 사로잡는 능력이 있었다고 한다. 바로 그 힘으로 그는 역사를 바꿨다.

자신감과 확신으로
버티는 자가 최후의 승자다

　자신감이 없는 리더가 조직에 초래하는 가장 큰 문제는 무엇보다 조직의 혁신을 가로막는다는 것이다. 자신이 없을 때 리더의 지위가 주는 중압감은 리더를 곧잘 허장성세에 빠지게 만든다. 이런 리더는 약점을 보이면 안 된다는 강박관념에 남의 이야기를 듣는 것을 꺼려하는 경향이 있다. 리더가 이처럼 방어적이고 억압적인 방식으로 소통에 나서면 구성원들은 더 이상 창의적인 대안을 내놓을 수가 없다. 혁신은 결국 남의 이야기가 된다.

자신감이 없는 리더는 또 자신에 대해서든 남에 대해서든 지나치게 부정적이거나 비판적인 평가를 하는 경향이 있다. 좀더 가혹하게 비판해야 당사자에게 자극이 되어 보다 부지런히 약점을 극복하려 노력하게 된다고 생각한다. 그러나 이는 오히려 남아 있던 자신감마저 잃게 하는 우가 되기 쉽다. 칭찬이든 비판이든 알맞아야 한다. 넘쳐도 모자라도 다 문제가 된다.

이런 점에 비춰보면 자신감은 결국 바람직한 심리적 균형에서 나오는 것임을 알 수 있다. 내면의 심리적인 밸런스가 잘 맞을 때 사람은 자신에 대해 긍정적인 확신을 가질 수 있고 다른 이들 앞에서도 당당할 수 있다. 자신의 장점이 자신의 매력 포인트라고 생각하고 자신의 약점이 자신에게 성장할 여지를 주는 '기회의 땅'이라고 생각하게 된다. 이런 사람은 장점을 드러내는 것을 쑥스러워하지 않고 약점을 드러내는 것을 두려워하지 않는다. 또 어떤 상황에서든 자기가 서 있어야 할 자리에서 쉽게 물러서지 않는다. 빈센트 반 고흐는 말했다.

만약 당신의 내면에서 '너는 그림을 그릴 수 없어' 하는 소리가 들리면, 더

22-4. 빈센트 반 고흐, 「자화상」, 캔버스에 유채, 65×54cm, 파리 오르세 미술관
"만약 당신의 내면에서 '너는 그림을 그릴 수 없어' 하는 소리가 들리면, 더욱 열심히 그려야 한다.
그러면 그 소리가 잠잠해질 것이다."

욱 열심히 그려야 한다. 그러면 그 소리가 잠잠해질 것이다.

자신감과 확신을 가지고 버티는 자가 최후의 승자다.

리더의 가슴

23

열정에
시동을 걸라

폼페오 바토니의 「갈림길의 헤라클레스」

결단력

변화심리학의 권위자 토니 로빈스는 "당신이 결단을 내리는 순간들이 당신의 운명을 결정짓는다"라고 말했다. 미국에서 흑인으로는 처음으로 합참의장과 국무장관을 지낸 콜린 파월은 "꿈은 마법을 통해 현실이 되지 않는다, 땀과 결의, 수고가 있어야 한다"라고 말했다.

꿈을 이루기 위해서는 노력이 필요하지만, 노력에 앞서 무엇보다 결의와 결단이 필요하다. 제아무리 대단한 재능과 잠재력을 지녔어도 목표에 헌신하겠다는 결단이 없이는 꿈을 향해 나아갈 수 없다. 액셀을 밟지 않은 차가 앞으로 나갈 수 없는 것과 같은 이치다. 결단한다는 것은 그렇게 목표를 향해 열정의 시동을 거는 것이다.

물론 결단을 하는 것과 자동차 시동을 거는 것 사이에는 중대한 차이가 존재한다. 일반적으로 사람들이 중대한 결단을 하고 행동에 들어갈 때는 아무리 기대가 커도 최종적인 결과가 어떻게 될지 쉽게 예측하지 못한다. 하지만 차에 시동을 걸고 운전을 할 때는 그 최종적인 결과가 대부분 정확히 예측된다. 우리가 중요한 문제를 놓고 결단을 할 때 최종적으로 성공할 수도 있고 실패할 수도 있지만, 자동차의 시동을 걸어 운전을 할 때는 최종적인 결과가 실패인 경우는 드물다. 사고가 나거나 자동차가 갑자기 멈춰버리지 않는 한 계획했던 목적지에 예상대로 도착한다. 그러므로 무언가 결단한다는 것은 행위의 시동을 거는 것임과 동시에 불확실한 결과와 그 결과에 이르기까지 맞닥뜨려야 할 모든 불확실한 과정을 감내하겠다는 결정을 하는 것이다. 그런 점에서 결단한다는 것은 미지의 세계에 뛰어드는 모험을 감행하는 것이다. 결단은 그렇게 아드레날린이 용솟음치게 한다.

결단의 첫 스텝은
초심으로 돌아가는 것

결단력이 있는 리더는 판단력도 있고 의지력도 있다. 물론 리더의 판단이 항상 옳을 수는 없다. 잘못된 판단으로 잘못된 결단을 내릴 수 있다. 그러나 그것이 두려워 판단도 결단도 하지 않는다면 조직은 무엇을 해야 할지, 어디로 가야 할지 갈피를 잡을 수 없다. 잘못된 결단보다 더욱 나쁜 것이 아예 결단을 하지 않는 것이다. 리더는 끊임없이 결단을 요구받는 사람이며, 바로 그 일을 위해 존재하는 사람이다.

무슨 일이든 사람이 중요한 결단을 내릴 때 시간이나 여건, 상황이 그에게 총체적으로 우호적인 경우는 드물다. 시간에 쫓기거나, 여건이 불리하거나, 상황이 급박하게 돌아가는 등 여기저기서 어려움이 튀어나온다. 게다가 결단을 내리면 자신이 가진 모든 자원과 에너지, 시간이 그 목표에 집중되므로 한 번 내린 결단을 중도에 뒤집는 것은 매우 어렵다. 그 자체로 큰 낭패나 실패가 되기 때문이다. 그러므로 리더는 늘 올바른 결단을 내리기 위해 애쓴다.

이를 위해 리더는 길게 볼 줄 알아야 하고, 상황을 객관화할 줄 알아야 하며, 도덕적으로나 윤리적으로 바람직한 선택을 할 줄 알아야 한다. 이때 중요한 것은 기본으로, 초심으로 돌아가는 것이다. 세상이 제아무리 복잡해 보여도 그 원리는 단순하다. 기본으로, 초심으로 돌아간다는 것은 그 원리를 되새기고 그로부터 일을 시작하는 것이다. 그것이 판단을 정확하게 하고 문제를 쉽게 푸는 방법이다. 그렇게 하는 게 처음에는 느려도 종국에는 빠르다.

이렇게 기본으로, 초심으로 돌아가 결단하는 사람은 현상이나 외피가 아니라 본질에 먼저 주목한다. 자연히 뚜렷한 원칙과 그 원칙에 대한 확신을 지니고 있기에 예기치 못한 일이 벌어져도 잘 견디고 극복한다. 상황이 생각과 다르게 흘러갈 때는 애초의 목표와 결단의 가치를 재확인하고 거기에 집중하게 해줄 수단들을 적극적으로 동원한다. 이런 사람은 언어가 고향으로 회귀하듯 늘 흔들림 없이 자신의 목표와 원칙으로 회귀하는 사람이다. 동기가 뚜렷한 만큼 일에 대한 열정에 변함이 없다. 그에게는 결단하고 도전하고 목표에 이르는 그 과정이 두렵거나 지루한 과정이 아니라 매번 새롭고 흥미진진하며 의미심장한 여행이다. 미국의 여성

영화감독 바버라 코플은 그래서 이런 말을 했다.

> 영화를 만드는 것에 관한 한 나는 처음 시작할 때와 똑같은 의욕과 결단,
> 호기심과 열정을 가지고 있다. 매 영화가 나에게는 새로운 도전이고 경
> 험이다. 그 하나하나에 똑같은 열의를 가지고 다가간다.

결단은 반드시
희생을 동반한다

건장한 체격의 젊은 남자가 골똘히 생각에 잠겨 있다. 좌우로는 두 명
의 여인이 그를 둘러싸고 있다. 남자는 천하장사 헤라클레스이고, 두 여
인은 미네르바(아테나)와 비너스(아프로디테) 여신이다. 헤라클레스가
이렇듯 심각한 고민에 빠진 것은 두 여신이 그에게 미래가 걸린 중요한
선택을 요구하고 있기 때문이다. 헤라클레스는 이제 결단해야 한다. 이
결단으로 그의 인생 전체가 바뀔 것이다. 그런 만큼 그는 신중히 결정할
수밖에 없다.

18세기 이탈리아 화가 폼페오 바토니[1708~87]의 「갈림길의 헤라클레
스」[23-1]는 저 유명한 '헤라클레스의 선택'을 주제로 한 그림이다. 고대 그
리스의 역사가 크세노폰이 쓴 『소크라테스의 회상』에 나오는 이 이야기
는, 소크라테스가 소피스트 프로디쿠스의 말을 인용하는 형식으로 서술
되어 있다.

23-1. 폼페오 바토니, 「갈림길의 헤라클레스」,
캔버스에 유채, 245×172cm, 1765, 상트페테르부르크 예르미타시 미술관

사도(邪道)가 아니라 정도(正道)를 선택하는 것은 지극히 당연하고 쉬운 일 같다. 그러나 정도는 수고와 어려움, 시
간의 투자를 동반하는 경우가 많고, 사도는 요행과 운수, 쾌락의 유혹을 동반하는 경우가 많다. 정도를 선택한다
고 항상 잘되리라는 보장도 없다. 그래서 갈림길은 늘 우리를 헷갈리게 한다.

그림에서 보듯 헤라클레스는 매우 젊다. 이제 그는 성인이 되어 자신의 인생을 개척해야 할 시점에 이르렀다. 바로 그 중요한 시기에 두 명의 여인이 그 앞에 나타났다. 그림에서는 미네르바와 비너스로 그려져 있지만, 『소크라테스의 회상』에서 두 여인은 덕과 악덕의 현현이다. 악덕이 제시한 것은 고통이 없고 인생의 모든 달콤함을 맛볼 수 있는 즐거운 길이다. 세상 모든 것을 잊고 오로지 자신의 감각을 최대로 즐길 궁리만 하면 된다. 게다가 그 길은 짧고 쉬운 길이다. 다른 사람의 땀을 공짜로 즐길 것이며 다른 이가 겪는 고난이나 수고도 거치지 않을 것이다.

반면 덕은 헤라클레스에게 "수고와 고통 없이 가치 있는 것을 그냥 얻을 수 없다"라는 말을 먼저 한다. 덕은, 헤라클레스가 도시에서 영예를 얻을 수 있고, 전 그리스의 찬사를 받을 수도 있으며, 풍성한 결실을 얻을 수도 있다고 말한다. 다만 이는 그가 도시를 위해 일하고 나라를 위해 힘쓰고 풍작을 얻기 위해 부지런히 노동을 했을 때 얻어지는 대가라는 것이다. 결국 진정한 행복은 눈앞의 쾌락을 좇을 때 얻어지는 게 아니라 근면과 노력으로 얻어지는 것이니 그 길을 향해 나서라고 설득한다.

그림에서 젊은 헤라클레스는 두 여인의 제안을 듣고 심한 심적 갈등을 겪는다. 몸이 비너스에게 기울어져 있는 것으로 보아 지금 그에게 쾌락을 향한 강렬한 열망이 있음을 알 수 있다. 쉽고 편하고 즐거운 길이 있는데 누가 그 길을 마다하랴. 그러나 그의 얼굴은 미네르바 쪽을 향하고 있다. 이성적으로 사고해 보면 세상에 공짜는 없다. 노력과 투쟁이 없이 무슨 영광이 있겠으며, 그런 영광이 있다 한들 그게 진정한 영광일까. 결국 헤라클레스는 악덕의 제안을 물리치고 덕의 제안을 받아들이기로

23-2. 니콜로 소지, 「갈림길의 헤라클레스」, 나무에 유채, 16세기, 베를린 보데 미술관
바토니뿐 아니라 카라치, 루벤스, 푸생, 웨스트 등 많은 서양화가들이 이 주제를 그렸다. 그만큼 오랜 세
월에 걸쳐 인기 있는 신화 주제였다고 할 수 있다. 소지의 그림에서 왼편의 여인이 덕, 오른편의 여인이
악덕이다. 덕과 악덕 좌우로 펼쳐지는 풍경은 사자성어로 표현하면 고진감래(苦盡甘來)와 흥진비래(興盡
悲來)다.

결단한다. 그렇게 정도를 택한 헤라클레스는 열두 가지 난사 등 많은 고
생을 겪지만 인간 중 가장 위대한 영웅으로 영원히 기림을 받는 존재가
된다.

치열한 고민 끝에 결단하고 그 결단을 끝까지 밀고 나가는 모든 존재
는 위대하다. 결단은 반드시 희생을 동반한다. 결단한다는 것은 무엇인
가를 선택하고 거기에 집중하는 것이다. 이는 그 밖의 다른 것을 과감히
포기하고 희생하는 것이다. 결단에 따라 우리는 잠을 줄이거나 안락함을
포기하거나 좋아하는 것을 끊거나 아끼던 것을 버린다. 결단력이 중요
한 것은 그것이 목표를 항상 이뤄주어서가 아니다. 우리로 하여금 본질
혹은 기본으로 돌아가게 하고, 초심을 간직하게 하며, 정도를 걷게 하고,

♡ 리더의 가슴

선택한 대상에 시간과 땀을 아낌없이 쏟게 하기 때문이다. 진정한 결단은 인생의 의미와 가치가 결과에 있지 않고 과정에 있음을 깨닫게 한다. 물론 과정이 충실하면 결과는 어떤 양태로든 그에 걸맞은 성과를 보여주기 마련이다. 원하던 것을 얻지 못한다 하더라도 그로부터 많은 것을 배울 수 있다.

확고한 신념과 의지,
강고한 결단력의 소유자 레닌

볼셰비키 혁명을 이끈 레닌은 혁명의 성공을 위해 역사의 고비마다 중요한 결단을 내렸다. 그는 제1차 세계대전 말 독일과 단독 강화조약인 브레스트-리토프스크 조약을 체결했다. 취약한 소비에트 정권을 안착시킬 시간을 벌기 위해 온 유럽이 휘말린 전쟁에서 이탈한 조약이다. 러시아로서는 매우 치욕적이고 가혹한 조건이 담겨 있어 볼셰비키 내에서도 반대가 있었으나 레닌은 이를 밀어붙였다. 혁명으로 탄생한 신생 소비에트 정부가 혁명 과제에 집중하지 않으면 모든 것이 사상누각이 될 것이라는 판단에서였다. 결국 독일의 패망으로 조약의 폐기를 천명할 수 있었고, 우크라이나 등 일부 영토를 다시 회복할 수 있었다.

제1차 세계대전 이후에는 경제파탄을 수습하기 위해 신경제정책[NEP]을 도입하는 결단을 내렸다. 신경제정책은 강력한 동원체제인 전시공산주의체제에서 벗어나 국가의 개입을 완화하고 자본주의의 요소를 보다 폭넓게 인정하는 경제정책이었다. 그간 지나친 국가의 개입으로 특히 농민과 상인의 불만이 커지고 파업과 시위가 이어지면서 소비에트 권력에 균열이 생기자 이른바 '2보 전진을 위한 1보 후퇴'의 결단을 내린 것이다. 이 신경제정책으로 소비에트 러시아는 1926년 농업과 공업 생산력이 전쟁 전의 수준을 넘어설 수 있었다. 이렇듯 레닌의 결단은 신생 소비에트 러시아가 매번 위기를 넘기고 사회주의 국가로 발돋움하는 데 큰 역할을 했다.

현실 사회주의의 실험이 실패로 끝난 오늘날, 레닌은 다양한 비판의 도마에 올랐다. 그러나 혁명가로서, 리더로서 그가 한 시대를 창조한 탁월한 인물인 것만은 분명하다. 그 역시 한 사람의 인간으로서 강점과 약점을 지니고 있었고 넘치는 부분과 모자라는 부분이 있었다. 그에게는 매우 잔혹한 일면도 있었고 반대로 따뜻한 일면도 있었다. 초지일관하는 집념을 보여주었는가 하면 변덕스러운 태도도 없지 않았다. 다만 그는 혁명을 위해서 모든 것을 바친 진정한 혁명가였다. 흔들림 없는 신념을 견지했고 자신의 모든 것을 혁명에 쏟아 부었다. 신중했고 지혜로웠으며 과감했다. 분명한 것은, 그가 없었다면 볼셰비키는 미숙하고 취약한 정부 운영능력에 세계대전과 내전의 불안정한 환경, 혁명에 적대적인 주변국들의 간섭 등 여러 불리한 여건들을 극복하고 소비에트 체제를 안착시킬 수 없었으리라는 것이다.

러시아의 전위미술가 구스타프 클루치스[1895~1938]의 포토몽타주 작품 「신경제정책 러시아로부터 사회주의 러시아가 일어설 것이다」[233]는, 레닌의 지도력을 찬양하면서 그의 결단이 사회주의 러시아의 빛나는 미

23-3. 구스타프 클루치스, 「신경제 정책 러시아로부터 사회주의 러시아가 일어설 것이다」, 종이에 석판인쇄, 103×74cm, 1930, 런던 테이트 모던

래를 가져올 것이라고 선전하는 정치 포스터다. 클루치스는 독일의 한나 회흐 등과 더불어 정치 포토몽타주라는 새 장르를 개척한 미술가인데, 이 작품 역시 포토몽타주의 특질을 잘 활용한 수작이다. 화면을 압도하는 이미지는 레닌의 전신상이다. 마치 거대한 기념조각 혹은 소인국에 들어선 걸리버 같다. 레닌의 사진은 밑에서 위를 바라보는 앙시仰視로 찍은 것이어서 그 '거대성'이 더욱 강조되어 보인다. 하단에는 노동자들이 작게 포치되어 레닌과 대비를 이룬다. 레닌은 왼손을 앞으로 뻗어 웅변가적인 기상을 보여주는데, 이는 보는 이들을 그의 비전에 공명하도록

유도하는 제스처다. 그의 손과 눈이 향하는 저 전방은 다가올 빛나는 러시아의 미래일 것이다. 레닌을 확고한 신념과 의지, 강고한 결단력의 소유자로 형상화한 작품이라 하겠다.

이 작품뿐 아니라 다른 많은 작품들에서 소비에트 러시아의 미술가들은 레닌을 결단하고 이끄는 지도자로 표현했다. 결정해야 할 문제들을 앞두고 깊이 숙고하거나 자신의 결단에 대해 사람들을 열정적으로 설득하는 모습 혹은 그 결단을 단호하게 선언하는 모습이 주로 그려졌다. 이는 그가 역사의 고비마다 깊이 고뇌하는 지도자였고 그 고뇌 끝에 내린 결단이 러시아의 역사를 크게 바꿨음을 강조하기 위한 것이라 하겠다.

"덜어낼 수 없다면
더하지 말라"

앞에서도 언급했듯 결단은 무언가를 선택하는 것임과 동시에 다른 무엇인가를 포기하는 것이다. 결단하지 못하고 우유부단한 모습을 보이는 사람은 한마디로 포기해야 할 것을 포기하지 못하는 사람이다.

피터 드러커는 말했다.

낡은 것의 계획적인 폐기야말로 새로운 것을 강력하게 진행시키는 유일한 방법이다.

_피터 드러커, 『한 권으로 읽는 드러커 100년의 철학』(청림출판, 2004)에서

23-4. 자크루이 다비드, 「브루투스에게 아들들의 주검을 날라 오는 형리들」,
캔버스에 유채, 323×422cm, 1789, 파리 루브르 박물관

로마 공화정의 창시자로 전해져오는 브루투스는 반란 음모에 두 아들이 연루되자 사면이나 감형 없이 모두 처형했다. 아버지로서는 잔인하고 냉정한 결단이었지만, 두 아들을 깨끗이 포기함으로써 그는 로마 공화정을 지킬 수 있었다.

미래학자 존 나이스비트는 "덜어낼 수 없다면 더하지 말라"라고 했다. 존 나이스비트는 소장 서적의 숫자를 항상 4,000권으로 유지한다고 한다. 갖고 있던 책 가운데 잘 보지 않거나 필요 없게 된 책을 골라 버리지 않는 한 그는 새 책을 구입하지 않는다. 이렇게 꾸준히 책을 버려 그 양을 일정하게 유지함으로써 그의 정보창고의 질과 수준은 향상될 수 있었다.

모든 것을 다 소유할 수는 없다. 모두를 다 만족시킬 수도 없다. 우리는 선택해야 한다. 그럼으로써 포기해야 한다. 과감하고 확실하게 포기할 줄 아는 사람이 잘 결단하는 사람이다. 우리 눈은 사물을 볼 때 자동적으로 어느 한 피사체에 초점을 맞춘다. 시야에 들어오는 것 전부에 초점을 맞추지 않는다. 이렇듯 본다는 것은 선택과 포기를 전제로 한다. 리더는 조직의 눈이다. 선택적으로 초점을 맞추지 못하는 눈은 사물을 제대로 분별하지 못하는 흐릿한 눈이다. 명확하고 확실한 결단을 내리는 리더가 조직의 미래를 밝히 보여주는 리더다.

24
포기하지 않는 사람이
최후의 승자다

뮐라조 뮐라지의 「빛의 굴절을 발견한 뉴턴」

끈기

평범한 사람을 비범하게 만들어주는 가장 강력한 힘은 무얼까? 바로 끈기다. 무엇이든 끈기 있게 달라붙으면 그 일에 눈이 트이고 손이 익어 능력을 발휘할 수 있게 된다. 그래서 말콤 글래드웰의 '1만 시간의 법칙'이나 존 헤이스의 '도약의 10년 법칙' 같은 것들이 나왔을 것이다. 하나의 일이나 목표에 오랜 시간을 투자하게 되면 그만큼 튼튼한 지식이나 재능을 쌓게 되어 결국 남다른 성과를 보게 된다. 당연히 끈기는 리더에게 요구되는 중요한 덕목이다. 따지고 보면 열정이나 관용, 경청, 헌신 같은 리더의 덕목 모두 끈기와 관련이 있다.

문호 톨스토이는 "가장 막강한 전사戰士는 인내와 시간"이라고 했다. 세상은 변하므로 인내하고 기다리다 보면 언젠가 내가 원하는 상황을 맞게 된다. 진정으로 성취를 열망한다면 그때까지 끈기 있게 기다릴 줄 알아야 한다. 물론 그렇다고 그동안 그저 시간만 보내는 게 능사는 아니다.

리더의 가슴

'인생 코치'로 불리는 조이스 마이어는 말했다.

인내는 단순히 기다리는 능력이 아니다. 기다리는 동안 어떻게 행동할 것인가와 관련된 능력이다.

내가 원하지 않는 상황, 나에게 불리한 상황에서 내가 할 수 있는 일은 별로 없다. 뿐만 아니라 다른 이나 세상을 내가 원하는 방식으로 마음대로 바꿀 수도 없다. 그러나 한 가지, 나 자신을 변화시킬 수는 있다. 나는 어떤 상황에서든 스스로를 키우고 숙성시킬 수 있다. 힘들고 어려운 때일수록 스스로의 성장에 집중할 필요가 있다. 이렇게 스스로 성장하다 보면 때가 이르러 맞춤한 상황이 온다. 그때 준비된 나는 마침내 목표를 성취할 수 있다. 그것이 끈기의 힘이다.

끈질기기로 유명했던
화가 세잔

서양미술사에서 끈기로 유명한 미술가의 한 사람이 폴 세잔¹⁸³⁹⁻¹⁹⁰⁶이다. 세잔은 곧잘 화성畵聖이라 불린다. 그만큼 미술사에서 중요하게 다뤄지는 예술가다. 미술사학자들은 그로 인해 현대미술의 물줄기가 크게 바뀌었다고 말한다. 그는 입체파, 미래파, 오르피즘, 구축주의, 추상미술 등이 나오는 데 혁혁한 기여를 했다. 그래서 피카소는 세잔을 일러 "우리

모두의 아버지"라고 말했다.

세잔은 신동이 아니라 대기만성형 예술가였다. 일찍부터 천재성을 인정받아 명성을 떨친 존재가 아니라 인고의 세월을 보낸 끝에 서서히 그가치가 드러난 존재였다. 얼마 전에 우리나라에서도 상영된 영화「나의위대한 친구, 세잔」이 보여주듯 죽마고우 에밀 졸라가 문필을 날리며 부와 명성을 누리는 동안 세잔은 고향 엑상프로방스에 틀어박혀 무명의 시간을 보냈다. 졸라가 소설『작품』에서 불운에 지쳐 자살하는 화가의 이야기를 펼치자 그게 자신을 모델로 한 것이라고 느낀 세잔은 막역했던졸라와 더이상 만나지 않았다. 극심한 모멸감과 열패감을 느꼈던 것이다. 그 정도로 세잔은 길고 고뇌에 찬 시련기를 보내야 했다.

그러나 그는 그 어려운 시절에도 결코 붓을 놓지 않고 누구보다 열심히 그림을 그렸다. 집요하고 끈질기게 자신이 추구하는 조형 아이디어를실험했다. 세잔의 그림을 보노라면 다 마무리가 되지 않거나 미완성으로남은 듯한 경우가 많아 대충 그린 것이 아닌가 오해하기 쉽지만, 사실 그의 그림은 대부분 엄청나게 많은 시간과 에너지가 집적되어 나온 고행의산물이었다. 그래서 현상학자 메를로퐁티는 세잔의 작업과정에 대해 이렇게 기록했다.

그는 하나의 정물화를 환성하기 위해 100회의 작업을 했고, 초상화를 그릴 때는 모델을 150회나 자리에 앉혔다. 우리가 세잔의 작품이라고 부르는 것은 사실 그 자신에게는 하나의 실험이었고 '그림으로 나아가려는 노력'이었다.

24-1. 폴 세잔, 「볼라르의 초상」, 캔버스에 유채, 81×100cm, 1899, 파리 프티 팔레 미술관

화가 모리스 드니는 또 이런 기록을 남겼다.

(모델이 된 화상) 볼라르는 매일 아침 세잔의 집에 와서 수도 없이 포즈를
취했다. 볼라르가 조금이라도 움직일라 치면 세잔은 생각의 흐름이 끊긴
다고 불평했다.

모델이 움찔할 때 세잔이 가장 잘 쏟아내는 말이 "사과를 봐, 사과가 움직이는 것 봤어?"였다. 하나의 그림을 완성하기 위해 그가 보여준 집중력과 끈기는 이처럼 지독한 것이었다. 모델도 힘들었고 그도 힘들었다. 그런 끈기가 자연의 시각적 본질을 꿰뚫고 미술의 가능성을 확장하는 위대한 성취로 이어졌다. 그 결과 악성樂聖 베토벤에 비교되어 화성이라는 찬사까지 듣게 되었다.

"나의 발견은 다 참을성 있게 관찰한 덕분이다"

이탈리아 화가 펠라조 팔라지[1775~1860]의 「빛의 굴절을 발견한 뉴턴」[242]은 영국의 과학자 아이작 뉴턴을 소재로 한 그림이다. 뉴턴 또한 끈기가 대단한 사람이었는데, 이 그림이 그 일화를 품고 있다. 사과나무에서 사과가 떨어지는 것을 보고 만유인력을 발견했다는 이야기가 전해져오듯 뉴턴은 집요한 관찰을 통해 세계의 비밀을 깨쳤던 과학자다. 뉴턴 스스로 이렇게 말했다.

내가 만일 가치 있는 발견을 한 게 있다면, 다른 능력이 있어서라기보다는 다 참을성 있게 관찰한 덕분이다.

팔라지의 「빛의 굴절을 발견한 뉴턴」은 그런 진득한 관찰을 행하는

24-2. 펠라조 팔라지, 「빛의 굴절을 발견한 뉴턴」
캔버스에 유채, 167×216cm, 1827, 브레시아 토시오 마르티넨고 미술관

뉴턴은 흥미를 끄는 주제에 빠지면 타의 추종을 불허할 정도로 끈기 있게 파고들었다. 그런 태도가 그를 과학사의 빛나는 별이 되게 했다.

뉴턴을 그린 그림이다. 빛의 굴절은 빛이 어느 한 물질에서 다른 물질로 지나갈 때 경계면에서 진행 방향이 꺾이는 현상을 말한다. 빛이 공기를 통과하다가 물을 통과하게 되면 공기와 물의 매질 차이로 인해 파동의 진행 속력이 달라지면서 진행 방향이 바뀌게 된다. 이로 인해 물잔에 담긴 젓가락이 꺾여 보인다든지 욕조에 몸을 반쯤 담갔을 때 하체가 줄어들어 보인다든지 하는 현상이 나타난다. 물론 이런 굴절현상은 눈이라는 수용기관이 우리에게 존재한 그 순간부터 인식되어온 것이므로 뉴턴이 이를 처음 발견했다고 할 수는 없다. 그럼에도 화가가 그림의 제목을 '빛의 굴절을 발견한 뉴턴'이라고 단 것은, 뉴턴이 빛의 굴절과 분산 현상을 통해 백색광 안에 다양한 색채의 광선이 있으며, 그 단색광들의 혼합이 백색광이라는 사실을 역사상 처음으로 발견했기 때문이다.

뉴턴과 동시대 사람들은 빛에는 색채가 없다고 믿었다. 그래서 데카르트는 빛이 프리즘을 통과할 때 무지갯빛이 생기는 것은 빛 자체 때문이 아니라 프리즘의 재질이 지닌 특수한 성질로 인한 것이라고 주장했다. 그러나 뉴턴은 끈질긴 관찰 끝에 데카르트의 생각이 틀렸음을 깨달았다. 그는 두 개의 프리즘을 갖고 이를 증명했다. 한 개의 프리즘을 통해 나온 무지갯빛 가운데 한 가지 색을 다른 프리즘에 통과시켰을 때, 이를테면 무지갯빛 가운데 푸른색을 통과시켰을 때, 녹색이나 노란색 등 전혀 다른 색깔이 나온다면 이는 프리즘의 재질로 인해 발생한 차이일 것이고 데카르트의 생각이 옳았음을 증명하게 될 것이다. 그러나 원래대로 푸른색이 나온다면 이는 프리즘의 재질과는 관계없는 빛 자체의 속성에 의한 것이므로 백색광 안에 온갖 단색광들이 들어 있음을 증명하는

리더의 가슴

24-3. 로버트 한나, 「1665년 가을, 울즈소프 정원의 아이작 뉴턴」,
캔버스에 유채, 86×125.5cm, 1850년대 초, 런던 영국왕립연구소

1665년은 뉴턴이 케임브리지를 졸업하던 해로, 이해 흑사병이 돌아 뉴턴은 고향 울즈소프로 내려왔다. 바로 이 시기, 1665~66년을 '기적의 해'라고 부르는데, 뉴턴이 이때 빛과 색채의 관계를 밝혀내고 물체의 운동에 대해 깊이 연구했으며 미적분의 기초를 세웠기 때문이다. 로버트 한나는 사과의 낙하를 끈질기게 관찰하며 만유인력에 대해 연구하는 뉴턴을 그렸다.

것이 될 터였다. 결국 뉴턴은 후자가 옳음을 증명했다.

그림에서 뉴턴은 지금 조카가 비눗방울을 갖고 노는 모습을 지켜보고 있다. 단순한 지켜봄이 아니라 주의 깊은 응시다. 의자 팔걸이에 기댄 그의 오른손 끝이 살짝 올라가고 손가락이 섬세하게 뻗는 모습에서 우리는 그가 매우 진지하게 관찰하고 있음을 알 수 있다. 뉴턴은 아무런 색깔이 없던 비눗물을 아이가 빨대로 불어 비눗방울을 만들자 그 표면에 다양한

색채가 어리는 것을 보고 있다. 비눗물에는 분명 아무런 색소가 없었는데, 이렇듯 비눗방울 표면에 색채가 어리는 것은 색채의 원인이 색소가 아니라 빛에 있음을 증명해주는 것이다.

지극히 얇은 막이지만 비눗방울 막은 두 개의 비누 분자 층 사이에 물 분자 층이 존재하는 삼층 구조로 되어 있다. 빛이 이 막에 이르게 되면 일부는 표면에서 바로 반사되고 일부는 굴절되어 막으로 들어갔다가 맨 밑의 비누 분자 층에서 다시 반사되어 나온다. 이 두 빛이 서로 간섭 현상을 일으켜 비눗방울의 표면은 다채로운 무지갯빛으로 물들어 보인다. 그 현상을 관찰하는 뉴턴은 지금 어린아이 못지않게 큰 호기심에 차 있다.

워낙 자신의 연구에만 끈질기게 몰입하는 스타일이다 보니 뉴턴은 케임브리지에 재직할 때 동료 교수들과도 대화를 그리 많이 나누지 않았다고 한다. 여행도 잘 다니지 않았고, 석좌교수가 된 뒤 일주일에 의무 강의 시간이 한 시간밖에 되지 않았어도 그 시간에조차 별다른 열의를 보이지 않았다고 한다. 오로지 연구에만 몰두해 밥 먹는 시간, 잠자는 시간까지 아껴 공부했다고 한다. 그 끈기가 과학사의 위대한 업적들을 낳았다.

리더와 끈기에 대한
알레고리

지도자와 끈기의 관계를 일종의 알레고리로 보여주는 서양미술사의

리더의 가슴

24-4. 알렉산더 휴벨, 「모세와 아론, 훌」, 캔버스에 유채, 66.5×86.5cm, 1837, 라트비아 국립미술관

주요 주제 가운데 하나가 '모세의 팔을 받쳐주는 아론과 훌'이다. 라트비아 화가 알렉산더 휴벨1813~47의 「모세와 아론, 훌」24-4이 그 대표적인 작품이다.

그림은 세 사람을 크게 클로즈업하고 있다. 가운데 팔을 들고 있는 사람이 모세고, 모세의 오른편, 그러니까 화면 왼편에서 모세의 오른팔을 떠받치고 있는 남자가 아론, 그리고 그 반대편에서 모세의 왼팔을 떠받치고 있는 남자가 훌이다. 아론과 훌이 모세의 팔이 내려오지 않도록 받치고 있는 것은 이스라엘의 승리가 그 동작에 달려 있기 때문이다. 성경의 설명을 따라가 보자.

그때에 아말렉이 와서 이스라엘과 르비딤에서 싸우니라. 모세가 여호수아에게 이르되 우리를 위하여 사람들을 택하여 나가서 아말렉과 싸우라. 내일 내가 하나님의 지팡이를 손에 잡고 산꼭대기에 서리라. 여호수아가 모세의 말대로 행하여 아말렉과 싸우고 모세와 아론과 훌은 산꼭대기에 올라가서 모세가 손을 들면 이스라엘이 이기고 손을 내리면 아말렉이 이기더니 모세의 팔이 피곤하매 그들이 돌을 가져다가 모세의 아래에 놓아 그가 그 위에 앉게 하고 아론과 훌이 한 사람은 이쪽에서, 한 사람은 저쪽에서 모세의 손을 붙들어 올렸더니 그 손이 해가 지도록 내려오지 아니한지라. 여호수아가 칼날로 아말렉과 그 백성을 쳐서 무찌르니라. 여호와께서 모세에게 이르시되 이것을 책에 기록하여 기념하게 하고 여호수아의 귀에 외워 들리라. 내가 아말렉을 없이하여 천하에서 기억도 못 하게 하리라. 모세가 제단을 쌓고 그 이름을 여호와 닛시라 하고, 이르되 여호와께서 맹세하시기를 여호와가 아말렉과 더불어 대대로 싸우리라 하셨다 하였더라. (출애굽기 17장 8~16절)

아말렉은 가나안 남쪽의 사막지대에 살던 족속으로 이집트에서 나온 이스라엘 백성들을 처음으로 공격한 집단이다. 이렇게 악연으로 만난 두 족속은 이후 사사시대와 왕조시대에도 다툼을 이어갔는데, 결국 히스기야 왕 때 시므온 지파 사람들이 잔존해 있던 아말렉 족속을 멸망시키고 에스더 때 아말렉의 후손인 하만과 그 권속을 처단함으로써 아말렉 족속

리더의 가슴

은 사실상 멸절되어버렸다.

그림은 그 악연의 첫 순간, 이스라엘의 승리를 위해 처절하게 분투하는 모세와 다른 두 지도자의 모습을 조명한 것이다. 이 그림이 리더와 끈기에 관한 알레고리라고 하는 것은, 모세가 포기하지 않고 두 손을 들어야만 승리가 가능한 인과구조 때문이다. 체력의 한계에 이르자 아론과 훌은 모세를 돌 위에 앉히고 그의 팔을 부축한다. 두 사람 또한 자신들의 팔로 모세의 팔을 계속 붙잡고 있을 수는 없어 아론이 보여주듯 머리로 그 팔을 떠받친다. 그 머리는 또 머리를 괸 손에 의지하고, 그 손은 다시 모세의 무릎 위에 얹혀 있다. 그야말로 악전고투다. 그 끈질긴 수고 끝에 이스라엘이 승리하니 반가움에 훌이 머리를 빼어 한 손으로는 모세의 팔을 잡고 다른 손으로는 승리의 영광이 펼쳐지는 곳을 가리킨다. 이 승리를 기려 모세는 제단을 쌓고 그 이름을 여호와 닛시^{Yahwew Nissi}, 곧 '여호와는 나의 깃발'이라고 짓게 된다.

이처럼 리더가 모든 사람이 볼 수 있는 산꼭대기에 올라가 끝내 그 팔을 내리지 않는 것을 본 이스라엘 백성은 승리의 확신을 갖고 투쟁할 수 있었고, 결국 최후의 승리를 거두었다. 리더의 끈기는 공동체의 깃발과 같다. 깃발이 휘날리는 한 공동체는 투쟁을 포기하지 않는다. 대부분의 싸움에서, 특히 자신과의 싸움에서는 더더욱, 포기하지 않는 자가 최후의 승자다.

"인내가
아름다움보다 더 고귀하다"

모든 일의 열쇠는 인내다. 병아리가 스스로 달걀 껍질을 깨고 나오도록 기다려야 병아리를 얻을 수 있지 달걀을 부순다고 병아리를 얻을 수 있는 것은 아니다.

출판인 아놀드 H. 글래소우의 말이다. 누구나 공감하는 인내의 교훈이다. 하지만 말이 쉽지, 조바심을 유발하는 자극과 압력이 쏟아질 때 인내를 행동으로 옮기기는 쉽지 않다. 영국의 온라인 리더십 교육기관인 마인드툴스는 이를 위해 몇 가지 행동요령을 소개한다.

- 깊게, 천천히 숨 쉬고 열까지 세라. 그러면 심장박동이 느려지고 몸이 이완되어 상황으로부터 감정적으로 거리를 두게 된다. 그래도 못 참겠거든 이 행동을 반복하라.
- 짜증이 나면 근육이 긴장된다. 그러므로 의식적으로 몸을 이완시키는 데 집중하라. 머리끝부터 발끝까지 근육을 이완시키라.
- 감정을 다스리는 법을 배우라. 매 상황마다 어떻게 반응할지는 결국 당신의 선택이다. 인내할지 그렇게 하지 않을지 모두 당신에게 달렸다.
- 모든 것을 늦춰라. 보다 천천히 말하고 보다 천천히 행동하라. 그러면 다른 사람들은 당신이 평온한 상태에 있는 것으로 여긴다. 인내하는 것처럼 행동하면 인내하기가 보다 쉬워진다.

리더의 가슴

- 경청하라. 다른 사람의 말을 주의 깊게 듣고 그에 대해 어떻게 반응할지 의도적으로 계획하라.
- 당신의 짜증이 다른 사람들로 하여금 일을 보다 빨리 진행하게 하지 못한다는 사실을 되새겨라. 오히려 그들이 복잡하고 어려운 일을 하는 데 방해가 될 수 있다. 더 많은 스트레스를 주는 것만큼 비생산적인 것도 없다.
- 짜증의 프레임으로부터 빠져나와 스스로에게 이야기하라. 이런 식으로 행동하는 게 얼마나 바보 같은지 스스로에게 되새겨라.
- 어떤 사람들은 완벽주의자여서 짜증을 내게 된다. 그러나 완벽주의는 짜증을 유발할 뿐 아니라 생산성을 저하시키고 스트레스를 증가시킬 뿐이다. 완벽주의자가 되지 않는 법을 배우라.

목표를 정하고 이를 추구하다 보면 목표나 결과가 최고의 가치로 여겨질 때가 많다. 목표지상주의 혹은 결과지상주의가 생겨나는 것이다. 성적지상주의나 성과지상주의, 외모지상주의는 모두 목표지상주의, 결과지상주의의 일종이다. 이렇게 목표지상주의에 매몰되면 다른 중요한 가치들은 무시되기 쉽다. 조급함과 초조, 성마름, 짜증이 여기서 비롯된다. 보다 중요한 인생의 가치는 대체로 결과보다는 과정에 있다. 그래서 영국의 미술평론가이자 사회사상가인 존 러스킨은 말했다.

끈기가 힘보다 더 고귀하고 인내가 아름다움보다 더 고귀하다.

리더의 명화수업

스스로의 길을 개척하고 타인의 삶을 이끄는 사람이 되는 법

1판 1쇄   2018년 2월 28일
1판 3쇄   2020년 10월 22일

지은이   이주헌
펴낸이   정민영
책임편집   손희경
편집   김소영
디자인   최정윤
마케팅   정민호 박보람 우상욱 안남영
제작처   영신사

펴낸곳   (주)아트북스
출판등록   2001년 5월 18일 제406-2003-057호
주소   10881 경기도 파주시 회동길 210
대표전화   031-955-8888
문의전화   031-955-7977(편집부) 031-955-8895(마케팅)
팩스   031-955-8855
전자우편   artbooks21@naver.com
트위터   @artbooks21
페이스북   www.facebook.com/artbooks.pub

ISBN   978-89-6196-319-0 03190